아듀 데리다
Adieu Derrida

A D I E U D E R R I D A

아듀 데리다

Adieu Derrida

슬라보예 지젝
자크 랑시에르
알랭 바디우 외 지음

최용미 옮김

인간사랑

A D I E U D E R R I D A

차례

1
데리다의 추모사

코스타 두지나
(Costas Douzinas)

"위대한 사상가가 침묵하게 되면 무슨 일이 일어날까? 우리가 거듭 읽고 경청했으며 또한 늘 대답을 기다렸던 사상가, 그 대답을 통해 우리가 다르게 생각할 수 있을 뿐만 아니라, 이미 읽었다고 생각했던 것까지 그의 서명 하에 새로 읽음으로써 모든 것, 그리고 거기서 우리가 이미 깨달았다고 생각했던 만큼 더 많은 것을 유보하게 될 것이라고 기대했던 사상가가 침묵하게 되면 말이다."[1] 이는 레비나스에게 바친 추모사 『아듀 엠마누엘 레비나스』(*Adieu to Emmanuel Levinas*)에서 자크 데리다가 던진 질문이다. 이 질문은 오늘날 우리에게 훨씬 더 절박하게 다가온다. 위대한 사상가 데리다가 침묵하면 어떻게 될까? 데리다는 어떻게 되고, 그의 친구들, 즉 그를 읽고 그를 통해 생각하며 그에게 말을 거는 이들은 어떻게 될까? 2004년 10월 8일 그의 사망 직후 미디어와 학계의 자만에 빠진 무리가 내놓은 답변 중 일부는 우울하게도 영미 대중문화의 상당 부분을 지배하는 무지와 비뚤어진 신념, 그리고 진부함을 새삼 일깨워 주었다.

데리다가 사망한 지 2개월 후에 런던 대학의 버벡 칼리지 내 인문학연구소(the Institute for the Humanities, Birkbeck College, University of London)의 몇몇 친구들은 '아듀 데리다'라는 제목의 강연 시리즈를 시작하는 것으로 앞선 질문에 대한 대답을 시도했다. 그것은 우리 시대의 정치적 이슈에 대한 지적인 토론을 활성화시키고 대중적 지식인의 역할을 증진시키고자 노력하는 연구소의 출범을 알리는 행사이기도 했다. 그러나 『옵저버』(*Observer*) 지의 한 평자는 우리의 기획에 대해 능히 예상할 만한 반응을 보였다. "일찍이 지식인들이 세상을 위해 무엇을 했던가?"라는 제목의 기사에서 그는 "글의 난해함을 최고의 경지로 끌어올린 장본인인 데리다에게 주목함으로써 버벡 연구소는 자신들이 '대중'이라 칭한 대상이 결국 강단 위의 엘리트주의를 의미한다는 점을 분명히 보여준다"고 주장했다. 지식인이란 본디 "대중적인 정치 토론"에 참여할 만한 소양이 부족하다. 차라리 "데리다를 고수하는 편이 훨씬 나을 것"이다.[2]

이것이 바로 우리가 한 일이다. 이 책은 2005년 5월과 6월에 강연장을 가득 메운 청중들을 대상으로 이루어진 강연을 모은 것이다.[3] 우리를 헐뜯는 비열한 언사에도 불구하고 강연은 대성공이었다. 실로 그 강연을 통해서 철학, 정치, 윤리학, 소수 의견, 공공의 이익에 헌신한 *bios euethes*, 즉 좋은 에토스의 삶을 기리기 위해 모인 데리다의 친구들과 동료, 그밖의 수많은 사람들이 하나가 되었다. 보니 가넷Bonnie Garnett은 강연 시리즈의 공동 기획과 관리에 이르기까지 탁월한 효율성과 우아함을 발휘하였다. 헤르베 페라주Hervé Ferrage는 이 시리즈를 후원한 프랑스문화원Institut Français의 책임자로서 협력과 후원을 아끼지 않았다. 파블로 게티Pablo Ghetti는 이 책의 편집을 도와주었다. 펄그레이브 맥밀란Palgrave Macmillan의 담당 편집자인 댄 바냐드Dan Banyard는 처음부터 강연에 빠짐없이 참석하여 이 책의 진행을 열성적으로 추진하였다. 마지막으로 이 강연이 최근 런던에서 열린 가장 중요한 공공 행사 중 하나가 될 수 있게 도와준 버벡 칼리지의 여러 친구분들께 감사드린다.

우리의 강연은 데리다가 이미 고인이 된 친구들을 위해 쓰고 읽은 많은 추모사들처럼 일종의 '사후의 선물'이었다.[4] 그것은 데리다를 기리는 추모사였다. 대부분이 연사 본인과 데리다의 개인적 관계 및 우정을 언급했다. 이 모음집에서는 연설 당시의 구어체와 거기서 느껴지는 청각적 정서를 간직하려고 노력했다. 시리즈의 첫 장을 여는 **장 뤽 낭시Jean-Luc Nancy**는 친구이자 수년간 대화를 나눈 상대에게 애정이 듬뿍 담긴 지극히 감동적이고도 시적인 추모사를 바친다. 낭시는 자아, 대명사 **나***I*의 광기, 데리다의 광기를 찬양하고 애도한다. 그것은 철학적이면서 개인적인 사랑의 증거, 이 지극히 세속적인 신자가 바치는 사랑의 기도이다. **알랭 바디우Alain Badiou**는 데리다의 **차연***différance*을 (비)실존(in)existence을 파괴하지 않으면서 그 소실점에 근접하려는 시도로 보고 이에 대해 개인적이고도 철학적인 경의를 표한다. 데리다의 죽음은 라캉Lâcan, 알튀세르Althusser, 푸코Foucault, 리오타르Lyortard, 들뢰즈Deleuze를 포함하는 철학사의 혁명적 소용돌이 세대에 종지부를 찍었다. 이 이름들은 혼란스러운 우리 시대를 비추는 '봉화이자 등불'이다. **가야트리 차크라보르티 스피박Gayatri Chakravorty Spivak**의 추모사는 데리다가 준 선물인 '책임과 책무', 그리고 어머니를 애도하려는 그의 시도를 되돌아본다. 스피박은 칸트Kant의 규정적인 '마치 ~처럼as if'과 데리다의 흔적trace의 관계를 탐색함으로써 페미니즘을 '어머니의 어린아이-흔적child-trace of mother'을 인지하는 것으로 본다. 시간화temporalisation, 즉 유예하고 지연시키는 것은 어머니의 선물이며, 우리는 바로 그러한 틀 안에서 도래할 민주주의를 생각해야 하는데, 이는 신칸트주의적인 자유주의적 세계인과 대비되는 데리다의 말을 문자 그대로 해석한 것이다. **에티엔 발리바르Etienne Balibar**는 헤겔의 현상학에 등장하는 감각적 확신sense-certainty 개념과 방브니스트Benveniste의 주관성의 대화적 구성을 전형적인 데리다의 독법으로 읽어낸다. 또한 발리바르는 변증법 전통과 구조주의 언어학, 그리고 데리다 사이의 분명한 연속성을 제시한다. 해체는 보편적 범주들을 파괴하는 것이 아니라, 사람들이 두려워하고 억압하는 대상들(여성성, 타자)이 드러나게 만드는 내적 갈등과 긴장을 설명해 준다. **자크 랑시에르Jacques Rancière**는 민주주의에 대한 데리다의 탐구를 환영한다. 랑시에르는 탱크와 전투기로 민주주의를 전파하려는 관념론자들의 승리주의와 도에 넘친 민주주의는 잘못된 정책을 초래하고 정부를 위태롭게 할 수도 있다고 우려하는 자들의 모든 신중론에 반대하고, 민주주의만이 최적의 정치형태라고 주장한다. 민주주의의 토대는 다름 아닌 모든 토대의 부재이다. 그것의 실현은 어떠한 몫이나 가시성도 지니지 못한 사회적 몫에 의해 이루어지며, 그러한 특수성 속에서 보편의 대변자로서 투쟁한다. **드루실라 코넬Drucilla Cornell**이 보기에 데리다가 우리에게 명하는 것은 책임지고 새로운 계획표를 창조하는 것이며, 그 안에서 미래는 언제나 도래할 것인 동시에 항상 이미 우리 실존의 일부이다. 코넬에 의하면 우리의 정치적 책임은 도래할 정의에 대한 넬슨 만델라Nelson Mandela의 헌신에 의해 예시되는데, 그것은 이미 법 안에 내재해 있으며, 법의 부정의를 밝힌다. **슬라보예 지젝Slavoj Žižek**은 비평 이론에 대한 최근의 공격들을 염두에 두고 헤겔과 라캉의 정신분석학에 대한 자신의 해석에 등장하는 주요 주제들을 광범위한 에세이 서평들을 통해 검토한다. 그는 자신이 해체에 내재한 것으로 감지한 윤리적 전회에 대한 이의에도 불구하고 데리다의 **차연**이 자신의 개념인 **시차***parallax*와 동일한 '최소 차이minimal difference'를 나타낸다고 결론짓는다. **J. 힐리스 밀러J. Hillis Miller**는 지극히 감동적인 담화를 통해 데리다의 최근 세미나에 대해 논의한다. 데리다는 말하기, 글쓰기, 반복을 통해서 죽음을 미루는 동시에 자신의 삶 속에 통합시키고자 했다. 데리다에게 죽음은 이미 삶 속에 들어와 있을 뿐만 아니라, 탄생과 더불어 이미 시작되었고, 삶은 사후에 살아지는 것이며, 죽음은 이름 속에 남는다. 이것이 데리다가 그토록 유령에 사로잡혀 있었으며, 그의 망령이 텍스트와 이름들, 데리다의 이름으로 도래할 공동체 등 수없이 다른 모습으로 계속 되돌아오게 될 이유이다. 코스타 두지나는 **좋은 말의 삶**_bios eulogos_과 **좋은 에토스**_euéthés_를 찬양한다. 데리다의 이름은 삶과 작품 모두가 축복이 되게 하며, 그 이름을 기리며 계속 도래할 정의의 공동체의 **아르케**_arché_이자 **텔로스**_telos_이다. 뤼미에르Lumière 영화제의 연속 상영물 중 일부로 상영된 켄 멕멀른Ken McMullen의 영화 『유령춤』(_Ghostdance_)에서 데리다는 영화, 철학, 삶 속에서 유령이 중심을 차지하고 있다고 주장하는 프랑스 철학자의 배역을 맡았다. 이 책에 담긴 추모사들의 모든 주요 주제들은 이미 켄의 영화에 다 등장했다. 그것은 전미래future anterior의 연장된 시간성, 사고행위의 수행적이고 언어적인 측면, 스승 데리다의 한없는 친절과 관용, 그의 윤리적이고 정치적인 헌신 등이다. **죽음에 앞서** 수많은 유령의 귀환을 논하고 있는 유령 데리다(영화 속에서 그는 영화야 말로 우리 시대의 가장 중요한 유령들을 보여준다고 주장한다)를 지켜보는 것이야말로 강연 중 가장 마음을 뒤흔든 경험 가운데 하나였다. 가야트리 챠크라보르티 스피박과 드루실라 코넬 강연의 초판본은 『차연』(_Differances_ 16/3, 2006)에 수록되었고, 슬라보예 지젝의 글은 『비평 연구』(_Critical Inquiry_ 32/2, 2006)에 수록되었다.

데리다는 언제나 다른 사람들을 위해, 그리고 다른 사람들과 함께 글을 썼다. 그의 텍스트는 다른 사람들의 글에 대한 비평이자 논문이며 때로는 주석이다. 그것은 데리다 본인의 것인 동시에 다른 글에 기생하며, 원본인 동시에 사본이라고 할 수 있다. 그의 글은 플라톤Plato, 칸트Kant, 루소Rousseau, 헤겔Hegel, 마르크스Marx, 프로이트Freud, 하이데거Heidegger로부터 말라르메Marllarmé, 조이스Joyce, 카프카Kafka, 첼란Celan, 바타이유Bataille, 블랑쇼Blanchot를 망라하는 타자의 글에 개입하여 중단시키고, 훼방을 놓으며, 때로는 자신의 글과 섞어 짠다. 유일하고도 복수적이며, 그 반복가능성iteration에 있어서 유례가 없는 데리다의 서명은(그는 아포리아에 봉착하게 만드는 서명 행위의 구조에 대해서 매우 공들여서 설명하였다) 동시에, 그리고 언제나 최초 저자의 서명을 반복하고 대체 보중하며 수해하는 반-서명counter-signiture이다. 그는 "도래할 이름으로 서명하는 유일한 길은 반-서명이며, 반-서명이어야 한다. 타자의 이름들로 반-서명하기 혹은 타자의 이름에 충실하기… 그래서 내가 또 다른 글을 읽을 때… 내 마음속에 느끼는 의무감은 타자에게 충실해야 한다는 것이다. 내 자신의 이름으로 반-서명하는 것, 그것이 곧 타자에게 진실하게 되는 길이다"라고 쓴 바 있다. 알랭 바디우를 상기시키는 이러한 인식론에서 진실이란 타자(의 텍스트)에 대한 충실함이다. 진실함이란 "타자에게 무언가를 더하고 주는 것이지만, 이때 그 무언가는 타자가 받을 수 있고, 그 혹은 그녀의 차례가 되었을 때 실제로, 혹은 유령으로서 반-서명할 수 있는 것이어야 한다."[5]

주디스 버틀러Judith Butler에게 데리다의 "글쓰기는 곧 애도행위이며, 이는 그가 아마도 **문자 이전에** 우리에게 어떻게 읽을 것인가를 가르쳐 주었을 뿐만 아니라, 읽기 행위에 새로운 의미와 새로운 가능성을 부여한 이 사상가에 대한 애도를 어떻게 시작해야 하는지 추천해 주는 행위와 다름없다."[6] 이 책에 실린 글들은 이러한 초대를 받아들여 타자에게 충실하라는 데리다의 요청에 답하고 있다. 이 글들은 데리다에게 충실하려는 시도이자 그에게 바치는 공물이며, 그가 반-서명해 주기를 청하고 있다. 루톤 대학University of Luton에서 열린 자신의 작품에 대한 컨퍼런스에 참석한 데리다는 '데리다 적용하기Applying Derrida'라는 주제에 대한 저명 학자들의 논문을 경청하면서 **마치** 자신이 죽은 것**처럼** 느꼈다고 말한 바 있다. 그는 우리가 죽음을 두려워하는 것은 그것이 우리 세계의 끝, **그** 세계의 끝일 것이기 때문이라고 썼다. 그러나 더욱 두려운 것은 "우리가 이 비(非)-세계, 즉 우리의 죽음에 임할 것이며 참석할 것이라는 환상"인데, 데리다는 마치 자신이 그 자리에 없거나, 아니면 이미 죽은 것처럼 자신에 대해 논의하고 있는 논문을 들으면서 바로 그러한 경험을 했던 것이다.[7] 데리다는 버벡 강연 시리즈에 내내 함께했다. 게다가 참으로 이상하게도 우리 모두, 즉 그 강연을 들은 수천 명의 사람들은 데리다가 이미 가고 없는 것이 아니라, 마치 살아서 함께하는 것처럼 느꼈다. 그의 (유령 같은) 존재는 앞으로 나올 많은 책들, 텍스트와 세대 속에서 나타날 것과 마찬가지로 이 책에 깃들어 있다.

데리다의 추모사는 무엇인가? 데리다의 **축복***eulogia*과 그에게 바쳐진 추모사는? 도대체 **추모사**란 무엇인가?

1. *Eulogia* : **잘 말하다***eu legein* 혹은 **아름다운 말***kalos logos*, 좋은 말과 칭찬하기, 좋고 아름다운 담화나 글
2. *Eulogia* : **칭송하는 말***bene-dictio* 그리고 찬미기도, 축복, 특히 세례 의식의 축복
3. *Eulogy* : 어떤 사람, 특히 고인을 칭송하는 말이나 글, 조사(弔辭)
4. *Eu-logos* : 말을 아름답게 잘하는 사람, **수사학자**, 시인, 아름답고 좋은 말을 하거나 쓰는 사람. 훌륭한 **로고스**를 지닌 사람, 이성, 즉 합리적이고 추론을 잘하는 이성을 지닌 사람, 그러나 단지 합리적이고 추론을 잘하는 것 이상으로 이성의 아름다움과 훌륭함을 갖춘, 즉 훌륭한 이성을 지닌 사람

아름답고 좋은 것을 의미하는 *eu-*, 언어 및 이성을 의미하는 *logos*, 그리고 비가(悲歌) 혹은 찬사를 의미하는 eulogy를 연결하는 고리는 무엇인가? **그것들은 모두 이름을 거친다**. 성 요한St. John의 세정식과 페리클레스Pericles의 조사에서는 모두 *eu-logia*의 **좋은-소리***eu-phonon*와 **좋은-형태***eu-morphon*를 통해 **좋은-로고스***eu-logos*의 아름다운 리듬과 우아한 구도가 낭랑하게 출려퍼진다. 세례식이나 할례의 **축복**은 제2의 혹은 상징적 탄생이며, 조사의 추모사는 제2의 혹은 상징적 죽음이다. 세례식의 명명식(命名式)은 말 그대로 **이름 짓기***onomatopoeia*이다. 이는 *onoma's poiesis*, 즉 이름 만들기이며, 이

름을 통해 만들기를 의미한다. 세례의식의 축복은 **아르케**, 즉 시작이자 토대이다. 그것은 Jacques, Jean-Luc, Drucilla와 같은 고유명사를 부여하며, 이 고유명사는 온당치 않게도 삶의 여정 동안 유일한 토대를 제공하고 그를 지원하게 된다. 끝이자 운명의 종착지인 **텔로스**에서 장례식의 추모사는 그 이름을 타자에게 되돌려 주고, 기억과 애도 안에 머무르게 한다. 찬미기도, 축복과 좋은 말은 이름을 통해 정체성의 기반을 창조함으로써 우리를 삶 속으로 불러들이며, 또 다른 찬미기도가 그것을 다시 거두어간다. 갓난아기는 세례식의 **축복**을 통해 자아를 획득하고, 추모사, 즉 조사를 통해 그것을 내놓는다. 삶의 여정은 그 두 찬사 사이의 간격, 즉 타자(언어, 의식, 아버지)에 의해 이름을 부여받는 것과 타자에게 그 이름을 잘 지켜달라고 내놓는 것 사이에서 이루어지게 될 것이다.

이름에는 무엇이 담겨 있는가? 고유명사 안에는 무엇이 있는가? 이름은 언제나 고유하며 나의 고유성과 정당성을 보장하는 것으로, 나를 인식시키고 유일한 존재로 만들어 준다. 고유명사란 반복 불가능한 정체성의 언어적 동반자이며, 유일함의 표식이자 얼굴의 언어적 등가물이다. 그러나 이름을 부여하고 독특한 자아를 창조하는 *eulogia*, 즉 축복은 동시에 자아의 한가운데 타자성을 기입한다. 헤겔은 언어란 기표와 기의, 말과 사물의 임의적 결합을 통해 리얼리티를 파괴하고 살해한다는 점을 상기시킨다. "사자라는 단어를 말함으로써 당신은 실제 사자를 없애고 **무(無)로부터***ex nihilo* 사자를 창조해낸다."[8] 코제브Kojéve는 "개라고 말함으로써 당신은 진짜 개를 죽인다 … 경험적 리얼리티를 개념적으로 이해하는 것은 곧 살해이다"라고 동감을 나타낸다.[9] 라캉 또한 "코끼리들"이라고 말하면 한 무리의 코끼리들이 나타나 부재 속에서 존재하며 방 안을 가득 채운다고 말한다. 단어는 사물을 무화시키고 몸을 괄호 안에 넣는 대신에 주체를 창조하는데, 그 주체의 단일성은 기표, 즉 고유명사에 의해 구축되는 것이다. 이것이 바로 "기표는 … 다른 기표(또 다른 주체가 아니라)를 대신하여 주체(기의가 아니라)를 나타낸다 … "[10]. 혹은 "언어는 무언가를 의미하기 이전에 누군가를 대신한다"[11]라는 라캉의 유명한 발언이 의미하는 바이다. 주체는 언어로 말해지는 순간 육체적이고 감각적인 경험으로부터 분리되어 차가운 기호의 세계로 진입함으로써 비로소 말하고 실존하게 된다. 이름은 타자로부터 오는 것이며, 언제나 또 다른 사람의 이름이다. 자아는 지명(指名)과 명목론의 결과이다. 나는 (엄마)타자(m)other에 의해, 타자의 용어로, 처음으로 나에게 토대를 부여하는 가족 명명식에서 이름 불렸기 때문에 실존한다. 나는 언어가 나에게 이름을 주었기 때문에 실존한다.

세례식에서 이름을 부여하는 것은 **특히 탁월한***par excellence* 수행문(遂行文)의 사례이다. 그러나 이름은 결코 전적으로 고유하지도, 또 완벽하게 우리 자신의 것도 아니다. 우리의 이름은 (적절한 담화행위의) 언어학적·법적 책략, 법률상의 규칙과 종교적 축복, 공적 의식 및 가족적 관습을 시행한 결과물이며, 이 모든 것들이 세례식에서의 이름 짓기를 관장하고 그 결과를 결정한다. 이름을 부여받은 자아는 언어로 이루어진 선물이자 법과 관습의 구축물이다. 나의 독특함의 표식인 이름은 외부로부터 들여온 것이며, 내게 가장 고유한 것은 선물, 즉 내게 내려진 축복 아니면 저주이다. 중세인들이 말한 대로 이름은 운명을 좌우하며, **말***fatum*은 **운명***fata*, 즉 **이름이 곧 운명이다***nomen omen*. 나쁜 이름은 지옥으로 가는 길을 절반쯤 마련해 놓은 셈이다. 우리 이름은 타자의 자리로부터 오는 것으로 아버지가 부여하는 아버지의 이름이다. 그러나 그것은 또한 법률, 제도, 종교, 그 밖에 옳고 그른 것을 정하는 온갖 관습들로부터 온다. 우리에게 가장 고유한 것이라 할 수 있는 이름은 출발부터 우리에게 부과된 것이다. 그것은 '데리다'라는 단어로 '데리다'를 만들어낼 뿐만 아니라, 이 두 개를 엄연히 분리하여 타자(아버지와 대타자)를 자아의 한가운데 위치시킨다. 데리다는 '이름 붙여진 데리다 Applied Derrida'라는 컨퍼런스에서 말했다. '내가 이름 붙여진 데리다라고 말할 때 이는 곧 시작부터 내가 이 이름을 부여받았으며, 내 위에 그 이름이 도장 찍혔음을 의미하는 것이다 … 내가 가족과 그 외의 것들로부터 그 이름의 도장을 받았을 때 나는 데리다라고 이름 붙여졌다. 그것은 단지 문자 그대로 물질적인 방식으로 나의 육체에 부여된 것이 아니다 … 나는 과거에도 현재에도 여전히 '이름 붙여진 데리다'이며, 그와 동시에 그 이름에 대한 의무가 있다고 느끼면서 이러한 이름의 부과를 수동적으로 견디고 있다는 느낌을 시종일관 지니고 있다 … 나는 당연히 나의 것이 아닌 이 이름을 사랑한다."[12]

나의 이름은 나의 것이 아니다. 그것은 내 위에/내게 붙여진 것으로, 나는 한 단어의 적용이자 반복인 셈이다. 이로 인해 반복 가능성의 구조와 서명의 불운이 시작된다. 나는 하나의 이름으로 불린다는 점에서, 그 두 개의 임의적 음절로 이루어진 나의 이름을 마치 다른 사람의 것처럼 듣는다는 점에서, 그리고 그 이름이 불리면 반응하고 그에 책임을 진다는 점에서 고유하다. 처음으로 이름을 부여하고 나를 구성해 주는 **축복**(너의 이름은 코-스타이다)은 매번의 부름과 호명, '너'에게 대답하는 '나'를 창조하는 매번의 '이봐요, 당신'이라는 말 속에서 반복된다. 이로써 나의 이름은 축복과 함께 그것이 수반하고 확인하는 규칙과 관습들을 되풀이한다. '나'라는 존재의 유일성은 명명식의 축복이 반복적으로 실행된 결과이다.

반복을 통해서 유일해지는 표식, 이것이야말로 정체성을 복수적으로 만드는 것이다. 니체Nietzsche의 저작을 거대한 의미의 총체성으로 제시하려는 마틴 하이데거의 시도를 논의하면서 데리다는 한 저자의 작품에 통일성과 완전성, 일관성을 부여하려 할 때 사용되는 전략들을 탐구한다. 이름이 가장 중요하다. "여기서 사상가의 이름인 니체는 그의 사고의 근원을 가리킨다."[13] 이름은 한 인생 전체를 대변하며, 때로는 하나의 주제나 **작품** 전체를 나타낸다. 하이데거에게는 서양의 형이상학 전체가 니체라는 하나의 이름 아래 모아질 수 있었다. 데리다는 명명식, 즉 세례식의 이름 짓기가 지닌 구성적 역할을 인정한다. 하지만 그는 곧바로 이를 해체한다. "도대체 누가 한 사람이 하나의 이름만을 지녔다고 말했는가?"[14] 니체는 계속해서 자신의 이름과 서명, 자신의 정체성과 가면들을 증식시켰다. 니체는 "나의 이름은 무수하다"라고 말할 것이다.

세례식의 **이름 짓기**를 통해 자아는 타자성의 결과물로 세상에 등장한다. 애초부터 타자는 자아의 일부이며, 우리가 이름에 답할 때마다 우리는 우리 이름뿐만 아니라 타자의 이름으로도 답하는 것이다. 랭보Rimbaud가 인상적으로 표현했듯이 **나는 타자이다**. 이름은 아예 처음부터 자아를 수많은 부분과 파편, 역할과 정체성, 그 이름이 우리에게 주고 사용하도록 허락한 가면과 **퍼스나**로 쪼갠다. 형이상학이 "생각하고 말하는 것은 하나, 오로지 하나의 문제로 상정되는 어떤 것을 생각하고 말하는 것임에 틀림없다는 점을 끊임없이 반복하고 가정해"[15] 왔다면, 세례식의 축복은 다양성을 열어보인다. 이름은 다수의 삶과 죽음 속에서 산종하고 산종되며, 그 영향력을 퍼뜨린다. 그러나 매번의 서명, 매번의 호명, 그리고 자신에게 주어지는 매번의 경의 속에서 이름은 자신이 죽음 안에 고유하게 임할 것을 예견한다. "이름만이 죽음의 복수성을 가능하게 한다."[16]

세례식의 **축복**이 증식, 전위, 산종을 통해 창조를 거듭한다면 장례식의 추모사는 거둬들이고, 응집하고, 단순화한다. 추모사는 (세례식의) **축복**을 그대로 되풀이한다. 축복의 시간성은 전미래이다. 고유명사는 항상 미래에 존재한다. 더 정확히 말해서 고유명사는 미래에 있게 될 것이며, 장례조사라는 두 번째 상징적 죽음 속에서 완성될 것이다. **축복을 내리는 사람***eulogos*의 좋은 말과 훌륭한 이성은 **추도문***in memoriam*, 즉 애도와 기억의 회상 속에 이름을 머무르게 할 것이다. 바로 이러한 의미에서 나의 이름은 온전히 나의 것이 아니다. 나의 이름에 답하고 나의 이름으로 서명하는 것은 나와 나의 이름이 타자들에 의해서 기억 속에 머무르게 될 순간을 예고한다. 나의 시간, 나의 삶은 지연, 연기, 미래의 추모사에 의해 펼쳐질 시간성의 접점이 될 것이다. 그리고 그때 기억으로서의 '나의' 이름은 타자(나는 더 이상 **존재**하지 않을 것이므로 더 이상 내가 아닌) 안에 유일한 것으로 깃들게 될 것이다. 미래의 추모사는 이름이 제 과거와 현재를 펼쳐보일 시간의 가능성을 열어준다.

추모사나 조사를 통해 이름을 환기시키고, 칭찬의 말을 통해 항상 나뉘어졌던dismembered(책, 논문, 영화, 인터뷰 등으로) 그를 기억할/다시 모을remembering 수 있는 가능성은 출발점, 즉 명명식이라는 두 번째 상징적 탄생부터 시작되는 이름 짓기의 구조를 보여준다. 이름은 이름 붙여진 자의 죽음을 예측하고 실연(實演)한다. 세례식의 명명식은 그 사람을 삶 안으로 데려오는 동시에 이름이 지닌 필연적 가능성의 부분들로 그를 쪼갠다. "누군가 살아 있는 동안 그를 부르거나 이름을 말할 때 우리는 그의 이름이 사후까지 살아남을 것이며, 이미 그보다 더 오래 살고 있음을 안다. 이름은 이미 그의 생전에도 그 없이 잘 지내며, 명부나 등기부 혹은 서명에 기입하기 위해 이름을 말하거나 부를 때마다 그의 죽음을 말하고 전하게 된다."[17] 이름은 고유성과 유일성을 부여할 뿐만 아니라 죽음을 예견하고 예시한다. 모든 세례식의 축복과 명명식은 조사를 준비하는 것이며, 바로 그 순간 이름은 단지 하나의 이름일 뿐, 지시 대상 없는 언어의 순환, 그리고 대답도 의시할 것도 없는 기억의 내면성에 맡겨질 것이다.

죽음의 순간에 이름은 살아남는다. 그와 몇 차례 만났지만 그를 안다고는 할 수 없었던 내가 데리다에게 추모사를 헌정할 때 나는 텍스트, 이야기, 강연, 우연한 만남 등으로 이루어진 거대한 지식의 보고(寶庫), 거대한 작품세계, 실체 없는 작품으로서의 '데리다'에게 말을 거는 셈이다. '데리다'는 거대한 세계이며, 범세계이자 국제도시일 뿐만 아니라 내 자신의 세계, 즉 나의 사상, 기억, 정서, 행위를 구성하는 본질적인 부분이기도 하다. 이런 의미에서 나는 무덤 혹은 장례식의 유골 단지와 같으며, 더 이상 존재하지 않는 이의 이름을 내 안에 품고 있는 셈이다. 죽은 자의 이름은 타다 남은 재이다. 이제 우리가 그를 불러도 데리다는 더 이상 대답할 수 없다. 더 이상 "나 여기 있소"라고 말할 수 없다. 그러나 우리는 '데리다'를 알고, 생각하고, 그에게 아름답고도 훌륭하게 말을 걸 수 있으며, 데리다를 기억하거나 '데리다'를 위해 추모사와 애가, 찬사를 바칠 수 있다.

죽음은 항상 도래할 이름(들)name(s)-always-to-come을 지닌 사람과 그 이름을 지닌 텍스트들의 아카이브, 데리다와 '데리다' 사이의 필연적인 탈구를 가져온다. "죽음은 삶의 한가운데서 이름을 도려내거나 그 이름을 지니고 사는 사람에게서 이름을 떼어내는 것과 같으며, 이것이야말로 바로 죽음이 행하는 일이고 죽음의 고유한 작용이다. 죽음은 이름과 육체를 분리하고, 육체로부터 이름을 떼어내는 것과 같다."[18] 죽음은 이름과 그 이름을 지닌 자, 기호와 지시 대상을 분리하며, 영혼과 문자를 갈라놓는다. 이러한 이탈과 분리가 타자의 몸 안에 죽은 자가 묻히고 간직되는 것(애도의 징후), 타자의 추억에 이름이 최종적으로 맡겨지는 것(기억에 남게 되는 것)을 나타낸다. 이 순간에 비로소 이름은 고유해지며, 본연의 지위를 회복한다. 죽은 자는 그의 이름의 회상/다시 모으기re-collection 속에서 기억되다/다시 합쳐지다re-membered, 애도란 타자의 기억 속 가장 깊숙한 곳에 이름을 맡기는 것이다. 그러므로 세례식의 **축복**은 추모사를 가능하게 하는 것이 될 것이다. 세례식은 추모사를 준비하는 명명식이다.

그러나 몸과 이름, 영혼과 문자를 분리하고 갈라놓는 것은 세례식의 축복과 할례의식 이후로 줄곧 이루어져 왔다. 그것은 죽음 이전에 이미 시작되었고, 죽음을 예고해 왔다. '데리다'를 읽을 때마다 나는 살아있는 사람과 그 이름을 떼어내었고, '데리다'의 글을 참조·인용하거나 언급할 때마다 그 **이름***onoma*의 **정신***anima*과 몸을 분리했다. 세례식의 축복은 우리에게 이름이라는 고유성을 부여하고, 그 기표가 나타내는 정체성을 허락한다. 오늘날 우리는 기표란, 심지어 그것이 소통되었을 때조차도(사실은 주로 그때), 얼마나 항상 지연되고 차이를 만들어내는 의미화 고리의 모호성과 불확실성 속에 갇혀 있는지 너무나도 잘 안다. 이러한 닻의 풀림, 즉 우리의 '진정한' 자아와 결코 일치할 수 없고, 언제나 타자(다른 기표, 내 안의 타자)에 의존하며 타자와의 관계 속에 있는 이름의 미끄러짐은 매번 죽음을 바꿔 쓰고 암호화한다. 이름은 잘못된 재현을 통해 정체성을 확인하고, (잘못된) 인식을 하며, 죽음이 "언제나, 특히 우리가 말하고, 쓰고, 출판할 때" 완성시킬 작업을 예측하고 실연(實演)한다.[19]

이름은 몸과 분리되어 왔고, 말뭉치와 주검, 비가(悲歌)와 추모사를 바치는 자 역시 분리되어 왔다. "이는 우리가 죽기 전후에 타자들이 우리의 이름을 사용하거나 부를 때는 물론 우리가 우리 자신의 이름을 사용할 때도 그러하다."[20] 이름은 언제나 그에 대한 기억에 선행하므로 이름과 기억은 분리될 수 없다. 죽음을 통해 비로소 이름은 제 주인이 없어도 항상 반복될 수 있으며, 자신이 지시하는 대상의 유일성을 지워버리는 대명사 '나'처럼 단수 보통명사가 될 수 있다. **나**는 동사와 결합할 때 가장 평범한 외면성을 지니지만 동시에 가장 심오한 내면성, 즉 자아와 그 자신과의 관계를 나타낸다. 기억 속의 이름은 또한 "이름의 가능성, 그 이름을 통해 보존될 수 있다고 보장하는 것과 본질적이고도 필연적인 관계를 유지한다."[21] 이름의 힘은 그 이름을 지닌 자가 더 이상 거기에 없고, 그가 더 이상 자기 이름으로 대답할 수 없어도 우리가 그를 계속 부를 수 있도록 해주는 것이다. 죽음은 이름의 힘을 드러낸다. 그것은 사상, 관념, 텍스트, 독서의 **기억***mnéné*에 대한 개인적 추억을 가리키는 이름과 다름없다. 이제는 우리가 그 이름에 대해 책임이 있으며, 그 이름이 지닌 명예에 대한 증인이다.

추모사를 받는 사람은 그곳에 없다. 그는 부재하며 이미 죽었다. 그러나 추모사가 말을 거는 사람은 바로 그, 데리다이다. 망자는 "여기 있으면서 여기에 없고, 그의 이름으로 존재하면서 그의 이름 너머에 있다."[22] 두 번째 상징적 죽음인 추모사는 그가 여기 없으며, 다시는 여기 없을 것이라는 사실을 인식시킨다. 이는 친구의 죽음과 죽음 그 자체에 대한 필연적인 인식이다—그리고 이러한 인식은 공동체를 만들어낸다. 그러나 망자는 또한 그곳에 있다. 비록 이름과 기억을 통해서일 뿐이지만. 친구의 **텔로스**를 공표하고 그를 추억에 맡기는 바로 그 추모사가 죽은 자의 이름에 걸맞는 예우를 갖추고, 데리다를 영원히 '데리다'로 만든다. 수신인은 부재하지만 이름이 존재한다. 그러나 부재하는 것은 단지 수신인만이 아니다. 추모사가 유효하려면, 즉 그것이 **좋은 형태***eumorphos*, **좋은 리듬***eurythmos*, **좋은 구도***euschemos*를 수행하려면 가능한(결코 완전하지는 않지만) 연사의 권위, 그의 나르시시즘, 그리고 **자기애***amour propre*를 제거해야 한다. 그렇지 않으면 그것은 이기적이고 위선적이 되며, 연사의 우월성, 자신의 감정, 기억, 관념을 입증하려는 시도에 불과하다. 『아듀 데리다』의 장례 조사에는 연사와 수신인이 모두 부재한다. 그들 모두 이름 주위로 모여들어 수렴되기 때문이다. 작가의 부재와 독자의 부재, 이것이 바로 데리다가 우리에게 가르쳐 준 글쓰기의 구조적 특징이다. 모든 글쓰기는 추모사를 흉내 내며, 작가의 죽음을 예고하고, 예시하며, 실연한다. "가독성(可讀性)은 바로 이러한 애도의 성격을 지닌다. 하나의 구절은 그나 그녀, 혹은 읽기의 어느 다른 지점이건 수신인의 궁극적인 위치를 점유하고 있는 독자 없이도 어느 수준까지는 읽을 수 있으며, 읽혀야 한다."[23] 글쓰기와 독서에는 장례 조사의 특징이 있으며, 독자는 이름과 텍스트 사이에 갇혀 있다.

계약상의 합의를 이끌어내는 교환이 아니라 동일자 안에서의 상호 교환 및 타자에 대한 인식을 통해서 자크 데리다와 상 뤽 낭시는 타자, 즉 고인이 된 타자 앞에서 말하는 **작별** 인사를 건넸다. 고인이 된 친구들에게 바친 데리다의 수많은 추모사들이 영어로 번역되어 미국에서 출판되었으며, 그 후 프랑스에서 '재 번역되어' 출판되었다. 『매번 유일한, 세계의 종말』(*Chaque fois unique, la fin du monde*)

이라는 제목의 프랑스어판에 붙인 짤막한 서문에서 데리다는 장 뤽 낭시의 『내게 손대지 마라』(*Noli me tangere*)[24]를 언급하고는 고인이 된 친구에게 건네는 인사인 '아듀'라고 말한다. 한 명의 친구가 죽을 때마다 그 고유한 죽음은 단지 부재나 사라짐만이 아니라 온 세상, 모든 가능한 세계의 종말을 알린다. 그리고 이것은 "매번 결코 대체할 수 없고 무한하고 유일무이한 완전함을 지닌 세계의 종말이다." [25] 죽음은 고인이 된 타자 뿐만 아니라 '잠정적 생존자'에게도 일회성인 돌이킬 수 없는 세상의 종말이다. 잠정적 생존자는 이 불가능한 경험, 이 비(非)-사물성의 경험, 죽음이라는 무(無), 우리가 그 자체로서는 결코 경험하지 못하고 단지 타인의 죽음 앞에서 견디는 식으로만 겪을 수 있는 경험을 한다. 하나의 세계는 각각 고유하고, 대체 불가능하고, 유일하고도 무한하며, 타자의 죽음은 그것에 온전한 의미를 부여한다.

이는 장 뤽 낭시가 데리다의 죽음 직후 발표한 짤막한 글인 「위로, 슬픔」(Consolation, deslolation)에서 다룬 주제이며, 이 책에서는 데리다의 세계에 대한 훨씬 더 긴 성찰로 발전했다. 모든 세계는 각각 고유하고 완전하므로 죽음은 그 안에 전 세계를 담고 있다. 친구의 인사, 그의 추모사는 축복이며, 실체 없는 것을 만지는 것이다. '아듀 데리다'라고 말하는 것은 그의 이름으로 타자를 부르고, 그의 이름을 부르며, 타자(이름)를 내 안에 간직하는 것이다. 추모사는 "의미 없는 고유성, 즉 이미 고유명사의 비(非)-의미, 그리고 그를 통하거나 그 안에서 매번 그 자체로 완전한 세계의 비-의미 속으로 내던져진 그의 이름이 지닌 실체 없는 완전함을 지닌 타자에게 인사한다."[26] 만약에 데리다가 더 이상 대답하지 않는다면 그것은 그가 우리 안에서 대답하기 때문이다. "우리 바로 앞, 우리 안에서— 우리를 부르고, 우리에게 상기시키면서. 아-듀a-Dieu."[27]

'아듀', 그 '작별 인사'는 공동체의 인사이며 성찬식으로의 **환영**이자 환대인가? 죽음은 망자를 공동체 안으로 편입시키는가? 종교나 국가 공동체, 민족이나 이데올로기 공동체 안으로? 죽음은 아직 미완성이었던 것을 완성시키고 공유되는 것에 의미를 부여하는가? 타자의 죽음은 언제나 고유한 것으로서 공유될 수 없으며, 그 혹은 그녀의 것일 뿐 결코 나의 것은 아니다. 타자는 더 이상 살지 않으며, 돌아오지 않을 것이다. 죽음은 정작 망자 본인에게는 아무런 의미를 지니지 못할 뿐더러, 살아남은 자들에 의해 공유될 수도 없다. 오로지 나의 죽음만이 온전히 나의 것이지만 나는 정작 그것을 경험하지 못할 것이다. 그러나 내가 죽음을 경험하지 못한다는 바로 그 사실 때문에 나는 오직 타인의 죽음을 통해서만 죽음을 예측할 수 있다. "만약 죽음이 실로 불가능한 것의 가능성이라면,… 그렇다면 인간 혹은 현존재로서의 인간은 죽음 그 자체와는 아무런 관계가 없으며, 오로지 물려주고 사라지거나 타자의 죽음과 관계맺을 뿐이다… 그러므로 타자의 죽음은… '처음', 언제나 처음이다."[28] 이것이 추모사, 즉 간접 죽음의 역할이다. 언제나 '처음'인 고인이 된 타자에게 인사하는 것, 그리고 그 과정에서 아직 때가 되지 않은 죽음 그 자체에게 인사하는 것이다.

고인이 된 데리다는 자신 안에 살지 않는다. 그는 이제 우리 안에 살고 있으며, 우리는 그의 이름을 부르고 그에게, 또 그를 위해 글을 쓴다.

> 이처럼 '우리 안에' 존재하기, 상실감으로 가득한 기억 속의 타자가 '우리 안에' 존재하는 것은 소위 타자 **그 자신**의 부활이라 할 수도 없으며(타자는 죽었고, 어떤 것도 이 죽음으로부터 그를 구할 수 없으며, 그 누구도 그것으로부터 우리를 구할 수 없다), 자기 자신에 바짝 근접했거나, 심지어는 자신과 동일한 주관성이 보여주는 자아도취의 환상이 빚어내는 단순한 허상도 아니다 … 이미 자아도취적 구조 안에 자리 잡은 타자는 상실감에 젖은 '우리 안의' 존재가 타자의 **도래** … 타자의 첫 번째 도래가 되도록 자아와의 관계 속에 자아를 표시하고 조건을 마련한다.[29]

자아 한가운데 있는 이러한 타자, 개인성을 구성하는 동시에 와해시키는 이 타자는 처음, 즉 세례식의 **축복**부터 존재했다. 비록 우리가 간접 죽음의 순간에야 비로소 그것을 깨달을지 모르지만 말이다. "왜냐하면 죽음이라 불리는 그 알 수 없는 사건 이전부터 이미 (나, 너, 우리 안의 타자의) 내면성은 작동하기 시작했기 때문이다. 최초의 명명식과 함께 그것은 다른 죽음과 마찬가지로 죽음을 선행했다."[30]

공동체를 세우는 것은 바로 이러한 내 안, 타자 안의(고인이 된) 타자와의 관계, 그리고 죽음과의 관계이다. 죽음은 공동체와 결코 분리될 수 없지만, 그렇다고 죽음이 공동체의 진리라는 의미에서는 아니다. 타자의 죽음이 공동체를 확인하거나 끝나게 하지는 않는다. 우리가 친구에게 하는 모든 말은 우리 안이나 우리 사이, 즉 친구의 이름과 기억을 가지고 살아남은 자 안에 머무른다. 우리가 그에게 하는 말은 그의 죽음은 물론 죽음 그 자체에 대한 인식, 즉 유한성에 대한 인식이다. 그의 세계가 끝났고, 그것은 그 세계의 끝이지만 동시에 나와 다른 사람들의 세계 또한 변했다. 데리다는 자신이 사랑하는 친구를 부르면서 이렇게 말한다. "내가 롤랑 바르트 Roland Barthes라고 말할 때 그것은 분명히 내가 이름 부르는 그, 그의 이름 너머의 그이다. 그러나 정작 그 친구는 이제 더 이상 이 호칭에 대답할 수 없고, 이렇게 이름 부르는 것이 신의 부르심이나 인사 혹은 돈호법이 될 수 없기에 … 내가 이름 부르는 것은 내 안의 그이며, 그의 이름을 통해 나, 너, 우리 안의 그에게로 향한다. 그를 둘러싸고 일어나는 일, 그에 관해 말해지는 것이 우리 사이에 남는다. 애도는 바로 이 지점에서 시작되었다."[31] 그의 고유한 이름이 '우리 사이에' 있고, 우리를 하나로 만든다. 우리가 데리다를 부를 때 우리는 서로에게 말하는 것이며, 이름의 찬미자인 우리 자신에게 말하는 것이다.

공동체는 그렇게 시작된다. 법률, 제도, 정치, 그 밖에 우리가 전통이나 역사라고 부르는 것이 공동체를 세우는 것이 아니다. 이러한 것들은 그저 인류가 죽음으로 향할 수밖에 없는 스스로의 유한성을 인정하는 외면적 표현에 불과하다. 기억에 의해, 혹은 기억 속에서 창조된 공동체야말로 타자와 함께하는 존재, 죽음과 함께하는 존재이다. 그러나 데리다가 장 프랑수아 리오타르를 기리는 추모사에서 언급했듯이 "우리는 **앙상블***ensemble*을 이루거나 함께할 수 없으며, 그것이 커다란 하나이건 세트를 구성하건 하나의 앙상블, 하나의 집단 혹은 모임에 속할 수 없다. 왜냐하면 앙상블, 전체성, 이 **앙상블**이라는 말이 지칭하는 바로서의 총체성이야말로 **앙상블**이라는 부사가 의미할 수도 있는 것을 가장 먼저 파괴했기 때문이다. 앙상블을 이루기 위해서는 어떤 종류의 **앙상블**도 구성하지 않는 것이 절대적으로 필요하다."[32] 이처럼 클럽이나 모임 혹은 단체를 구성하지 않고 함께하는 것이 장 뤽 낭시가 '실행 불가능'이라고 일컬은 바 있는 공동체이다. 그는 그러한 공동체에 대해서 다음과 같이 설명한다.

> 〔그것은〕타인들을 통해서, 그리고 타인들을 위해서 생긴다 … 만약에 공동체가 다른 사람들의 죽음을 통해 나타난다면 그것은 죽음 그 자체가 다수의 에고가 아닌 **나의** 진정한 공동체이기 때문이다. 공동체는 구성원들에게 그들의 중대한 진실 …, 즉 유한성과 유한자를 구성하는 구제 불가능한 과잉을 보여준다. 그것은 곧 그의 죽음뿐만 아니라 태어남이기도 하다. 공동체만이 내가 태어나는 것을 보여줄 수 있으며, 내가 나 자신의 죽음으로 건너갈 수 없을 뿐만 아니라, 그러한 태어남을 되풀이할 수 없다는 사실 또한 보여준다.[33]

죽음 속에서, 그리고 죽음을 통해서 데리다는 우리를 경험적이거나 이상적이지도 않고, 개인주의적이거나 공동체적이지도 않으며, 국가적이지도 국제적이지도 않은 공동체로 불러모았다. 이것은 우리가 데리다를 부르거나 '데리다'에 관하여 글을 쓰고 이야기할 때마다 창조되는 공동체로서, 결코 지금 여기에 온전하게 존재하지 않으며, 도래할 정의나 민주주의, 혹은 도래할 인터내셔널과 다르지 않다. 그럴 수 밖에 없는 것이 "우리 중 많은 사람들이 그에게 의지하거나 그와 함께 혹은 그를 통해 생각하지 않고는 글을 쓸 수 없기 때문이다. 그렇다면 '자크 데리다'는 우리가 쓰는 것의 미래를 가리키는 이름이다."[34]

> "*Eulogia ara kai euarmostia kai euschémosuné kai euruthemia euétheiai akolouthei, ouch hén anoian ousan hupokorizonmenoi kaloumen [hôs euétheian], alla tén hôs aléthôs eu te kai kalôs to éthos kateskeuasmenén dianoian.*" 좋은 말과 조화, 아름다운 형식과 리듬은 모두 좋은 에토스로부터 나온다. 이는 우리가 보통 '순진함'이라고 그냥 너그럽게 덮어주는 세상에 대한 성찰과 주의력의 부족함을 의미하는 것이 아니라, 진리와 아름다움 속에서 정신을 형성하는 에토스이다.[35]

이것이 플라톤이 『공화국』(*Republic*)에서 교육과 문화의 목표 및 인격의 완성에 대해 설명하는 바이다. 플라톤은 **축복**, 즉 아름답고 좋은 로고스, 조화, 형식, 리듬은 좋은 에토스의 선물이며, 세상에 대한 열린 마음이라고 말한다. 이것이 데리다의 추모사, 즉 그의 좋은 말과 우리가 그에게 바치는 말이다. 그는 이성과 아름다움, 철학과 문학, 정의와 법, 에토스와 세상이 하나 되게 하였다. 그의 말은 축복이었고, 그의 이름과 그에 대한 기억은 우리에게 주어진 **축복**이었다. 우리는 향후 수세기 동안 '데리다'라는 이름이 모든 독서의 **아르케**, 수수께끼, 그리고 **텔로스**가 되리라는 점을 자신 있게 예견할 수 있다. 데리다에게, 혹은 데리다에 관해 글을 쓰면서, 그리고 그(나 자신과 미래에 도래할 데리다 공동체의 모든 다른 사람들 안에 존재하는 그)에게 말을 거는 수많은 텍스트들의 일부를 쓰면서 우리는 그가 받아주었으리라 희망하는 것을 그에게 건네며, 타자, 내 안의 타자, 진실로 고인이 된 타자의 이름에 대한 성실함이라 할 수 있는 우리의 부족한 추모사에 반-서명해 주기를 진심으로 요청한다.

데리다의 삶과 작품은 상기한 『공화국』의 구절에 대한 긴 주석이었다. 마찬가지로 **축복**에 대한 플라톤의 찬사는 이미 데리다의 추도사를 예고했었다. 아듀 데리다.

Notes

1. Jacques Derrida, *Adieu to Emmanuel Levinas*(Pascale-Anne Brault and Michale Naas, trans.) (Stanford : Stanford University Press, 1999), 9.
2. Frances Stoner Saunders, "What have Intellectuals ever Done for the World?" *Observer*, 28 November 2004, 29.
3. 강연은 다음과 같은 순서로 진행되었다 : Jean-Luc Nancy, J. Hillis Miller, Gayatri Chakravorty Spivak, Slavoj Žižek, Etienne Balibar, Alain Badiou, Drucilla Cornell.
4. Jacques Derrida의 *The Work of Mourning*에 수록된 뛰어난 편집자들의 서문을 보라(Pascale-Anne Brault nad Michael Naas, eds) (Chicago : University of Chicago Press, 2001), 1-30. 이 책은 이 강연 시리즈를 계획하면서 영감을 받아 기획된 것으로, 데리다 자신이 친구들에게 바친 수많은 추모사들을 수록한 것이다.
5. Jacques Derrida, "As if I were Dead" in J. Brannigan et al. (eds), *Applying: To Derrida*(London : Macmillan Press, 1996), 219.
6. Judith Butler, "Jacques Derrida," *London Review of Books*, 4 November 2004, 32.
7. Derrida, op. cit., n. 5, 215, 216.
8. *Hegel and the Human Spirit : a Translation of the Jena Lectures on the Philosophy of the Spirit (1805-6) with Commentary*(L. Rauch, trans.) (Detroit : Wayne

State University Press, 1983), 89–95.

9. Alexander Kojéve, Introduction to the Reading of Hegel's *Phenomenology of Spirit*(A. H. Nichols, trans.) (Ithaca : Cornell University Press, 1989), 140–1.

10. Jacques Lacan, "Radiophonie" 2/3 *Scilicet*, 1970, 65.

11. Jacques Lacan, *Ecrits*(Paris : Seuil, 1966), 82–3.

12. Derrida, op. cit., n. 5. 219.

13. Jacques Derrida, "Interpreting Signatures(Nitetzsche/Heidegger) : Two Questions" in D. Michelfeder and R. Palmer(eds) *Dialogue and Deconstruction*(New York : University of New York Press, 1989), 60.

14. Ibid., 67.

15. Ibid., 68.

16. Derrida, "Roland Barthes," op. cit., n. 4, 46.

17. Jacques Derrida, *MEMOIRES for Paul de Man*(Cecile Lindsay, Jonathan Culler and Eduardo Cadava, trans.) (New York : Columbia University Press), 49.

18. Derrida, "Sarah Kofman", op. cit., n. 4, 178–9.

19. Ibid., 179.

20. Pascale-Anne Brault and Michale Naas, "To Reckon with the Dead : Jacques Derrida's Politics of Mourning," Editors Introduction, op. cit., n. 4, 14.

21. Derrida, op. cit., n. 17, 49.

22. Derrida, "Jean-Fronçois Lyotard," op. cit., n. 2. 226.

23. Ibid., 220.

24. Jean-Luc Nancy, *Noli me tangere*(Paris : Bayard, 2003).

25. "Avant Propos," in Pascale-Anne Barult and Michael Naas(eds) *Chaque*

fois unique, la fin du monde(Paris : Galilee, 2003), 9.

26. Jean-Luc Nancy, "La Déclosion Consolation, Desolation" in *La Déclosion*(Paris : Éditions Galilée, 2005).

27. Jacques Derrida, op. cit., n.d., 13.

28. Jacques Derrida, *Aporias : Dying*(Thomas Dutoit, trans) (Stanford : Stanford University Press, 1994), 75.

29. Derrida op. cit., n. 17, 21-2.

30. Derrida, "Roland Barthes," op. cit., n. 4, 46.

31. Ibid.

32. Derrida, "Jean-François Lyotard," op. cit., n. 225.

33. Jean-Luc Nancy, *The Inoperative Community*(Minneapolis : University of Minnesota Press, 1991), 14-5.

34. Butler, op. cit., n. 6.

35. Plato, *Republic* book 3, (7.79), p. 400.

2 광기에 사로잡힌 데리다

생각 그 자체로 광기에 사로잡힌다

장 뤽 낭시
(Jean-Luc Nancy)

"그것은 완전히 광기에 사로잡혔다

It's absolutely mad"

미셸 푸코Michel Foucault와 자크 데리다는 널리 알려진 토론을 통해 데카르트Descartes를 읽는 두 가지 방법뿐 아니라, 서로 쌍을 이루는 용어인 '이성'과 '광기'가 전제하는 통상적인 구분을 해석하는 두 가지 방법 또한 보여주었다. 여기서 그 토론을 그대로 되풀이하려는 것은 아니다. 다만 푸코가 고전적인 합리성에 의거한 제도 안에서 비이성이 배제된다는 점을 확인했다면, 데리다는 소위 이성의 주체라는 것이 그 혹은 그녀의 주관성subjectivity[*subjectité*] **그 자체로***ipso facto* '광기'와 '이성'을 동시에 지니는 것으로 간주되지 않고서는 결정, 확인, 제시될 수 없다고 주장하는 것으로 응답했다는 사실을 상기시키고자 한다.

*Ipso facto*라는 표현은 '그 사실만으로'[그것에 의해서], 아니면 '그 사실의 동일성에 의하여'를 의미한다. 이것은 때로 '바로 그 행위 (혹은 성질)로 인하여', 혹은 엄밀하게 말해서 '그것 만으로'[*de lui lui même*]까지는 아니더라도, 라틴어에서 거의 차이가 없는 '그 자체만으로'를 의미하는 *eo ipso*에 의해 대체되기도 했다.[OED]. 이것은 정확히 '동일한' 것, 똑같은 것의 동일성을 의미하기 위해 사용되는 표현이다. 여기서 문제가 되는 것은 **나는 존재한다***ego sum*라는 중대한 발언인데, 이는 단순히 '내가 있다I am'를 의미하는 것과는 거리가 멀다. 왜냐하면 그것은 **존재한다***sum*의 주체—대명사를 추가할 필요 없이 sum이라는 동사 형태에 이미 **그것에 의해서** 기입되어 있는(*eo ipso*) 일인칭 단수—즉 동사에 의해서 선언된 그 '존재', 자기 자신의 가장 고유한 존재론적 성질을 지닌 바로서의(바로 그 존재함으로서의) 존재 그 자체, 그것이 존재하는 한 유효한 존재 혹은 존재들[*étant*]의 주체를 공표하기 때문이다. **나**는 바로 그것, 그 **에고**를 진술하는 나이며, 사실상 잉여의 대명사로서, 그 과도한 성질은 문제가 되는 존재론적 자질과 동일한 시간과 공간을 점유하며, 본질적으로 동질의 것임이 밝혀진다.

여기서 잠시 숨을 고르고 우리의 전제를 명확히 하자. 우리는 두 저자의 논쟁에 관심이 있는 것이 아니다. 우리는 두 가지 단순한 주장을 당연한 것으로 간주할 것이다.

1) 푸코와 데리다는 서로 다른 차원에서 논의를 진행시켰다. 푸코는 '이성'의 실제적이고도 이론적인 기획들과 그 지침(광기의 '감금') 하에 수행된 재현과 시행의 역사에 관심이 있었다. 반면에 데리다는 철학적 실천에 관심이 있었다. 자신에게 주어진 시간 안에서[*dans le cadre de son temps*] 적어도 이성의 기획과 재현을 유보하고 실로 저지할 수만 있다면 그것이 아무리 전대미문의 방식을 취하더라도 말이다. 다시 말해 데리다는 철학이라는 이름 하에(그러나 어떤 이름이 되었든지 그것도 유보되어야 하지만) 서로 담합하여 '이성'이 무엇인지 약속하거나 미리 결정하는 일체의 행위에 어떻게 저항할 지에 관심이 있었던 것이다. 원칙적으로—여기서 원칙이란 모든 원칙들을 부정하는 것을 의미한다—이것이 실패한다면 가장 간단한 첫걸음조차도 뗄 수 없을 것이다. 데리다의 뿌리 깊은 기질은 다름 아닌 데카르트라는 척도에 의해서만 이해될 수 있다. 즉 모든 동의에 대한 전반적인 판단중지이다. 아니면 헤겔의 용어를 빌려서 철학적 행위 자체의 핵심에서 이루어지는 철저하고도 근본적인 **회의***skepsis*(doubt), 혹은 후설의 용어를 빌리면 하나의 **신기원***époché*으로, 이미 구성된 의미를 부과하거나 전가하는 것을 일절 금하는 것이다. 어느 경우든 '철학'은 어떤 종류의 결정 가능한 '합리성'과도 동일시할 수 없

게 된다.

2) 이 논의에는 한 가지 역설이 존재한다. 푸코는 이성적 기구가 억압 또는 감금하려고 하는 '광기'와의 공감, 심지어 감정이입의 경지를 보여주었으며, 실제로 그의 작품은 광기라는 불가사의한 특징과의 근접성 또는 친밀성마저 느껴지는 다수의 놀라운 사례들을 제공한다. 푸코는 광기가 작품의 가능성, 다시 말해서 비(非)-얼굴*non-face*과의 견딜 수 없는 대면에 의해 정교하게 다듬어진 정화(淨化)적이거나 퇴마(退魔)적인 **창작***poiesis* 가능성을 어떻게 유보시키는지 너무나 잘 감지했다. 푸코는 이성의 담론과 작품에 사로잡힌 채 이성의 나라에 고립되어 있었다. 이곳이야말로 그가 그 문화를 그토록 잘 설명했던 개념적·의학적·사회적·제도적 폐쇄성을 확인할 수 있는 유일한 공간이었다. 데리다는 정반대편에서, 적어도 암묵적으로 이러한 폐쇄성이 자신과 자신의 담론 **앞을** 가로막지 않고, 반대로 어떤 방식이든 또 어떤 지점에서든 그 폐쇄성의 흔적이 불분명해지고, 찢겨지거나 열리도록 함으로써 광기의 토대를 세우는 대신에 이성을 공황상태로 내몰 수 있는 모험을 감행하고 그 기회를 붙잡는 일에 몰입하고 있었던 것이다.

다시 논의를 시작하기 전에 이러한 언급이 다른 입장을 무효화함으로써 하나의 입장을 유효하게 하거나 지지하려는 목적에서 비롯된 것이 아님을 분명히 해두어야겠다. 오히려 그들은 환원 불가능한 이질성을 보여주며, 이는 철학이 본연의 모습을 추구할 때면 늘 나타나는 현상이다.

동일성으로(동일자로) 회귀하기

철학 '그 자체'를 말하는 것—이것은 한마디로 철학 **그 자체**(불확실성이 모두 제거되어 온전하게 그 자체이며, 자기 자신과 동일한)를 확인하는 작업의 어려움과 불안[*inquiétude*], 실로 그러한 작업이 초래할 근심과 아포리아를 발언하는 것이다. 철학적 이성—**소피아***sophia* 자체, 그 외에 혹은 **로고스**, **순수** 이성, 정신 혹은 의지, 직관 또는 사유. 이 모든 용어들은 블랙홀 바로 근처까지는 아니더라도 하나의 동일하고도 변함 없는 중력의 중심부 주위로 다소 우호적이고 심하게 이끌린다. **철학적 이성은 동일성으로**(동일자로) **회귀하지 않는다**. 그것은 우리가 발견하거나 불러낼 수도 있을 어떤 다른 이성과의 동일성, 심지어는 광기를 배제할 수도 있을 이성과의 동일성으로도 회귀하지 않으며, 그럼으로써 결코 그 자신과의 동일성 또한 반복하지 않는다.

이것이 데리다가 끊임없이 탐구한 것이며, 이성과 그 타자를 나누는 푸코에 반하여 이성 '그 자체'에 내재한 더 본질적인 불일치를 내세우게 만든 것이다. 이것이 데리다가 이성이 자기 내부에서 스스로를 확인하는 순간 **제 스스로***ea ipsa* 침몰하고 마는 광기를 포용해야만 했던 이유이다. 데리다가 운명적으로 광기에 몰려서 미친 듯이 철학을 향해 달려든 것이 아니었다면 말이다. 우리 모두가 아는 바와 같이 데리다는 빗나간 격정[*fureur égarée*]을 지닌 다른 인물들을 대할 때와 마찬가지로 광기[*forcené*]에 대한 친밀함을 보여주었다. (푸코 역시 성격은 다르지만 유사한 광기에 이끌렸다는 점을 부인할 수 없다. 다만 단순하게 말하면, 그들 사이의 대조는 자신의 광기를 피하는 데 몰두한 사유와 자신의 이성을 피하는 데 몰두한 사유 간의 대조라고 하겠다. 하지만 우리가 여기서 심리학적 분석을 시도하는 것은 아님을 명심하자. 오히려 기껏해야 사유의 특징학 정도를 제시한다고 해두자.)

지각 없는 주석자들이나 성급한 해석자들이 주장해 온 바와 달리 데리다는 **주체**를 없애려고 모의한 적이 없다. 오히려 그는 주체 안에서 동일성과 차이(동일성과 그 자신의 차이)가 필연적으로 교차함을 확인했다. 그가 실제로 그러한 교차를 '주체'라는 이름 하에 논의하거나 문제시한 적이 없다면, 그것은 처음부터 그 용어가 재현을 전유해 버리는 칸트적 통합의 공허함, 아니면 반대로 에고의 완전성이 야기하는 봉쇄에 의해서 이미 상당 부분 중층 결정되어 있는 것으로 보였기 때문이다. 어느 경우에나 전제 자체가 의심스러운 것이었다. 두 경우 모두 주체가 자아나 **대리인***suppositum* [*suppôt*]으로서 본질적으로 자아를 지원하고, 자신과(즉 동일성으로) 문제 없이 연결될 수 있는 안정된 실체라고 전제한다. 그럼에도 불구하고 데리다는 결코 일인칭에 대한 긍정을 포기하지 않음으로써 개인 그 자체 또한 인정했다. 비록 그 용어가 '인간human person'(더불어 그의 삶, 위엄, 그리고 권리를 수록한 간략한 책자)의 위선적인 자기 만족과의 타협으로 상당 부분 훼손된다는 사실 때문에 데리다의 어휘에 속하지는 않지만 말이다.

철학은 거의, 아마 절대로 니체, 키에르케고르Kierkegaard, 데카르트 이래로 일인칭, 즉 일인칭으로 쓰인 철학적 글쓰기를 알지 못한다. (아니면 플라톤의 대화적 **미메시스** 이후에 그렇다—우리는 데리다의 글에서 나타나는 모든 대화들, 단수나 복수나 상관없이 '내'가 향하고—급파되고, 위임되고, 헌신하고, 소외당하고—있는 그 모든 '너you'에게 실로 주의를 기울여야 한다—좀 더 대략적으로 잡아서 칸트 철학의 도식화나 하이데거식의 **현존재의 각자성**Jemeinigkeit에서 '나는 시간을 발생시킨다'라는 구절이 등장한 이후가 아니라면 말이다.) 데리다가 합리적이고도 통상적인 이성의 익명성으로부터 벗어나고 있다고 주장할 때 그는 발언과 개인적인 구멍내기, 이성이라는 개념에 에고학적으로 구멍을 내는 행위를 이례적으로 수행하는 것으로, 이는 실로 과도하고도 엄청난, 한마디로 광기 어린 용법이라 하겠다.

이제껏 간과해 온 단순한 질문이 있다. 왜 데리다는 일인칭, 그리고 일인칭이 지닐 수 있는 온갖 역할들에 맞추어 그토록 많은 글을 썼을까? 예를 들어 초월적인 **에고**, 대화하는 인물, 서명인, 고백하는 사람, 카드나 편지를 부치는 사람 등으로 말이다. 그것이 중요한 이유는 광기, 다름 아닌 자신의 광기로 이성에 구멍을 내는 만큼이나 이성 안의 광기, 이성의 광기를 스스로 수행하기 때문이다. 일인칭은 이성의 담론이 표방하는 비개인성에 도전하는 동시에 스스로 그것을 대체할 수 있다고 자처한다. 그것은 진리가 웅변적으로 선언하는 유일성의 열림에 구멍을 내면서 동시에 진리의 수행 혹은 수행하기[*performation*] *seipsam patefaciens*를 홀로—**세 스스로***ea ipsa*—해낸다.

유음(類音), 온갖 종류의 말의 연결, 축약 및 혼성어(混成語), 그리고 논의 중에 내가 방금 모방했듯이 두운법의 분출 등이 명백하게 남용되는 것과 관련해 판결을 내리고자 한다. 두운법이 무한정 울려퍼지도록 하는 것은 다름 아닌 데리다의 광기이다. 그 두운법 안에서 데리다는 순수 개념의 단조로움[*détimbrage*]과 무미건조함[matité]에 대치되는 문자 그대로나 문학적인 유음뿐만 아니라 그 주체가 포착될 수밖에 없으며, 이제 그것에 대해 이야기하게 될 동소체(同素體)적 반복을 듣기를 원하며, 우리도 듣고—**들리기**를 바란다. 그것은 분명 위험한 광기이며, 쌍곡선적 크라틸로스주의hyperbolic cratylism에 도달하기 직전으로—마치 '**차연**'이나 '**예정되어 있음** *destinerrance*'과 같은 단어가 그 자체에 형태를 주었어야 했다는 것과 같다. 그러나 그것은 '하나의 단어 혹은 하나의 개념'조차 구성하지 않는 척하면서 자신의 언어적·스타일적·학구적인 효과들을 더욱 더 광적으로 증식시킴으로써 그것들을 버리고, 격렬한 밀물에 밀려온 바닷가 조약돌처럼 산종됨으로써 스스로를 좌절시키거나 혹은 어떻게든 간에 스스로에게 도전한다(그리고 스스로를 불신한다). 푸코의 광기가 작품의 부재라면 데리다의 광기는 작품의 과잉으로 상호 양극단을 구성한다.

나를 쓰면서(말하고, 내어놓고, 던지면서) 데리다는 그 단어를 사용하는 어떤 다른 사람과 마찬가지로 '나'를 말하는/쓰는 사람은 바로 그 순간에 그 혹은 그녀 자신으로부터 동일성을 작동시키는 존재를 분리해서 남겨둔 채 떠난다는 점을 보여준다. 그처럼 제 자리를 버리고 떠나는 것은 안심시키는 만큼이나 광기를 유발한다. 그것은 그를 안심시키기 위해서, 그리고 정확하게 말하면 바로 그것이 그를 안심시키기 때문에 그를 광기로 몰아간다.

나는 존재한다*ego sum*라는 발화적 존재론에 있어서 데카르트는 무엇보다도 여기서의 **로고스**는 존재에 **관한** 것[*au sujet de l'être*]이 아니라 오히려 존재**의 주체**이며, 전적으로 동일성을 지향하는 실체의 본질이라는 점을 인식하고 있다. 데카르트는 그것을 알았으며, 에고학적 진리의 유효성은 그것을 소리내어 말하는 시간과 공간 속에서 유지된다는 점을 명확히 하기 위해 애를 썼다. 에고는 스스로를 말함으로써, 그리고 스스로 말한다는 **바로 그 사실에 의해서** 존재한다 : **에고, 그 자체만으로***eo ipso, ego*. 그것은 무대 위에 올라 발언을 통해 연기를 하는 한—그럼으로써 발화된 주체로서의 자아와 발언 주체로서의 자신 사이의 환원 불가능한 간격이 어떤 언어학도 줄일 수 없고, 어떤 시(詩)도 채울 수 없는 간격으로서 갑자기 나타날 때—이 세상에 존재하게 된다. 이러한 간격은 세상에 등장하는 것을 무대 위에서 연극을 하는 것(그는 자기 자신의 역할을 하는 배우가 될 것이다), 또한 일종의 도박(주체를 얻고 실체를 상실하거나 혹은 그 반대이다 : 이제부터 **말**–**logo**–과 **존재**–**onto**–는 'against'라는 단어가 지닌 두 가지 의미로 상호작용한다)으로 규정한다. 이는 오류의 극장이자 희비극적 환상이라 하겠다.

데카르트는 그 발언, 즉 **나는 존재한다**가 언어적이거나 정신적

일 수 있다는 점을 명확히 한다. 이러한 등치는 에고학의 가혹한 법칙의 심화까지는 아니더라도 최소한 엄격한 확립을 은밀하게 초래한다. 만약에 **정신***mens*이 **목소리***vox*와 등가를 이룬다면[한편 『제2성찰』(*Second Meditation*)의 이 텍스트적 순간에 **목소리***vox*는 후설의 생생한 현재의 순간과 마찬가지로 본질적으로 노출되고 지연된 그것의 **기록***scriptum*, 남겨진 흔적과 등가를 이룬다], 그것은 글쓰기가 **스스로를 기억하는**[*se rappelle*] 만큼이나 목소리가 **스스로를 부르기** 때문이다. 그것은 존재하기 위해서 반향하고 공명하며, 공명하기 위해서는 텅 빈 몸을 가져야 한다. 데카르트는 광인들 스스로 자신들이 유리로 된 몸을 가지고 있다고 상상한다고 말한 바 있지만, 데카르트나 데리다, 혹은 '나'를 말하는 사람이라면 누구라도 그와 똑같은 유리도 된 몸을 갖지 않았겠는가? 자신이 부르는 소리에 공명할 때 그 몸이 어떻게 떨지 않을 수 있겠는가? 그것이 발언하는 것—*sum*, I am—이 그것을 불러낸다, 매우 멀리. 이는 스스로에게 거의 되돌아오지 않으며, 다만 스스로를 부수고 상실함으로써만이 스스로에게 되돌아오는 메아리, 그렇지만 가장 태곳 적, 서술 이전의, 최초 태아기의 광기어린 장소로부터 스스로에게 돌아오며[*se revient*], 또한 기억하는 메아리로서의 **에고**이다. *Mens seipsam dementat*, 즉 정신은 스스로에게 정신을 부여하는 바로 그 순간 스스로 광기에 사로잡힌다.

주체가 길을 잃는 곳

내가 보기에 데리다는—**광기**의 종류는 다르지만 데리다에 근접하리만치 유사한 아르토Artaud와 더불어—어느 날, 어쩌면 그가 이야기하고 생각할 때마다 현대인이 본의 아니게 스스로에게 주게 된 가장 놀랍고도 가장 무시무시한 선물이라고 할 수 있는 바로 그 치매의 경험을 겪었던 인물로 보인다. 실체와 주체가 서로 부딪쳐 깨어지는 충돌을 통해서 자기 자신과의 일치가 일어난다. 사고는 불가피해진다.

생각하는 것이 스스로 생각하는 것을 경험하는 것이 되는 순간(이는 파르메니데스Parmenides와 플라톤, 혹은 어거스틴Augustine과 안셀름Anselm 이후 줄곧 그렇지 않았는가?) 그것은 스스로가 관계 그 자체이기 때문에 관계 설정이 불가능한 어떤 것의 무의미성을 동시에 경험하게 된다. 이것은 **에고 자신***ego ipse*으로서의 **에고**의 특징, 즉 에고 **그 자체로서***ipso facto*, 언어의 속성, 그리고 우리를 결코 자신의 근원으로 되돌려 주지 않을 흔적의 도주로부터 생겨나는 것으로 인식된다.

자신의 흔적 외에는 아무것도 발견하지 못하고 이 흔적마저 사라져 버리는 것을 보고 그는 광기에 사로잡힌다(네리나, 주체). 그는 자신이 흔적에 불과함을 발견하고[*de se trouver trace*] 광기에 사로잡힌다. 그는 스스로 붙잡을 수 없다는 것을 분명히 알고 있는 것을 조금이라도 붙잡기 위해서 스스로를 다시 그려야 한다[*se retracer*]. 즉 자신의 그림을 다시 그려야 한다. 그것은 비록 그가 만질 수는 있지만 언제나 만질 수만 있을 뿐, 보거나 알지 못하고, 소유하거나 이해하지도 못한다. 심지어는 위험을 무릅쓰고라도 그것을 소유하겠다는 의지를 품거나 그것이 야기하는 걱정을 감수한다 해도 소유할 수 없으며, 이해도 할 수 없는 것이다.

데리다는 결국 가장 오래된 해결책에 따라, 멈추지 않고 한없이 이어지는 발언을 통해 발화적 존재론의 힘을 전략적으로 활용한다. **에고**의 반향적 말하기가 공명하기 위해 멈추는 것을 언제나 막자. **에고**의 반향적 말하기는 불가능하면서 확실하고, 우연적이면서 영원하며, 우발적이면서 필연적이고, 빛나면서 유한한 그 희망 없는 일치, **바로 그 자체만으로***eo ipso* 일치가 일어나는 무수한 시간 동안 에고 자신의 광기가 빛을 발하게 만드는 지극히 미미한 분량의 이성에 근접하기 위해서 스스로를 두운법적으로 구성할 수밖에 없다.

자기 자신에 대해 스스로 확신하고[*s'assurant de soi*], 바로 그 확신을 통해 스스로 광기에 사로잡힘으로써 이성이 정신을 잃게 만드는 이 지극히 미미한 분량의 이성은 다름 아닌 자아 속의 타자로부터 생겨난다. 자아는 그것—타자이자 제 자신, 자신의 언어, 자신의 젠더, 자신의 친구, 자신의 법, 자신의 목소리, 자신의 흔적—이 칸트의 자유, 헤겔의 정신, 하이데거의 존재, 그리고 결국에는 기원적 상실의 소실점에서 더욱 완벽하고 분명하게 인식되는 데카르트의 **에고**의 핵심임을 인식한다. 사고를 광기에 사로잡히게 만드는 근원, 혹은 마디나 주요 지점, 즉 신경계[*le pèse-nerfs*]는 기원적 상실의 고유한 속성으로서 나타나며, 이러한 상실을 통해, 그리고 그 안에서 기원은 스스로 열림과 동시에 사라진다. 그것은 원죄의 또 다른 변형으로, 원죄란 주체에게 일어나는 것이 아니라 주체를 구성한다. 그것은 주체를 죄인으로 만들며, 이는 곧 성인다움에 빚지는 것이다. 그것이 주체의 실존을 정초한다(그러나 우리는 언제나 성인다움에 빚지고 있을 뿐이다).

데리다는 이러한 언어 대신에 치유할 수 없는 슬픔의 언어를 사용한다. 상실된 타자(내 안의 상실된 타자, 나에 의해 상실된 타자, 내가 아닌 타자, 또 다른 나, 또 다른 순수한 성인)의 멜랑콜리는 애도로 지양되지 않을 것이며, 구원으로 대속되지도 않을 것이다. 그 슬픔은 그를 광기에 사로잡히게 할 것이며, 차라리 그 슬픔이 미친 것이며 광기 그 자체라고 하는 편이 옳을 것이다. 그것은 본질적으로 이성 그 자체—스스로의 법과 구조, 역사, 그리고 결국 그 자체의 이성(그것의 **존재이유**, 완벽하게 자족적인 이성)을 만드는—가 **길을 잃는 것**이다.

이런 식으로 상실되는 것—타자, 동일자—은 우리가 합법적으로 이성의 형제나 자매라고 부를 수 있는 것이다. 형제애만큼 데리다가 격렬하게 도전한 모티브는 많지 않다. 이 **논쟁**의 세부사항을 다시 거론하는 대신 나는 간단하게 다음과 같이 언급하고자 한다. 형제란 아버지의 죽음을 통해서 주어질 뿐만 아니라(사실상 프로이트식 전설에 따라서) 단지 스스로 사라지게 함으로써, 즉 기원적 상실을 통해 상실됨으로써 또한 주어진다. 그렇다면 형제애에 호소하는 것은 가족 모델(자연적이고 혈연관계로 얽힌, 실로 남성 중심적인 모델—여기서 나는 젠더의 문제는 제외한다)을 소환하는 것이 아니다. 오히려 그것은 가족을 불가능의 영역으로 옮겨버리는 것이다. '가족'을 거론하는 것은 결국 필연적인 것과 우발적인 것, 자연과 문화, 기원(세대, **발생***genos*, 유형 등의)의 기획을 모델로 구축된 모든 사고의 아포리아를 한데 묶으려는 불가능한 시도를 말하는 것이다. 실제로 가족, 형제애, 공동의 기원성co-originarity(다시 말해서 본래의 기원, 만약에 어떤 기원도 공동의 기원 이외의 다른 어떤 것으로 재현될 수 없다면)은 불가능함, 참을 수 없음, 실체 안에서 질식할 위험이며, 그 상태로 유지되어야 한다. 그리고 어떠한 주체도 벗어나거나 '자신의 어머니와 형제를 떠나지' 않고서는 출현하지 않는다.

마지막으로 우리는 불가능함의 명령 혹은 처방, 예를 들어 도덕적·정치적 '형제애'와 같은 처방이 무엇을 의미할 수 있는지 질문해야 한다. 여기서 그 문제를 더 상세하게 논하지는 않겠다. 다만 나는 데리다의 광기가 결국에는 그러한 불가능함의 필연성과의 대면이거나 그에 대한 노출이라는 점을 지적하고자 했다. (우리는 모두 불가능함에 사로잡혀 있다.) 그러나 그것에 사로잡히는 방법은 두 가지가 있다. 하나는 불가능함의 불가능성을 향해 있고, 다른 하나는 그 가능성을 향해 있다. 하나를 다른 하나와 분리하기[*départager*]는 쉽지 않다. 아니 가능하지 않다. 만약에 분리[*partage*]한다면 그것은 이성과 광기가 **동일한** 주체의 통합을 나눠가지는 것과 똑같다.

우발성과 일치

사실상 이 모든 것에도 불구하고 주체는 스스로를 알리고 제시한다. 실제로 주체는 자신의 타자와 접촉한다. 그것은 스스로에게 도달하여 접촉하고, 바로 그 순간 달아난다(현재 그 순간으로부터 비켜서는 것이 아니라, 현재 바로 그 **안에서** 달아남으로써). 아니, 바로 이러한 접촉 자체가 주체가 도망치는 원인이다. 그가 자신을 발견하지 않는다면 자신으로부터 달아나지 않을 것이다. 그러한 가능성과 마주치지 않았더라면 스스로를 불가능하게 만들지는 않았을 것이다[*s'impossibiliserait*]. 스스로에게 도달함으로써 스스로를 물리치며, 근접성의 법칙에 따라 가까울 수밖에 없는 자아를 자신으로부터 밀어낸다. 이 근접성의 법칙은 주체가 자기 자신과 자신의 주변, 자신의 경계[*côtoiement*], 자신의 개화(開花)에 접근할수록 가장 멀어지도록 만든다.

그러므로 주체는 그 피할 수 없는 근접성 안에서 스스로가 되는 법을 안다. 주체는 자신이 자신으로서 존재하지 않음을 알고, 자신이 제 자신이 아님을 안다. 주체는 마치 동서남북 사방으로 향하는 네 마리의 말들에 의해서 잡아당겨지는 고문의 희생자처럼 정반대 방향으로 자신을 끌어당기는 **이중 구속**에 붙들려 꼼짝 못 하는 양상이다.

주체의 이성은 자신과 접촉하는 순간 상실된다. 그것은 접촉 지점, 바로 주체의(탄생, 현존, 출발[*partance*]의) 지점이기도 한 그 동시 발생적인 우발성에 직면하는 순간 스스로 광기에 사로잡힌다. 그러한 광기에는 터무니없는 점이 전혀 없으며, 과도하거나 무절제하지도 않다. 그것은 이성의 주체가 지닌 통합성과 확실성에 정확히 비례한다. 칸트식으로 말하면, 여기서 '광기'란 *Schwärmerei*(무아경, 구속받지 않는 재현, 경험의 한도를 모르는 것)를 의미하는 것이 아니다. 반대로 그것은 절대적인 것의 **충동***Trieb*, 즉 '원칙 중의 원칙'을 향한 이성의 충동, 욕망, 힘을 가리킨다. 그 이외에는 이성으로부터 다른 어떤 것도 기대할 수 없으며, 이성을 충분하게 만드는 데 어떤 부족함도 없다. 이성의 주체는 그 본질이라 할 수 있는 과도한 충동을 따르지 않으면—그럼으로써 빗나가지 않으면—제 본연의 모습을 지니지 못한다. 어떤 것도 그 지배를 벗어나서는 안 된다. 이성은 자신의 가장 고유하고도 본질적인 비전유disappropriation를 자신의 전권 하에 둘 수 있어야 한다[*ranger sous sa souveraineté*].

이런 의미에서 주체의 광기는 편집병, 즉 동일성의 광기이자 자신의 절대적인 예외성을 손상시킬 수 있는 일체의 것을 무조건 감시하는 광기이다. 이는 동일시할 수 없는 동일성으로, 통합의 상태로 복원할 수 없으며, 원칙적으로 산종되기 때문에 으뜸가는 기원성[*archi-principielle*]을 지닌다. 즉 **아르케** 자체가 무한히, 억누를 수 없고, 무질서하며 불가능할 정도로 스스로를 선행할 만큼 오래되고, 고고학적이며, 건축학적이라는 의미이다.

하지만 바로 이러한 광기는 정신분열증의 방식으로 조정된다. 그것의 정수는 재반복하기, 정확히 말해서 자신 안에서 스스로를 반복하는 것으로, 이성은 스스로를 재반복하면서 스스로를 방해하고, 스스로를 떠나면서 스스로에게 돌아온다. 이성의 이성, 기초의 기초, 동일한 것의 동일성, 발언과 발화의 상호 선행, 일체의 '나'가 부재하거나 기원적으로 상실된 상태에서 공표된 *ego sum*, '나, 나는 존재한다'인 것이다. 그러므로 이러한 광기는 한편으로 스스로에게 속하기가 보여주는 광기이다. 그것은 흔히 '그는 스스로의 몸에 열광한다'고 말할 때의 의미로 스스로에게 열광한다(예를 들어 선장이라면 누구라도 자신의 배와 불가분의 관계를 맺고 있는데, 사실상 그것의 영혼은 그보다 훨씬 더 스스로의 몸과 긴밀하게 얽혀있을 정도로 자신의 몸에 대해서 열광한다.) 다른 한편 그것은 타자 안에서, 오로지 타자에게 속하는 것으로서만 스스로에게 속하는 광기이다. 이는 **타자**란 그 자신 **안에** 어떠한 본질적 요소도 지니고 있지 않으며, 그 안에 자아가 들어옴으로써 스스로를 다시 발견할 수 있다는 의미이다.

'타자'는 **안으로***into*라는 심연 속에서 스스로에게 빨려들고 던져진 동일성을 의미한다. 이는 최소한 통합, 흡수, 끊임없는 동화와 같은 움직임 이외의 다른 나머지 없이 외부의 총체성을 자신 안에 재흡수하는 것 외에는 어떤 엄밀한 의미나 궁극적 동기도 지니지 않은 내면성 혹은 '내면적 감각'이다.

스스로를 삼켜버리는 것이야말로 자아가 할 수 없는 것이다. 그것은 자신을 완전히 소화할 수가 없다. 언제나 너무 많은 자아나 행방불명된 자아가 있으며, 이것이 자아가 하나가 되는 것, 하나인 것처럼 보이는 그 누군가처럼 그저 하나의, 혹은 한결같이 평범한 누군가가 되는 것을 방해한다.

자아는 타자를 필요로 하지만 타자는 행방불명이다. 타자는 자아가 닿는 순간, 즉 자아가 자신의 동일성에 접촉하면 바로 자아를 떠난다. 타자는 처음부터 사라지며, 자신이 결국 '작별의 **코기토**'라고 부르게 되는 것에 자아를 맡겨버린다. 그것은 '안녕! 안녕!'이라고 작별인사를 하고 떠나면서 나는 멀리서 잘 지낸다고 말한다. 그는 '안녕, 안녕*ade aed, winke, winke*'이라고 말한다.

마치 독일 아이가 우발성의 주사위를 던지는 신의 아이처럼 말하듯이. 그것은 무의미한 기호, 사건*Ereignis*, 전유하는 사건을 향한 신의 눈짓*Wink*이며, 언제나 저 멀리 가버리며 스스로와 타자 사이에 거리를 둔다.

함께 동요하기

고유성, 전유, 고유성의 탈전유, 이것이 광기의 핵심이다. 고유성에 대한 작별의 **코기토** : 나는 존재한다, 나는 내가 그 고유한 존재를 생각하거나, 나 자신이 고유하게 존재한다고 생각하는 한 존재한다. 나는 생각한다, 이는 곧 내가 사고의 대상을 향하고 있는 것과 동일한 위치에서 나 자신을 향하고 있음을 의미한다. 나는 나 자신을 생각하고 있다. 나는 대상과 관련된 모든 구분들을 지우고, 그것들을 나의 가장 고유한 주관적 구분으로 환원시킨다. 나는 내 존재를 파악함으로써 나 자신을 파악한다. 그것은 **그 자체만으로***eo ipso* 더 말할 것도 없다. 만약에 나라는 존재와 생각하는 존재가 통합되는 순간 동시에 **그 자체로***ipso facto* 탈구되어 곧바로 두 개로 나눠지지만 않았다면 말이다. 그리고 나면 단번에 동일자와 타자에게 이미 작별인사를 보낸다.

존재와 사고의 오랜 일치—이성과 어울리는 일치—는 존재가 스스로를 발견하고 가버릴 때, 그것이 스스로와 접촉할 때 상실된다. 만약에 이러한 일치가 계속된다면 존재가 증발하거나 사고가 혼란에 빠질 것이다. 전자나 후자에게 작별, 아니면 그 둘에게 모두 작별한다. 그때 주체는 순수하고도 진정한 숙고 그 자체(**상호 동요** *coagitatio*, 즉 자아와 그 자신으로부터, 그 사이에서 일어나는 광적인 동요)로서 **나타난다**[*se pointe*].

사실상 존재와 사고 사이에는 두 가지 동일시가 가능하다. 첫 번째는 이미 전제된 사고 하에 존재를 포섭하는 것으로, 그것은 조병(躁病)적이고, 파괴적이며, 와해를 초래하는 전체주의적 광기이다. 두 번째는 존재의 무게와 두께를 추론 불가능한 실존의 증거인 사고에 부여하는 것이다. 이때는 은밀한 광기가 초래되는데, 이는 가능성의 한계선 상에 머무름으로써만 고양되며, 그곳에서 광기는 불가능한 것, 있을 법하지 않은 것, 셀 수 없는 것만큼이나 필연적인 것을 주의 깊게 계속 지켜본다.

나는 존재한다*ego sum*의 확실성은 합리적 근거를 지니지 못했다. 왜냐하면 자기 자신이 스스로의 근거이기 때문이다. 데카르트식 증거는 명확한만큼 스스로에게 보이지 않는다. 그 토대에는 아무런 근거가 없으며[pas de raison au fond], 그 근거에는 아무런 토대가 없다. 라이프니츠Leibniz의 말대로 여관에 상점 기호, 즉 간판이 없는 셈이다. 거기에서는 아무도 스스로를 인식하지 못한다. *Ego*와 *Sum*은 서로를 발견하였으며, 혹은 각각 상대방으로부터 자신의 확실성에 대한 가능성을 발견한다고 말할 수도 있겠다. 이는 서로를 지탱해 주는 것과 거리가 멀다. 그들은 단지 신경과민적 떨림, 즉 존재와 사고 모두를 광인에게 맡겨버리는 일종의 공유된 의식상실이나 현기증 덕분에 함께 결합되어있을 뿐이다.

이것이 데리다가 데카르트를 이해하는 방식이며, 또한 그를 이해하는 이유이다. 확실성의 지점, 스스로에 대한 현전의 지점, **에고**의 지점('특정 에고'의 지점을 훨씬 넘어)은 파열의 지점이며, '전적으로 나 자신만의 것일 토대'의 근본적인 붕괴이다. 안녕이라고 그는 말한다. 나는 너를 잃었다, 나는 이미 너를 잃었다. 나 자신의 친밀함보다도 나에게 더 친밀한 너, 나의 내면성보다도 더 내면적인[*interné*] 너를 잃었다. 나의 에고성egoity, 나의 **사건***Ereignis*, 나의 *Eigenschaft*(나만의 개성), 나의 *Eigentumn*(나의 소유물), 나의 동일성 혹은 나의 타자성(그것이 만약 '나의 것'이라면, 즉 매번 나의 것이라면 이 두 가지는 동일한 것이다)은 원칙적으로, 그리고 기원적으로 나를 소외시킨다. 이는 곧 나의 고유성을 소유하는 순간 그 소유권을 박탈해 버리는 소외이다.

회의주의자들의 터무니없는 주장 앞에서 나의 흔들림 없는 확실성은 그것이 입증할 수 없고, 있을 법하지 않으며, 결정 불가능하기 때문에 오히려 확실해진다. 내가 이 확실성을 주장할 때마다 나의 발화는 결함을 드러낸다. 그것은 열린 입에 지나지 않으며, 그 어둠의 속과 성문(聲門)의 경련을 보여준다. *gl, ss, qual, ponge, différance* … 광기어린 언어, 꾸르륵거리는 개념, 조종(弔鐘)[*glas*]의 음색을 지닌 코기토, 두 용어의 교착배열법으로 이해되는 병리-학, 미결정의 언어, 언어의 질병, 언어로 가장한 열정, 애처로운 발화, 흑요석의 논리.

이러한 병리-학은 이야기나 주장에서 시작되며, 언어만이 그것의 주체이다. 다시 말해서 주체는 스스로의 저자이자 주제인 셈이다. 백치 같고 관용어적인 자동성이 **에고**의 자아-구축을 담당하거나 보상한다. 만약에 '작별의 코기토'가 있다면, 그것은 자기 자신(동일성과 타자성의)의 즉각적 상실(실제로는 초월적이거나 실존적인 상실)이 길고도 결코 끝나지 않는 작별인사로 바로 조정되기 때문이다. 그것은 스스로를 조정한다. 그것은 불평하고, 쏟아내고, 노래하고, 흥얼거리면서 큰소리로 외치거나 스스로를 쓴다—본질적으로 타자 안에 삼켜지고 스스로 **안녕**이라고 말하는 **그***se*, **자신***ipse*, **자기 자신***oneself*의 끝나지 않는 비가(悲歌)를. 이는 또한 **오시오**하고, 스스로 **네**라고 답하고, 타자에게 말하는 것처럼 타자 안에서 자기 자신에게 인사하며, 자신을 마치 타자처럼 급파하고 타자에게 보내는 것과 같다. 문제는 스스로를 상실함으로써 자기 자신을 되찾으려는 것처럼 보인다—그러나 이는 상실에 대한 보상을 통해서가 아니라 상실 그 자체로부터의 계산할 수도, 확정할 수도, 결정할 수도 없는 비움을 통해서 이루어지며, 이는 대체로 상실만이 **자기 자신**의 비밀을 지켜줄 것임을 암시하는 방식으로 이루어진다. 이것이 데리다의 병리학에서 반복해서 말하는 것으로 동일하고, 유일하며, 돌이킬 수 없는 방황을 입증하기 위해서 언제나 더 많은 언어, 그 이상의 언어들을 요구하게 될 그의 광기이다.

자기애

이것은 사랑에 빠진 광기이다. 그것은 자기 자신을 사랑하고 자신에 의해 사랑받기를 원한다. 다시 말해서 그것은 본질적으로 (본질적으로 완전히 다른 자기 자신으로서) 모든 타자들과 구별되는 타자, 유일한 절대, 실로 소중하게 간직하고 편애할 수 있는, 그리고 그 자체가 유일하고, 절대적이며, 어떤 것으로도 대체할 수 없는 선택의 대상을 원한다. 제 안의 타자, 자기 자신의 타자를 사랑함으로써 그것은 상실과 작별이 초래하는 무한한 거리를 채우거나 줄이지 않고도 건너갈 수 있다.

루소에 의하면 이 원시적인 열정은 자기애로, 그것은 스스로에게 현존하는 것보다도 세상과 한층 더 무관한 존재로서의 자신을 안다고 고백한다. 이런 식으로 그는 더욱 더 자신의 바깥에 있으며, 이 세상이 지닐 수 있는 어떤 낯설음보다도 더 철저하게 소외된 자신을 알게 된다. 사랑하는 대상을 상실하는 바로 그 순간 사랑은 다름 아닌 자기애에 지나지 않는다. 그것은 이러한 낯설음을 사랑하는 것으로, 유일성을 나타내는 단어 **에고**를 발언함으로써 스스로를 제시한다. 여기서 에고란 다름 아닌 화자 그 자신, 혹은 그녀 자신을 지명하는 것이며, 매번 다른 존재를 지칭한다. 어거스틴에서 데카르트, 루소, 니체, 랭보에 이르기까지 그렇지 않은 적이 없었다. 자기애는 타자 안에서 사랑의 대상을 상실함으로써, 즉 자신의 대상을 다른 주체, 그 주체의 고갈되지 않는 타자성에 내맡김으로써 스스로를 알게 된다. 그 무한한 상실이 그를 광기에 사로잡히게 만든다—고통과 환희로 광기에 사로잡혀 웃음과 눈물을 구별할 수 없는 지경에 이르는 것이다.

그러므로 그는 혼자이다. 누구라도 광기에 사로잡혔을 때보다 더 외로웠던[*seul*] 적이 있는가? 누구라도 어거스틴, 데카르트, 루소, 니체, 랭보, 아르토보다 더 외로웠던 적이 있는가? 다른 어떤 사람과도 관계맺지 못한 채 불가능한 통합에 내맡기고 삼켜진 때보다 더 홀로임을 느끼는 적이 있는가? 자기 자신의 죽음(동일자를 빼앗아 가는 죽음)을 지켜보고 있을 때처럼 말이다. 홀로 있다는 것은 대상이 없는 자기애, 서로 얼굴을 마주 대하지 않고 얼굴도 표면도 없이, '에고'가 발설되어 나오는 입이 열어젖히는 공허함의 전면에 등장하는 광기의 포로가 되는 것이다. 오로지 자아와 그 자신, 동일자와 타자, 너와 또 다른 너인 나 사이의 간격이 있을 뿐이다. **나는 존재한다**는 자기 자신이 **너는 존재한다**라고 대답하는 것을 듣고 싶어 한다—그러나 그것이 제 의지 이상으로 듣는지는 사실상 알 수 없다.

그는 홀로 광기에 사로잡혀 있지만 그의 외로움 속에는 온갖 유사한 고독들이 살고 있다. 외로움 때문에 유사하게 고통받고 있는 그 모든 것들은 동일한 **에고**를 지녔으며, 그들의 동등함에도 불구하고, 혹은 바로 그것 때문에 그들이 상호간에 비교 불가능한 만큼이나 그들의 존재-그 자신과 비교 불가능하다. 모두가 바로 그들 자신의 존재, 그들의 **존재***sum*, 그들의 **실존***existo*에 대하여 각각 부적절하다.

모든 사랑은 고유성의 선택이다. 그것은 고유성 중의 고유성을 원하며, 그것의 **사건***Ereignis*을 원한다. 그것은 스스로를 **탈전유***enteignen*하기 원하고, 자신의 **사건**에 스스로 **헌신***zueignen*하기 원한다. 즉 스스로를 소외시키고 스스로를 전유하는 데 헌신하기를 원한다. 타자 안에서 고양되고 스스로를 상실하는 그 어떤 내면성보다도 더 내밀한 가장 황홀하고도 광기어린 열정 안에서 말이다. 그것이 사랑을 어떤 방식으로 조정하기를 원하든지— 그 사랑이 육체에 대한 것이든, 관념에 대한 것이든, 아니면 지식이나 미, 신, 이웃[*prochain*], 멀리 있는 것[*lointain*], 혹은 자기 자신이나 타자에 관한 것이든—사랑에 대한 어떤 생각도 이를 무시할 수는 없다. 결국 봉헌하는 사랑이나 호색적인 사랑 사이에는(일반적인 표현을 빌리자면 사랑과 욕정 사이에는) 아무 차이가 없다. 다만 고유성이 스스로를 전유하기 위해서 자기 자신으로부터 벗어나는 차이가 있을 뿐이다—즉 데리다가 그것의 '차연'이라는 광기어린 부호로 강조하는 무한한 차이 말이다. 작별인사, **코기토**, 존재, 그리고 사고의 차연—그들의 동일성이 열린다.

자기애는 사랑의 고유성이다. 고유성이 스스로를 구별하고, 스스로를 무한히 확립하고, 스스로를 어떠한 타당성이나 가능한 모든 전유로부터도 멀리 물러나게 함으로써 자신 안에서, 그리고 자신 밖에서 스스로를 상실하는 것 외에는 다른 어떤 명령도 지니지 않는 한에서 말이다. (이러한 분석은 루소가 원시적이고 순수한 자기애와 스스로를 구별하려는 욕망으로 인해 타자와의 접촉에서 발생하는 자기애 사이에 성립시키고자 했던 대립을 승인하는 것은 아니라는 점을 분명히 해두자. 이러한 대립은 신에 대한 사랑과 자기애 사이의 대립을 재연한다.) 이는 타자들이 항상 이미 거기에 있기 때문이다. 구별하려는 욕망은 항상 이미 자기애의 고약함과 타자들의 그것을 뒤섞는다. 우리가 윤리학이라고 부르는 것은 바로 이러한 **혼전***mêlée*의 현장에서 펼쳐진다.

그 자체로, 그리고 자기 자신 안에서 상실된 자신 혹은 가장 문자 그대로의 의미로 이해된 **나는 존재한다**, **나는 실존한다**이다. 즉 나, 나는 존재하며, 나는 나가고, 나는 나 자신을 밖으로 제시하며, 결국 나는 길을 잃는다. 나는 '나'를 놓친다. 나는 그것을 노출시키고, 그것의 주거[*demuere*] 밖으로, 아니면 그 주거의 고유한 내부의 밖으로(데카르트의 난로 내부의 밖) 추방한다. 이는 지연, 즉 모든 주거에 붙어 있는 차별적인 지불유예(모라토리움)에 의한 것이다. 이 주거에서는 주거하고 머무르는 데 문제가 없을(그가 걱정스럽게 주목하고 지적했듯이) 마지막 집을 기대하면서 주거할 뿐이다.

그러나 이미 지금, 여기 그리고 바로 이 순간에, 영원히 그리고 **그곳에** 머무르지 않으면서 사랑은 자기 자신, 자기 자신에게 속하기, 그럼으로써 기다리지 않고 유보나 지연 없이 즉시, 매개를 거치거나 혹은 매개 없이, 어떤 것도 붙잡고 있지 않은 것에 닿으려는 욕망과 기호(嗜好)를 자연스레 품고, 북돋우며 활성화한다. 실로 사랑은 이 동일성의 타자성, 타자의 동일성, 그 이성의 광기에 이르려는 욕망을 품는다. 그리하여 궁극에는 이성만이 스스로를 아는 **충**

족이유율*principium rationis*이라는 오류에 이르게 되는데, 이는 이성의 무조건성, 그 무한하고 근거 없는 발명, 제대로 정신 나간 초월이라는 터무니없는 사건(즉 그가 '해체'라고 즐겨 부르는 것, 작품의 이야기를 끝내는 것이 불가능한 만큼이나 건축물을 완성하여 그것의 열쇠를 넘기는 일의 불가능성)에 의한 것이다.

광기에 사로잡힌 사랑은 본질적으로 혼자서 자기 자신에게, 즉 타자 안의 동일자에게, 그럼으로써 또한 다른 동일자로서의 타자에게 작별인사를 하는 고유성 중의 고유성이다. 데리다는 이렇게 쓴다. "나는 너를 짊어져야 한다"(이는 그가 첼란Celan에게서 빌려온 것이다). "이것은 '나는 존재한다', 즉 **존재**와 **사고**에 영원히 앞선다' [*'l'emporte à jamais sur le "je suis", sur le sum et sur le* cogito']. 왜냐하면 내가 **존재하기** 전에 나는 타자를 짊어지기 때문이다." 그 태고의 비기원적이고, 입구에 해당하는 선행(先行) 사건에 있어서 **나**는 타자를 짊어지는 한 사실상 앞으로 나아가며 **스스로를** 선행하게 된다. 이는 짐을 지는 것, 몸이 불편한 사람을 업어 나르는 것, 책임을 지고, 또한 (그는 이에 대해서 생각했는데) 임신하는 것과 마찬가지로 이해될 수 있다. 나는 타자 자신의 분배법칙에 따라 내 안에 타자를 데리고 가며, 그는 내 가슴 안에서 전율하며, 자신과 나를 구별할 것이다. 타자를 지탱하는 존재가 되는 것(타자의 버팀목이 되는 것), 이것이 주체가 **주체화**되는 길이다.

이는 또한 다음과 같은 것을 의미한다. 이성이 자기애 안에서 스스로를 사랑하도록 만드는 방식으로 행동하라. 즉 철학 그 자체, 혹은 **사고**, 고찰하기, 중력, 스스로 낙하 중인 몸에 대한 생각. 그 사랑이 기원적 소외를 드러내는 지점까지 이성이 스스로를 사랑하게 만들어라. 그것이 이성이기 때문에 기원적 소외는 이성을 선행하고 잃어지고 가버린다. 로고스는 주체에 대한[*au sujet du sujet*], 그리고 그나 그녀든 누군가에 대해, 혹은 들리는 언어로는 결코 스스로를 보증하지 못하지만 자신의 관용어인 '세계는 사라졌다/나는 너를 잃어져야 한다'가 크게 울려 퍼지게 만드는 존재에 대한 책임감—즉 반응과 보증—에 스스로를 빠트리는 광기이다(그렇다면 이는 또한 철학과 문학이 서로를 경험하고, 서로를 잃어지는 지점에서도 발생하며, 쌍방에게 모두 견디기 힘든 일이다).

다시 병리-학을 살펴보자. 그는 고통받으며, 그토록 지독하게, 혹은 너무도 과도하게 스스로를 들리게 하기 때문에 아프다. 그는 우리가 자신의 말을 듣고 그로부터 외면하고 가버리도록 하기 위해서 즉시 기도한다. 그는 더 가까이 오기 위해서 만큼이나 멀리 가버리기 위해서 '나는 당신을 잃어져야 한다'고 독자에게 말한다. 그것은 부름이나 불평, 차라리 기도처럼 들리기도 한다. **나는 존재한다**라는 발언 이전에 마치 기도, 아니면 탄원과 같은 것이 있다. 이 모두가 타자를 환영하는 동시에 그 무게에 짓눌린다. 이것이 우리가 사랑이라고 부르는 것이다.

이러한 탄원은 그 안의 도처에 존재하며, 데리다의 목소리에서 끊임없이 울려 퍼진다. 그것은 그의 담화에 깃든 비밀스런 기도이며, 타자를 짊어지고, 타자를 짊어짐으로써 세상으로부터 벗어나려는, 그럼으로써 그가 자신을 짊어지도록, 그가 짊어지고 가버리도록 하려는 염원이다. 정체성 혹은 존재 안에서 자기 자신과 자기 자신 사이의 **차연**, 동일성과 동일성 사이의 **차연**은 그 사랑에 빠진 기도에 대한 사색이다. '나는 당신을 짊어지며, 이런 식으로 당신은 나를 짊어지고 가버린다. 나는 나로부터 해방되기를 기도한다.'

데카르트에게 있어서 사랑은 **생각하기***res cogitans*(염원하기, 착상하기, 상상하기, 감정 느끼기 등과 함께)의 행위, 혹은 속성들 중 하나이다. 그것은 그 자신 혹은 그녀 자신을 또 다른 자아로 간주할 정도까지 자기 자신과 또 다른 자신을 결합하는 데 있다. 다른 자아, 이는 동일자 대신에 타자, 그러나 또한 나처럼 그 자신과 다른 타자이다. 이는 자아의 외부로 노출됨으로써 스스로와 관계 맺게 되는 타자이다. 이는 내가 자기를 짊어지는 동안 나를 짊어지고 가버리는 타자이다.

이렇게 짊어지고 가는 것이 곧 광기이다. 이러한 광기는 한 사고의 이성이다. 이 사고는 우리 존재라는 그 우연성의 하부 구조이자 실체인 짊어지기와 지지하기—**기체**(基體)*hypokeimenon*, 토대, **대리인***suppositum[suppôt]*, 주체—라는 이름하에 그토록 오랫동안 거듭 시작되어 온 준엄하고도 필연적인 전개이다.

셀린느 수프르낭 Celine Surprenant **번역**

3
자크 데리다에게 경의를 표하며

알랭 바디우
(Alain Badiou)

1980년에 사르트르Sartre가 사망했다. 메를로-퐁티Merleau-Ponty가 그보다 먼저 사망했으므로 사르트르의 사망은 하나의 마감, 즉 프랑스 철학 50년의 종지부를 찍은 셈이다. 이는 전쟁과 레지스탕스의 시대인 1930년대, 공산당과의 관계를 심문하는 가슴 떨리는 질문과 반식민주의 전쟁으로 점철된 1950년대의 종결이었다. 그 후로 1980년대에는 라캉과 푸코가 사망하였으며, 1990년대 들어 알튀세르, 리오타르, 들뢰즈가 그 뒤를 이었다.

이제 자크 데리다가 우리 곁을 떠났다. 우리는 또 다른 종결을 목전에 두고 있으며, 그것은 1960년대를 풍미했던 철학 세대의 마감이다. 이들은 자신들의 저서를 통해 1960년대, 아마도 주로 1962년과 1968년 사이의 치열했던 5년, 즉 알제리 전쟁(1954~1962)의 종결과 1968년에서 1976년까지 이어지는 혁명적 혼란기 사이를 가장 훌륭하게 재현한 세대이다. 한순간에 불과하지만 실로 섬광처럼 번쩍이는 순간이었다고 할 수 있다.

그 순간을 대표하는 철학자들의 세대는 이제 거의 사라졌다. 다만 이제는 일선에서 물러난 수호자와도 같은 존재, 아주 오랜 세월을 끄떡없이 지켜온 영예로운 존재, 클로드 레비-스트로스Claude Lévi-Strauss만이 아직 우리 곁을 지키고 있다.

자크 데리다의 죽음은 무엇인가를 '서명한' 철학자들의 죽음을 마감한다. 이것은 역사적 서명 혹은 시간적 서명의 종결을 의미하는 죽음이다. 언제나처럼 그렇게 서명된 역사적 순간이 사라졌다는 충격적인 사실을 성찰한 후에 처음 드는 감정은 썩 유쾌하지 않다. 내게 떠오르는 생각은 다름 아닌 '이제 우리는 구세대'이다.

그러나 내가 말하는 이 '우리'란 누구를 의미하는가? 그것은 이제 세상과 이별한 자들의 직계 제자였던 바로 그 우리들을 의미한다. 1963년에서 1968년 사이에 20세에서 30세 사이였던 우리들 말이다. 이 대가들의 가르침을 열정적으로 따랐고, 그들이 나이 들고 사망함에 따라 그 뒤를 이어 원로 대접을 받게 된 우리들. 물론 그들만큼의 권위를 지닌 원로라고 할 수는 없다. 왜냐하면 그들은 내가 말하고 있는 그 순간의 서명이었으며, 지금 이 순간은 아마도 서명을 받을 만한 가치가 없어 보이기 때문이다. 다만 이 대가들의 이야기를 듣고, 글을 읽었으며, 반납으로, 그들의 제안을 토론함으로써 우리들의 젊은 시절이 형성되었다는 점에서는 원로라고 할 수 있겠다.

여러분이 내게 이러한 자아도취적인 발언을 허락한다면 나는 심지어 이렇게 믿거나 말할 수도 있을 것 같다. 그렇다. 나는 이제 **나는 노인이다**라고 말할 수 있다고 생각한다. 이는 내가 우리 세대의 다른 사람들보다 몇 살 더 먹었기 때문이다. 여러분 앞에 서면 나는 분명 노인이다. 그리고 그 노인은 불행하게도 때 이른 죽음을 맞은 사람 모두에게 예외 없이 경의를 표해야 한다. 이들 중 많은 사람들이 천수를 다하지 못하였다. 노령이란 상대적 개념이다. 이전 세대의 인물들 중에서 두 사람만을 예로 든다면, 실로 우리에게 다행스럽게도 레비-스트로스가 동시대 문명의 기준으로 보아도 정말로 장수한다고 할 수 있는 나이까지 생존해 있으며, 조르주 캉길렘 George Canguilhem 역시 장수했다. 그러나 내가 이야기하고 있는 시대인 1960년대의 철학자들은 라캉을 제외하고는 아무도 75세 이상을 살지 못했다. 세상을 하직하고, 그럼으로써 우리를 원로로 만들고 나를 노인으로 만든 이들에게 경의를 표해야 한다. 얼마 전까지 우리는 온갖 역경 속에서도 그들의 보호 하에 있었으며, 그들의 정신적 보호를 받고 있었다. 이제 그들은 더 이상 우리에게 그것을 제공할 수가 없다. 이제 현실로부터 우리를 보호해 주던 그들의 위대한 목소리는 더 이상 들리지 않는다.

그래서 나는 이제 막 돌이킬 수 없는 운명을 맞이한 자크 데리다에게, 그리고 그를 통해 1960년대라는 위대한 순간에 대한 모든 서명자들에게 경의를 표하려 하며, 그것이 거역할 수 없는 나의 의무라 여긴다. 사실 그들 사이의 차이가 무엇이었든, 특히 1968년 5월 이후 상호간에 어떤 유례없는 격한 논쟁을 벌였든지 상관없이 이제 우리는 그들이 어느 정도까지 사상사에 있어서 각별했던 순간에 대한 집단 서명자들이었는지 분명히 알 수 있다. 가르침을 주겠다고 자처하는 그 많은 사람들을 굳이 비하하지 않고서도 말이다. 이러한 작업이 그들 사이의 의견 불일치를 뿌리뽑지는 못하지만, 그들이 말하고 쓴 것을 새롭게 이해함으로써 그들 모두와 또한 한사람 한사람에게 한층 새로운 경의를 표하게 한다.

젊은 시절이었던 1950년대 말에 나는 위에 거명한 인물들 중 사르트르와 매우 가까웠다. 이후 1960년대 초반부터는 라캉, 1966년과 1968년 사이에는 알튀세르와 친했다. 또한 그들 중 몇몇, 예를 들어 데리다와는 최근까지, 푸코와는 1969년 이후 계속해서 얼마간 거리를 두어 왔으며, 1968년 이후 알튀세르와는 오랜 기간 동안 평화로운 관계를 유지하는 가운데 중요하고도 반복적인 논쟁을 벌여왔고, 1970년대 이후로는 리오타르 및 들뢰즈와 계속 그래왔다. 그러나 나는 그들 모두에게 경의를 표한다. 그것은 강렬하게 집약된 순간의 철학적 발명을 기리는 것이다. 이는 전적으로 오늘 저녁에 어울린다고 할 수 있다. 왜냐하면 나중에 살펴보겠지만 지금 이 순간은 어떤 면에서는 우리보다 훨씬 앞서 있기 때문이다. 이 순간은 흔히 일어날 수 있는 반복에 의해서가 아니라 다시 깨어나는 것, 즉 나의 표현으로 바꾸자면 부활을 통해서 우리를 앞서 있다. 수없이 많은 지표들이 이를 증명하고 있다. 그러한 종류의 모든 순간들처럼 이 역사적 순간은 그 순간의 영웅이자 상징이었던 서명자들의 죽음과 함께 끝났다. 그러나 동시에 그 순간은 또한 필연적인 부활의 모습으로 저 앞에서 우리를 기다리고 있다. 그것은 우리 시대의 혼란을 밝혀줄 횃불이거나 등불이기 때문이다.

나는 모두들 '60년대'라고 부르는 이 순간—나라면 서슴지 않고 '철학적 60년대'[1]라고 부르고 싶은—1968년에서 1976년에 걸친 실천적 행동의 순간을 통해 절정에 달했던 이 역사의 순간을 구성했던 것들은 여러 측면에서 여전히 '건재하다'고 생각한다. 나는 또한 이 '건재함'에 인사하기 위해 여기서 자크 데리다에게 경의를 표하려 한다.

내가 데리다에게 표하고 싶은 경의는 당연히 철학적인 경의이다. 내가 마땅히 사명감을 가지고 생각해야 하는 것 안에 새겨지고 나타날 그러한 경의 말이다. 그렇지 않다면 그것은 한 철학자가 다른 철학자에게 보내는 진정한 경의가 아니라, 단지 도처에서 읽을 수 있는 대중적이고 진부한 인사치레에 불과할 것이다. 내가 표하려는 경의가 반드시 필요한 것은 데리다의 글이 지닌 섬세함과 탁월성, 혁신성이 존경받아야 하며, 그 전개방식이 복원되어야 하기 때문이다. 그러나 오늘밤 내 관심사는 다른 종류의 것이다. 나는 그의 기획 중에서 내가 분명하게 인식하는 지점, 우리 사이를 갈라놓고 있는 거리에도 불구하고 가차 없이 나를 요청하는 지점을 상기시키고 이름을 붙이려 한다.

철학적 경의는 차이를 나타내는 경의이며, 그 차이에 합당한 무게를 부여한다. 이를 위해 나는 유례없이 단순한 형식으로 제기된 몇 가지 예비 질문으로 시작하고자 한다. 이 단순함은 정당하다. 왜냐하면 우리는 데리다의 글이 보여주는 놀라울 정도로 변화무쌍한 유려함 이면에 진정한 단순성, 좀처럼 흔들리지 않는 변함없는 직관이 자리 잡고 있었다는 점을 잊지 말아야 하기 때문이다. 이것이 그의 사망 직후 그에게 가해진 격렬한 공격들, 특히 미국 언론이 주도한 '난해한 사상가', '이해 불가능한 작가'라는 공격들이 지극히 피상적이고 반지성적인 모욕에 불과한 이유들 중 하나이다. 우리는 이러한 모욕들을 '텍사스산'이라고 칭하고 더 이상 언급하지 않을 것이다.

우리가 '존재being'—하이데거적 의미에서의 '존재'—를 그저 어떤 다수성이라고 부르며, 이러한 존재가 출현하는 것, 즉 어떤 특정한 세계에서 그 존재를 볼 수 있다고 말할 수 있게 하는 것에 관심이 있다고 가정해 보자. 그리고 이러한 존재를 그것의 원(原)존재Being, 즉 그것의 일반적인 원존재를 구성하는 순수한 다수성, 혹은 미결정 상태의 원존재와 관련해서 뿐만 아니라 그것이 거기에 존재하는 정도에 의거하여, 즉 그것이 이 세계로 들어오는 것, 혹은 특정한 세계의 지평에 출현하는 것과 관련해서 생각하려 한다고 가정해 보자. 우리는 이처럼 어떤 존재가 한 세계에 출현하는 것을 **실존**이라고 부를 것이다.

우리는 존재를 미분화된 다수성으로 인식하는 동시에 그 세속적 지평에 관심을 갖는다. 왜냐하면 이러한 다수성은 수학적 차원에서의 다수성이라는 사실 외에도 엄연히 한 세계의 지평 위에 놓여 있기 때문이다. 어떤 존재가 하나의 세계에 출현하면 그것은 실존하는 것이다. 그러므로 우리는 원존재와 실존이라는 전적으로 고전적인 구별에 직면한다. 원존재 자체는 수학적으로 순수한 다수성으로 생각될 수 있는 것이다. 한편 실존은 다수성이 '거기에 있음being there,' 즉 하나의 결정된 지평 위에 존재하는 것으로 간주될 수 있다.

원존재와 실존 간의 새로운 (그리고 본질적으로 합리적인) 구분을 전문적으로 상세히 설명하는 것은 다양한 방식으로 할 수 있지만 여기서 자세히 다루지는 않을 것이다. 다만 원존재와 '거기에-있음'의 관계 혹은 다수성과 세속적 기입의 관계는 초월적 관계라는 점만을 말해두고자 한다. 그것은 모든 다수성은 한 세계 안에서 어느 정도의 실존, 즉 출현을 부여받는다는 사실에 의거한다. 그것이 결정된 하나의 세계 안에서의 출현이라면 실존한다는 사실은 이 세계에 나타나는 정도, 즉 실존의 강렬함이라고 부를 수도 있는 출현의 강렬함과 필연적으로 관련된다.

여기서 매우 복잡하고도 중요한 점이 부각되는데, 이는 데리다가 주목한 바 있고, 그와 관련하여 우리에게 다음과 같이 가르쳐 준 것이다. 즉 하나의 다수성이 여러 개의 서로 다른 세계에 나타날 수 있다는 것이다. 다시 말해서 하나인-존재being-one가 다수의 형태로 실존할 수 있는 것이다. 우리는 원존재의 편재성을 수용하며, 나는 감히 그것이야말로 인간성의 특징이라고 말하고 싶다. 수많은 다른 세계들 속에 나타나 엄청나게 다양한 실존의 강렬함을 초월적으로 부여받을 수 있는 능력이 아니라면 어떻게 인간성이 다른 그 무엇보다도 우월하다고 자부할 수 있겠는가? 우리는 여러 개의 세계 속에서 실존한다. 이는 실로 다행한 일이다. 우리가 만약 오직 하나의 세계에만 매어 있다면 실존은 이루 말할 수 없이 힘들 것이며, 만약 그 세계가 흔히 그렇듯 슬픈 세계라면 더 힘들 것이다. 다행히 우리는 매우 다양한 다른 세계들 속에 실존할 수 있는, 즉 '거기에 있을 수 있는' 능력이 있다.

그렇다면 다수성은 여러 세계에 나타날 수 있지만(혹은 실존한다고 해도 같은 말이 될 것이다) 일반적으로 각각 다른 정도의 강렬함을 지니고 실존하게 된다. 어떤 세계에서는 강렬하게, 다른 세계에서는 다소 약하게, 또 다른 세계에서는 극히 미약하게, 그리고 또 다른 세계에서는 엄청난 강렬함을 가지고 나타난다. 실존적 차원에서 우리는 이처럼 서로 차별화된 강도로 스스로를 기입해 넣는 다양한 세계들의 순환을 익히 잘 알고 있다. 우리가 흔히 '삶' 또는 '우리의 삶'이라고 부르는 것은 종종 우리가 미약한 강렬함을 지니고 나타나는 하나의 세계로부터 실존의 정도가 보다 강렬해지는 다른 세계로 이행하는 것이다. 그것이 바로 삶의 한 순간 혹은 강렬한 경험이라는 것이다.

이 모든 것에는 복잡한 논리가 적용된다. 나는 여기서 단지 그 핵심만을 말하고 있는 것이다. 우리를 데리다로 이끄는 기본적인 핵심은 다음과 같다. 하나의 세계에 나타나는 다수성, 그리고 이러한 다수성을 구성하는 각각의 요소들을 상정한다면, 이러한 요소들은 자연히 이 세계에 출현할 것이라는 점이다. 이는 다수성을 구성하는 전체가 이 세계에 출현한다는 것을 의미한다. 이 같은 조건 하에서라면 이러한 다수성 중에서도 그 출현이 가장 미약하게 나타나는 구성요소가 존재하기 마련이다.

이는 지극히 중요한 점이다. 다시 반복해서 말하면, 어느 세계나 다수성이 나타나면 각 구성요소들은 초월적 관계에 의해 출현의 정도, 즉 실존의 정도를 부여받게 된다. 그리고 언제나 이러한 요소들 중 최소한 하나는—실제로는 단 하나만이— 가장 미약하게 출현하게 마련이다. 다시 말해 그 요소는 최소한 실존하게 되는 것이다. 어떤 세계의 초월성 속에서 최소한으로 실존한다는 것은 전혀 실존하지 않는 것과 비슷하다. 세계의 관점에서 보았을 때, 만약 당신이 가능한 최소한으로 실존한다면 그것은 전혀 실존하지 않는 것이나 마찬가지이다. 이것이 이 요소를 '비실존the inexistent'이라고 부르는 이유이다.

한 세계에 나타나는 다수성을 고려해 볼 때, 이 다수성 안에는 해당 세계 속에서 비실존이라고 간주할 만한 요소가 항상 존재한다. 그것은 이 세계가 지닌 상대적 관계 속에서 이러한 다수성에 고유한 비실존이다. 이 비실존은 존재론적이 아니라, 오로지 실존적 성격만을 지니며, 특정한 세계 안에서 최소한의 정도로만 실존한다. 흥미롭게도 이것은 증명해 보일 수 있다. 우리는 세계에 나타나는 다수성 중 그 실존의 강도가 영도에 해당하는 요소가 언제나 있다는 점을 증명할 수 있다. 세계 안의 실존과 관련해 언제나 비실존의 지점이 존재한다. 예를 들어 다수성이 A라고 불린다면, 비실존의 지점은 Ø, 즉 텅 빈 다른 한 쌍, 즉 색인 A이다. 다른 어떤 것도 아닌 고유명사 A만이 A의 비실존을 나타낸다. 그러나 A의 비실존은 언제나 **특정 세계 내에서의** A의 비실존이라는 점을 기억해야 한다.

매우 중요하고 잘 알려진 사례를 하나 들어보겠다. 마르크스Marx는 부르주아와 자본주의 사회에 대한 분석에서 프롤레타리아가 정치적 다수성 특유의 비실존이라고 주장한다. 프롤레타리아는 '실존하지 않는 것'이다. 이는 그것이 원존재를 지니고 있지 않다는 의미가 결코 아니다. 마르크스는 단 한 순간도 프롤레타리아가 원존재를 지니고 있지 않다고 생각하지 않았다. 오히려 그는 프롤레타리아를 설명하기 위해 연속해서 책을 썼다. 프롤레타리아의 사회적·경제적 원존재가 불확실한 것이 아니다. 불확실한 것은 그것의 정치적 **실존**이다. 프롤레타리아는 정치적 표현 영역에서 완전히 배제된다. 프롤레타리아의 다수성은 분석될 수 있으나 정치적 세계가 지닌 출현 규칙들을 고려해 볼 때 프롤레타리아는 나타나지 않는다. 그것은 분명히 거기에 있지만 최소한의 출현, 즉 영도의 출현으로 존재한다. 이것이 바로 『인터내셔널』(*International*)이 주장하는 바이다. "우리는 아무것도 아니었지만 모든 것이 될 것이다!" '우리는 아무것도 아니었다'가 의미하는 것이 무엇이겠는가? '우리는 아무것도 아니었다'라고 선언하는 사람들은 결코 스스로가 아무것도 아니라고 인정하지 않는다. 그들은 현 상태의 세계에서 정치적 출현의 문제와 관련해 볼 때 자신들이 존재감이 없다는 점을 주장하는 것뿐이다. 정치적 출현의 관점에서 보았을 때 현재 그들은 아무것도 아니다. 그리고 '모든 것'이 된다는 것은 세계를 변화시키는 것이며, 이는 초월적인 것을 변화시키는 것을 의미한다. 초월적인 것을 변화시킴으로써 실존과 비실존의 할당, 한 세계 안에서 다수성이 나타나지 않는 지점을 역전시켜야 한다는 것이다.

이제 요약해 보자. 출현하기 혹은 세계 안에서 거기에 있음 being-there-in-a-world이라는 일반적 법칙에 의하면 언제나 비실존의 지점이 존재한다. 이제 나는 데리다 사상이 건 내기가 무엇인지 말할 수 있다. 나는 내기라는 용어를 철학자들은 오로지 한 가지 관념만을 가지고 있다고 늘 말했던 베르그송Bergson적 의미에서 전략적으로 사용하고 있다. 내게 있어서 데리다의 작품, 그의 무한하고, 수없이 다양한 작품들로 분화된 엄청난 글쓰기, 무한하고 다양한 접근방식들이 건 내기는 **비실존을 기입하는 것**이다. 뿐만 아니라 비실존을 기입하는 작업을 통해서 이러한 기입은 엄밀히 말해서 불가능하다는 점을 인식하는 것이기도 하다. 스스로의 글쓰기—여기서 '글쓰기'란 사고행위를 가리킨다—를 통해서 데리다가 건 내기는 **비실존을 그 기입의 형태로 기입하는 것의 불가능성을 기입하는 것**이다.

'해체'란 무엇을 의미하는가? 말년에 데리다는 만약 시급히 해체를 요구하는 것이 하나 있다면 그것은 다름 아닌 해체, 즉 해체라는 단어 그 자체라고 즐겨 말하곤 했다. 해체가 학계의 레퍼토리에 포함되는 순간 그것은 당연히 해체되어야만 했다. 해체에 정확한 의미를 부여하는 일은 어떤 의미에서는 그것을 무용지물로 만드는 일이다. 그러나 나는 데리다 자신에게만큼은 '해체'라는 단어가 학술용어로 고착되지 않았다고 생각한다. 그것은 사색적인 욕구, 사고에의 욕구를 가리켰다. 사고하려는 기본적인 욕구 말이다. 그것은 **'그의 것'**이었다. 그리고 그 욕구는 다른 모든 것과 마찬가지로 만남과 종결에서 시작되었다. 예를 들어 데리다는 푸코를 포함해 1960년대의 모든 구조주의자들처럼 세계를 경험하는 것은 언제나 담론적 부과를 경험하는 것이라는 점을 받아들였다. 한 세계 안의 존재란 곧 자신의 살, 몸, 성(性) 등에 표시된 특정 담론들에 의해 표시된 존재이다. 데리다의 논제와 데리다의 결론, 데리다의 욕망의 근원은 그러한 담론적 부과의 형태가 무엇이든지 그러한 부과로부터 벗어나는 지점이 존재한다는 것이었다. 우리는 그것을 소실점[*point de fuite*]이라고 부를 수 있다. 이 표현은 가급적 문자 그대로 받아들여야 한다. 소실점은 정확하게 말해서 부과의 메커니즘으로부터 사라지는 지점이다.

일단 이 점을 받아들이면 이 지점의 위치를 확인하는 것이 사고와 글쓰기의 끝없는 목표가 된다. 그러나 그 위치를 확인한다는 것이 그것을 붙잡는 것을 의미하지는 않는다. '데리다의 문제'는 다음과 같다. 사라짐을 붙잡는다는 것은 무슨 의미인가? 이는 사라지는 **것**을 붙잡는 것이 아니라 소실점으로서 사라지는 것이다. 사라짐을 붙잡는 순간 당신은 그것을 억압하게 된다. 소실점은 그 자체로 붙잡을 수 있는 것이 아니다. 다만 그 지점을 확인할 수 있을 뿐이다.

데리다는 보여주지 (않기)(de)monstration의 몸짓을 닮은 무언가를 제안하는 것이다. 그는 자신의 손가락을 하얀 잉크에 담근 채 글쓰기의 동작을 수행한다. 그러한 글쓰기는 소실점을 섬세하게 보여주는 동시에 그것이 사라지도록 내버려 둘 것이다. 소실점이란 생명 없는 물건을 보여주듯이 그 자체로 보여줄 수 있는 것이 아니다.

소실점을 죽은 물건처럼 제시하는 것이야말로 데리다가 가장 두려워한 것이다. 소실점은 그것이 사라지지 않게 보여줘야 한다. 이것이 데리다가 특유의 글쓰기 양식을 개발한 이유이며, 그것이 시도하는 것은 다름 아닌 보여주기이다. 나는 이를 위치 확인하기라고 부르는데, 보여주는 것은 곧 위치를 확인하는 것이기 때문이다. 우리는 이렇게 말해야 한다. '쉿! … 그것이 거기 있을지도 몰라, 조심해! … 그것이 거기 있을지도 몰라 … 그것을 멈추게 하지 마 … 사라지도록 내버려 둬.'

데리다는 사냥꾼과는 정반대이다. 사냥꾼은 총을 쏘기 위해서 동물이 멈추기를 바란다. 그는 동물이 사라지는 것에 종지부를 찍을 수 있기를 바란다. 데리다는 사라짐이 사라지지 않기를, 그리고 그 '사물'(소실점)이 사라지는 데 어떠한 방해도 받지 않고, 그 끊임없는 사라짐이 분명하게 보이기를 희망한다. 데리다의 욕망이 텍스트를 통해 건 내기는 모든 나타남이 (사라짐의) 출현(dis)appearance, 즉 사라짐에 의해 유지되도록 하면서, 단지 그 소실점의 위치만을 감각의 숲속에서 확인하는 것이다.

그러나 소실점의 위치를 확인하는 것—그것의 죽음이기도 한 소실점을 붙잡는 행위는 말할 것도 없이—은 사실상 불가능하다. 소실점은 한 장소(*lieu*) 안에서 그 장소의 바깥에(*hors-lieu*) 있는 것이기 때문이다. 그것은 안에 존재하는 밖이다. 소실점은 제 장소를 넘어서는 행위 속에만 실존하는 것이므로 그 지점을 정확하게 확인한다는 것은 불가능하다. 사라짐을 보여주려면 그 위치를 확인할 수 있는 숲속 깊숙이 뚫고 들어가야 한다. 걸어가는 동안 당신은 사라짐을 보여줄 수 없다는 점을 알게 된다. 기껏해야 당신은 아주 멀리서 사라짐의 위치를 확인하여 그곳이 잡목 숲인지 아니면 개간지인지 정도를 보여줄 수 있을 뿐이다. 이것만도 이미 매우 위험한 일이다.

결국 그나마 가능한 일은 사라짐의 공간을 제한하고 좀 더 성실하게, 아니면 좀 덜 모호하게 숲속으로 들어가는 것이다. 만약 당신이 사라짐을 방해하기를 원치 않는다면 위치 확인은 담론적 부과, 즉 언어에 의한 구속 때문에 사라지는 공간이 전체를 다 차지할 정도가 되지 않도록 유의하는 정도에 그칠 것이다. 그럴 경우 당신은 비실존하는 어떤 것의 위치도 확인하지 못한 채 일반적인 것의 공간만을 확인할 것이다. 그렇더라도 당신은 사라짐이 발생하는 지점에 근접하기 위해서 보폭을 제한해야 할 것이다. 당신은 그 장소로부터 제외된 것, 외부에서 발견되는 것에 가능한 가까운 장소에 있어야 한다. 사실 해체란 다음과 같이 말함으로써 사라짐의 공간을 지도 위에서 찾는 것처럼 확인할 수 있도록 담론적 작용을 제한하는 것이다. '보물이 거기 있다. 아니, 그 원천이 거기 있다. 그것이 도망가려 하니 조용히, 아주 조용히 걸음을 옮겨라 … 그렇지 않으면 보물은 도난당할 것이며, 원천은 말라버릴 것이다. 내게 지도가 있지만 그것은 불분명하다. 너무 불분명해서 자칫 보물을 밟는 일은 없을 것이다 … 보물을 한 발짝이라도 밟게 되면 그것은 더 이상 아무 가치가 없다. 남은 기회마저 위태롭다 … 조용히 걸어라.'

위대한 형이상학적 대립들을 예로 들어보자. 담론적 공간을 제한하고 거대한, 그 선형적인 거대함이 존속하지 못하도록 하기 위해서는 그들의 대립적 위치를 대각선 방향으로 틀어야 한다. 중요한 이항 대립이 자리 잡고 있는 장소의 밖은 그 위치를 확인할 수가 없다. 대신 그러한 대립들은 해체되어야 한다. 우리는 그 옆을 지나쳐야 한다. 이것이 해체이다. 해체란 근본적으로 일련의 작용들로 사라짐의 공간, 사라지는 지점이 발견되는 공간을 어떻게든 제한할 수 있다. 이 작용은 또한 전도된 사냥과 같아서 우리는 사라지는 건강한 동물, 즉 사냥꾼의 손아귀를 벗어난 동물의 도약을 붙잡아야 하는 것이다. 이것이 당신이 그것에 가능한 가까이 근접해야 하는 이유이다. 총을 쏘려면 어쩌면 필요 이상 더 가까이 가야 할지 모른다. 이것이 당신이 인내심을 가지고 위치를 확인해야 하는 이유이다. 위치 확인은 도시와 시골, 산과 계곡, 원존재와 존재 같은 주요한 구분들이 기입된 기본적인 지도를 상정하지만, 이러한 약도 그리기는 단계적으로 축소되어야 한다.

예를 들어 이것은 원존재와 존재의 차이가 과연 유효적절한지에 대한 하이데거와의 논쟁과 같은 일련의 토론으로 이어진다. 데리다가 **'차연'** 개념을 제안했을 때 그는 우리가 그것의 소실점에서 원존재와 존재 사이의 구분을 활성화시키는 독특한 용어를 듣기 원했던 것이다. 데리다는 원존재/존재 간의 차이에 존속하는 형이상학적 대립 요소를 사라지게 함으로써 우리가 **그 행위 속에서** 차이 그 자체를 포착하기를 바란 것이다. 활동 상태의 **차연**은 원존재와 존재 사이의 모든 대립이 사라지는 지점에 놓여 있으며, 결코 이러한 대립 형상으로 환원될 수 없는 것이다. 민주주의와 전체주의의 대립, 아니면 팔레스타인 갈등을 초래하는 유대와 아랍의 대립 역시 이와 동일한 방식으로 점검되어야 한다. 방법은 언제나 똑같다. 팔레스타인 갈등에서 유대와 아랍의 대립을 점검하는 데리다의 입장은 이원성을 해체하는 것이었다. 매번 방법은 그 장소를 분리, 분할, 분류로 성급하게 규정하는 대립을 점검하고, 대신 그 장소를 소실점의 영역으로 볼 수 있는 것을 발견하는 일이다.

데리다는 분류된 사항들을 해체한다.

한마디로 데리다는 용기 있는 평화주의자를 요청하는 운동에 몰두한 것이다. 그가 용감했다는 것은 이미 구축된 분류를 수용하거나 그에 적응하는 것을 피하려면 어떤 의미에서 언제나 상당한 용기가 필요하기 때문이다. 또한 이미 구성된 대립체계 너머를 탐색하는 것은 대체로 평화와 사색의 방식을 취하기 때문에 평화주의자라고 할 수 있다.

이처럼 비스듬한 태도를 고집하는 것, 즉 형이상학에 뿌리를 둔 단정적 구분을 거부하는 것은 항상 결정의 법칙을 따르도록 되어 있는 격동의 시대인 지금 이곳에는 어울리지 않는다. 1968년에서 1976년에 이르는 '공산주의 시기'에 데리다가 진리의 바깥에 머문 것은 이 때문이다. 그 당시 (마오주의적) 진리는 '사람은 둘로 나뉠 수 있다'고 주장했다. 이러한 진술은 인내심을 가지고 대립을 해체하기보다는 급진적 갈등의 형이상학을 시적으로 표현한다. 데리다는 그것을 따를 수 없었고, 따라서 그는 벗어나야 했다. 그는 미국으로 자기 추방을 했다고 말할 수 있다. 이는 데리다가 말 그대로 인내심을 일관되게 유지했기 때문이다. 그는 진정한 인내심이 지닌 격렬함을 버리지 않으면서도 위대한 사색적 온유함을 유지했다. 이는 데리다식 접촉이었다.

2000년에 장 뤽 낭시에 대해서 그와 함께 집필한 위대한 책의 제목은 『접촉에 관하여 : 장 뤽 낭시』(*On Touching : Jean-Luc Nancy*)이다.[2] 그것은 참으로 근사한 책으로 데리다의 '영혼에 관한 논문'이자 감각에 대한 논문이며, 그가 쓴 가장 유쾌한 아리스토텔레스적인 책이라 하겠다. 데리다는 감각적인 것과 사고의 관계를 새롭게 묘사하고자 한다. 이 감각적인 것과 사고의 대립에서 또한 우리는 소실점을 발견해야 한다. 접촉이란 그와 같은 것이다. 극도로 민감해서 사고작용으로는 구분할 수 없을 정도이다.

이것이 데리다가 점점 더 대화의 형식을 사용하게 된 이유이다. 엘렌 식수Hélène Cixous,[3] 엘리자베스 루디네스코Elizabeth Roudinesco,[4] 위르겐 하버마스Jürgen Harbermas, 그 밖의 여러 사람들과의 대화가 이어졌다. 이 토론의 상당수가 소위 여성적이라고 부를 수 있는 입장을 지닌 대상과의 토론이었다. 타율적 입장을 지닌 대상과의 토론에서는 법을 벗어나는 것, **규범***nomos* 밖으로 유연하게 도약하는 것과 접촉할 수도 있다. **그 과정에서** 그것은 당신을 부드럽게 스치고 지나갈 수도 있다.

데리다가 정신분석학과 벌인 위대한 토론에서 나의 흥미를 끈 점이 바로 이처럼 부드럽게 스치고 지나가는 정신이었다. 이 토론의 출발점은 남성성과 여성성의 대립 속에 존재하는 소실점이었다. 이 대립의 바깥에는 무엇이 있는가? 정신분석학은 이 질문에 대해 토론할 엄청난 자료를 제공한다. 실로 데리다는 사고의 여성적 접촉을 찾아 나섰다. 그는 사고하려고 시도하는 자가 누구든 그 사고의 궤적에서 발견되는 여성적 특성의 가능성과 대화를 나누었다.

데리다는 텍스트의 형식을 통해서 어떤 섬세함이나 문학적 미묘함을 철학적으로 다소 세련되지 못한 것과 비교하기를 즐겼다. 그에게 이 두 가지는 이것 아니면 저것 식의 상호 배타적인 관계가 아니었다. 『조종』(*Glas*)에서 극히 어울리지 않아 보이는 한 쌍인 주네Genet와 헤겔이 등장하는 이유가 바로 이 때문이다.[6] 왜 이 두 사람인가? 이는 지극히 현학적인 산문과 유례없는 개념적 투박함의 만남이다. 그러나 결국 데리다는 이러한 대립—한편으로는 거칠고 완고한 개념성, 다른 한편으로는 완벽하게 정도를 벗어난 문학적 완곡어법—이 글쓰기의 소실점의 위치 확인 가능성을 구성한다는 점을 보여주고 있다.

이제 내가 서두에서 지적한 내용으로 돌아가고자 한다. 나는 다소 라캉과 같은 방식으로 비실존, 즉 A에 색인으로 달린 빈 공간이야말로 바로 데리다의 욕망의 대상으로서, 중요하면서도 아무것도 아닌 사변적 '오브제 아object a'라고 말해야겠다. 그의 사고 욕망은 그것이 생각 속에 존재하는 욕망이라는 점에서 비실존 안에서 구성된다. 그렇다. 데리다가 원한 것은 비실존이었다.

누군가가 무엇을 원할 때 그는 어떻게 해야 하나? 비실존, 이 비실존을 향한 욕망, 이러한 욕망은 다른 모든 욕망처럼 마지막에는 반드시 어딘가에 내려놓아야 한다. 예를 들어 그것이 이미 스스로 설 수 있음을 알면서도 테이블 위에 내려놓아야 한다. 그것은 이미 다른 어딘가에 있으며, 이미 가버렸다. 데리다의 욕망은 그와 같은 것이었다. 한순간보다도 짧은 찰나 동안 한 장소의 비실존, 즉 소실점이 사라지는 위치를 확인하고, 접촉하고, 포옹하려는 것이다.

겉보기에는 비슷하지만 이러한 욕망과 실존하지 않는 라캉의 여성 사이에는 아무런 관련이 없다. 실존하지 않음이야말로 라캉의 여성이 지닌 논리적 실존 양식이다. 그러나 우리는 여기서 실존에 대해 이야기하는 것이 아니다. 우리가 논하는 것은 비실존, 즉 존재의 영도이다. 왜냐하면 그것은 출현의 영도, 즉 세계에 출현하지 않는 것이기 때문이다.

그러나 조심하자! 비실존을 바로 존재하지 않는 것과 동일시할 수는 없다. 이것이야말로 형이상학적 오류가 숨어 있는 진정한 어려움이자 유일하게 치유 불가능한 형이상학적 오류이다. **최고의** 형이상학적 오류는 비실존을 존재하지 않는 것과 동일시하는 것이다. 비실존은 틀림없이 **존재하기** 때문이다. 그것은 분명히 존재한다. 그것이 **비실존하는** 프롤레타리아가 그들의 원존재를 위해 싸우며 다음과 같이 말할 수 있는 이유이다. '우리는 아무것도 아니었지만 모든 것이 될 것이다!'라고. 이것이야말로 혁명의 정의이다. 즉 비실존이 자신이 분명히 존재할 것이라는 것을 선언하기 위해서 다수적 원존재를 주장하는 것이다. 실로 그러한 일이 일어나기 위해서는 세계, 즉 세계의 초월성을 변화시켜야 한다.

비실존은 **무**(無)이다. 그러나 무(無)로서 존재하는 것이 어떤 것으로도 존재하지 않는다는 것은 결코 아니다. 무(無)로 존재하는 것은 주어진 세계나 장소에 고유한 방식으로 **비실존**하는 것이다. 이 점을 이해하면 데리다의 산문에 번갈아 나타나는 특징이 무엇인지가 분명해진다. 그것은 다음과 같은 두 가지 진술 사이의 미끄러짐이다. 하나는 '만약 당신이 비실존이 **존재한다**고 **말한다면** 당연히 당신은 그것이 실존하지 않는다는 점을 파악하지 못한 것이다'이고, 다른 하나는 '만약에 당신이 그것은 실존하지 않는다고 말해버리면 당신은 그것이 엄연히 **존재한다**는 점을 깨닫지 못하는 것이다.' 따라서 이미 구축된 대립이 지닌 이항대립적 구도에 의해서는 결코 비실존의 정확한 위치를 규명할 수 없다. 당신은 언제나 원존재에서 비실존으로, 다음에는 비실존에서 원존재로 미끄러지기 때문이다. 데리다의 논리는 더 이상 긍정과 부정 사이의 근본적인 구분을 정당하다고 인정하지 않는다.

문제의 기저에서 해체를 해체답게 만들어 주는 것은 우리가 작동하는 논리적 공간이 더 이상 긍정과 부정이 대립하는 공간이 아닐 때이다. 나는 접촉이란 이런 것이라고 말하고 싶다. 접촉은 논리적으로 작동한다. 당신이 무언가와 접촉할 때 당신은 그것이기도 하고 아니기도 한 것이다. 이것은 연모의 마음으로 상대방을 애무할 때 펼쳐지는 드라마의 전모이다. 해체의 이상은 상대방의 몸을 연모의 마음으로 애무할 때 논리적으로 형성되기 마련인 바로 그런 방식으로 텍스트와 정치적 상황과 관계를 맺는 것이다. 이것이 곧 접촉의 이상이다. 그러한 접촉의 장에서 접촉의 주체는 오직 비실존, 즉 지정할 수 없는 소실점에 의해서만 접촉의 대상과 분리된다. 접촉의 두 '배우들', 즉 능동적인 측과 수동적인 측을 구별하는 것은 오로지 접촉하는 행위뿐이며, 또한 그것이 바로 그들을 결합하는 것이기도 하다. 그러므로 우리는 이 미끄러짐, 우리가 본질적 미끄러짐이라고 부르는 것, 즉 존재하기와 실존하기 사이의 미끄러짐을 경험하게 된다. 이것이 비실존을 자신의 기호이자 고리로 지니고 있는 주된 미끄러짐이다.

마지막으로 언급하고 싶은 것은 데리다가 이러한 미끄러짐을 언어에 적용했다는 점이다. 데리다는 진정한 단어는 미끄러짐이라고 말하고자 했다. 단어는 지시어도 아니고, 기표도 아니며, 하나의 미끄러짐, 존재와 실존 사이의 미끄러짐이다. 단어는 비실존에 의해 미끄러질 때 비로소 울려 퍼진다. 데리다는 자신의 단어들에게 '사람들 사이로 미끄러져라, 고집 피우지 말고!'라고 말할 것이다. 그는 바로 그 점 때문에 그토록 비난받은 것이다. 유례없는 언어의 곡예, 그의 산문이 보여주는 무한한 미끄러짐이 때로는 나마저 화나게 만들었다. 그러나 미끄러짐을 실연하는 것은 비실존의 욕망을 수반하므로 그것은 공정하다고 할 수 있다. 소실점을 드러내기 위해서는 언어가 사라지도록 놓아주어야 한다. 즉 사라지는 언어를 가져야만 한다. 만약에 당신이 **비실존**을 견딜 수 있는 언어를 사용한다면, 당신이 언어를 가지고 구성할 수 있는 일은 오직 비실존을 보여주지(않기)(de)monstration이다. 사라지는 언어. 그리고 그 경우 주네가 말했듯이 '나의 승리는 언어적인 것이다.'

내가 바치는 최고의 경의 또한 언어적이다.

데리다에 대한 경의의 표시로 이제부터 나는 **비실존***inexistance*의 'e'를 'a'로 바꾸어 말하고 쓸 것이다. Inexist*a*nce. 그가 différ*a*nce 이라고 말했듯이 말이다. 그러면 아주 오래전에 그가 차연이라는 단어를 발명했을 때 말하고 싶었던 것에 매우 가까워질 것이다. 차연이라는 단어의 작용을 통해 자크 데리다가 시도한 것은 기본적으로 비실존을 적는 것이었다. 마치 당신이 글쓰기를 통해 무엇인가를 적어 나가듯이 그것을 적는 것이다. 그는 글쓰기의 행위, 미끄러짐으로서의 차연을 통해 비실존을 적으려 한 것이다. 데리다를 모방하여 나 또한 'e'가 'a'로 미끄러지게 만듦으로서 비실존을 적으려고 한다. 그것은 그 존재가 세계 속에서 **비실존하기**라는 방식으로 존재하지만, 그럼에도 불구하고 환원될 수 없음을 보여줄 것이다. 우리는 영(零)naught이며, 그렇게 존재하도록 하자. 이것이 inexist*a*nce의 명령이다. 그것으로부터 벗어날 길은 없다.

Notes

1. TN : In English in the text.
2. J. Derrida, *Le toucher–Jean–Luc Nancy*(Paris :Galilée, 2000). [Translated by C. Irizarry : J. Derrida, *On Touching : Jean–Luc Nancy*(Stanford : Stanford University Press, 2005)].
3. H, Cixous, J, Derrida, *Voiles*, trans G Bennington(Stanford : Stanford University Press, 2001).
4. J. Derrida, E Roudinesco, *For What Tomorrow…A Dialogue*, trans. J. Fort (Stanford : Stanford University Press, 2004).
5. G. Borradori, *Philosophy in a Time of Terror : Dialogues with Jürgen Harbermas and Jacques Derrida*(Chicago : Chicago University Press, 2003).
6. J. Derrida, *Glas*, trans, J. P. Leavey and R. Rand(Lincoln : University of Nevraska Press, 1990).

4
자크 데리다에 대한 찬사에 부치는 소고

가야트리 차크라보르티 스피박
(Gayatri Chakravorty Spivak)

애도의 공적인 부분은 우리 안의 유령을 해방시키는 데 있어서 무시할 수 없는 단계이다. 우리는 그 선물을 알 수 없으며, 특히 이름 있는 유령이 주는 선물이 가장 그렇다. 만약 안다 해도 우리는 그것을 책임이나 책무로 안다. 이번 애도 작업을 수행함에 있어서 나는 이러한 방향을 따르고자 한다.

데리다는 언제나 성차(性差)를 염두에 두었다. 성차의 프로젝트는 다음과 같이 요약될 수 있다. 어머니를 붙잡아라. 나, 아들은 어머니의 흔적이며, 아버지의 기호다. 성차를 염두에 두면서 데리다는 또한 자신이 어떤 종류의 탐구자나 조사자가 될 수 있는지에 대해서 생각하는 것도 잊지 않았다. 이제 나는 왜 그가 딸의 탐색을 행할 수 없었는지 이해하겠다. 비록 민주주의에 대한 책 [『우정의 정치학』(Politics of Friendship), 『불한당들』(Rogues)]은 여성에 대한 걱정으로 가득하지만, 마르크스에 대한 책[『마르크스의 유령들』(Specters of Marx)]에서는 페미니즘이라고 인정할 만한 흔적조차 발견되지 않는다. 마치 레즈비언 연인들을 담은 사랑스러운 사진들에 대한 책이 그렇듯 말이다.[1] (지금 거론한 마지막 책은 어떻게 사진이 '의미로-가득할' 수 있는지, 그리고 그러한 의미가 무엇일 수 있는지 보여주는 책이다.)

데리다와 페미니즘에 대해 이야기한다면 나는 그 문제를 다룬 나의 초기 에세이인 「전위와 여성 담론」("Displacement and the Discourse of Woman," 1983) 및 「다시 페미니즘과 해체」("Feminism and Deconstruction, Again," 1989)에서의 주장을 고수하고 싶다.[2] "'차연'으로부터 얼마나 떨어져 있든지 … **성차는 사고이며**, '남성'과 '여성'의 성적 **차별성**은 좁혀지지 않는다." 그리고 "우리는 … **해체를 위하여** '여성'이라는 명칭을 중성화해야 하며, 그런 의미에서 해체주의 페미니스트여야 한다."[3]

우편엽서에 대한 데리다의 책은 어린아이를 만드는 것에 대한 것으로 읽혀질 수 있다.[4] 동성애자 주네Jean Genet에 대한 책 『조종』(*Glas*)은 '그녀', 즉 어머니의 이름을 딴 어머니, 프랑스어로 'elle'이자 책의 말미에 등장하는 텍스트 내부의 커다란 L자 모양의 공백을 붙잡으려는 시도이다. 주네는 아버지를 알지 못했으며, 어머니의 아이였다.[5] 『조종』은 저자의 아버지에 대한 애도집이기도 했다. 그 책이 시도한 것 중 하나는 막 물려받은 아버지의 이름을 딴 이름이 그저 하나의 표식이 아니라 의미 있는 기호가 될 수 있는지 시험해 보는 것이다. (표식은 기호 체계와 무관하게 어떤 사람을 가리킨다. 예를 들어 '베아트리체'라는 단어는 의미 체계로부터 나오지 않고 이름 붙여진 한 개인을 지시하는 한, 하나의 표식이다.) 그것은 마치 더 이상 그 이름이 가리키는 기호도 아버지의 표식도 아닌, 단지 아버지의 죽음으로 아버지의 이름을 딴 이름을 취했던 자크 데리다가 표식이 아닌 기호로서 그 이름에 대해서 스스로 얼마나 통제력을 지닐 수 있는지 궁금했던 것 같다.

고유명사 Derrida를 분석하는 이 많은 구절 중 하나가 내 마음을 떠나지 않는다. Dionysos Erigone Eriopétale Réséda![6] 1970년대 초반과 중반에는 아버지의 이름을 가지고 하는 그러한 기호학적 게임들이 성행했다. 예를 들어서 이태리 화가 아다미Adami에 대한 데리다의 책 제목 중 하나는 *Derrière le rideau*, 즉 '커튼 뒤에서'였다. 이는 아버지의 이름을 확장하여 신비주의를 조성해 본 사례이다.[7]

『조종』은 또한 성가족Holy Family 및 헤겔의 국가 담론으로 대변되는 재생산적 이성애 규범성reproductive heteronormativity(RHN)에 대한 강력한 비평이다. 또한 RHN에 대한 비평은 남근중심주의에 대한 일반적인 비평과도 잘 부합한다. 그러나 이 비평에서 특히 유익한 점은 어머니와 어린아이의 문제이다. 우리 모두 『우편엽서』(*The Post Card*)에 등장하는 어린아이나 『조종』의 장 주네를 상기해 보자. 일반화를 무릅쓰고 말하면 데리다는 RHN 안으로 흔적을 끼워넣는다.

RHN은 역사상 모든 문화에 걸쳐 형성된, 가공할만큼 이성애 중심적인 수행적 관습의 근거가 되는 주장들 혹은 **원칙***Grundsätze*을 제공한다. "수행적"이라는 단어는 여기서 J. L. 오스틴Austin의 정의보다 더 광범위한 의미를 지닌다.[8] 그것을 '말이 행동을 하도록 만드는 의미 체계'를 뜻하는 것으로 해두자. 데리다가 자신의 저작 내내 사건이란 수행적인 것을 벗어나는 것이라고 암시했을 때 그 역시 이처럼 보다 넓은 의미를 염두에 둔 것이다. (재생산적 이성애 규범성의 수행적 고정관념을 벗어나는 것이 사건의 유일성이다. 이 점이 다양한 페미니즘에 대해 함축하는 바는 실로 엄청나다. 그러나 내가 초기 에세이에서 이미 지적했듯이 데리다의 작업은 이러한 함축을 탐구하는 것이 아니었다. 그러므로 우리의 질문은 흔적-사고trace-thinking를 가지고 RHN으로 침입해 들어가는 것이 무엇을 의미할까에 국한될 것이다.)

그렇다면 흔적이란 무엇인가? 그것은 존재할 수도 존재하지 않을 수도 있는 것, 아니면 보다 중요한 점은 언제나 존재하지 않을 가능성 안에 있는 것으로 어떤 다른 것, 당연히 그것과 다른 어떤 것이 이전에 거기 있었다는 물질적 암시이다. 의미에 대한 체계적 보증을 수반하는 기호와 달리 흔적은 어떠한 보증도 수반하지 않는다. 숲속 길에 난 동물의 발자국은(독일어로 흔적은 *Spur*이다) 그 동물이 거기 있었다는 것을 의미하기도 하지만, 그것이 단지 미끼일 뿐, 내가 착각한 것이거나 환각을 일으키고 있다는 사실을 의미할 수도 있다. 나를 보면 당신은 내게 어머니가 있었다는 것은 알지만 그뿐이다. 그녀가 마담 데리다였다는 것 외에 어머니가 누구였는지 보증해 주는 것은 아무것도 없다. 나는 나의 어머니의 흔적이다. 아버지의 이름은 아버지의 이름으로 이루어진 기호 체계 안에 기입되어 있다.

칸트의 중요한 대목 중에서 흔적과 유사한 것을 처리하는 대목을 읽어보자. 칸트는 『순수이성비판』(*The Critique of Pure Reason*) 초판본의 본인 소유 책자에서 14개의 문단에 줄을 그어놓았다.[9] 재판본에서 그는 글의 서두에 2개의 문단을 더했지만 14개의 문단들은 그대로 생략되었다. 내가 생각하기에 그것들은 영원히 '삭제된' 상태로, 칸트의 언어를 통해 더욱 철학자연하는(심리학적인 것은 아니더라도) 특징을 부여받게 되는 한 가지 방법을 무의식적으로(18세기에?) 뒷받침하는 모습을 분명하게 보여준다.[10] 그리고 칸트가 철학자로서 자신의 임무는 흔적처럼 비결정적인 것을 통제하는 것이라는 생각을 인정하는 듯한 대목이 바로 이 지점이다.

> 아직 이어지는 것이 있기 때문에 나는 부득이 그것을 선행하는 어떤 다른 일반적인 것과 연관시킬 수밖에 없다. 이를 바탕으로 그것은 규칙에 의거하여, 즉 필연적으로 뒤따르게 된다. 그 결과 조건지워진 대로의 발생은 해당 조건에 대한 확실한 지표가 된다. 그러나 그러한 것이 발생하도록 만드는 것은 다름 아닌 후자[그 조건]이다.[11]

(여기서 발생은 주석 10번에 인용된 구절 속의 *was geschieht*, 즉 일어나는 어떤 것이라는 함의를 지니는 동시에, '발생'으로도 번역될 수 있는 단어가 아니라 주어진 것이라는 함의를 지닌 **사건***Begebenheit*이라는 점에 유의해야 한다.)

칸트는 연속을 인과관계로 이해하는 것에 대해 이야기하고 있다. 철학자는 객관적 연속을 이해해야 한다. 그렇지 않으면 연속을 주관적으로 이해할 수 있는 '토대가 완전히 위태로워질 것'이기 때문이다.[12] 그렇다면 객관성을 담보할 대상은 무엇인가? 이 14개의 문단들이 펼치는 건조한 논리를 통해 칸트는 전적으로 비개성적인 답변을 제공한다. "이해에 필요한 법칙의 조건[그것을 모든 다른 이해와 구별해 주는]을 포함하는 현상 속에 그 대상이 있다."[13] 여기서 우리는 토대를 위협하는 흔적의 위험성을 처리하는 현장을 보고 있다. 나중에 칸트는 우리에게 진정한 객관성을 담보하는 대상은 '어떤 경험을 통해 주어질 수 없으며 … ' 우리는 '감각의 세계 속에서 일어나는 사물의 모든 연쇄적 발생[*Verknüpfung*]을 **마치** [합리적으로 기능하는 이성에 의해 창조된 독립적 실체]에 기반을 두고 있는 것**처럼** 간주해야 한다고 말하게 된다.[14]

이러한 사고의 흐름, 즉 이러한 흔적을 따라가기를 원한다면 우리는 데리다가 초월적 연역의 자리에 대신 흔적을 집어넣는다고 말할 수도 있겠다. 칸트는 다음과 같이 말한다.

> [공간, 시간, 그리고 지성의 개념들]을 경험적으로 연역해내려고 애쓰는 것은 전적으로 부질없는 일이다. 왜냐하면 이런 개념들의 본질적 특징이야말로 표상[*Vostellung*]을 위해서 경험으로부터 그 어떤 것도 빌려오지 않은 채 대상들과 관계맺고 있다는 점이기 때문이다. 그러므로 그 개념들을 연역해내야 한다면 그것은 언제나 초월적일 수밖에 없다 … 개별적 지각으로부터 보편적 개념으로 상승하기 위해서 우리의 인식 능력이 기울이는 최초의 노력들[*Bestrebungen*]이 남긴 흔

> 적을 추적하는 일[*Nachspüren*]은 의심의 여지 없이 지극히 유용하다 … 그러나 순수하게 **선험적인** 개념들을 연역하는 일은 결코 이러한 방식으로 이루어질 수 없다. 이러한 경로를 통해서는 절대로 그러한 연역에 도달할 수 없다. 왜냐하면 미래에 그 개념들이 경험과는 전적으로 무관한 방식으로 사용될 것이라는 점을 고려해 볼 때, 경험으로부터의 발생[*Abstammung*]과는 전혀 다른 출생증명서가 만들어져야 하기 때문이다.[15]

단지 경험적 출생의 흔적을 추적하는 것보다 훨씬 더 나은 출생증명서(초월적 연역)를 확보하는 방법이 너무나 분명하다는 것은 누구라도 알 수 있다. 그것은 어머니로부터의 발생이 아니라 아버지가 부여하는 기원이다.

1968년에 데리다가 "나는 '흔적'을 통해서 이러한 구조물의 폐쇄성으로부터 벗어날 수 있는 길을 보여주려고 시도했다"고 썼을 때, 그는 분명히 소쉬르Saussure가 임의적 관계로서의 언어관을 신봉한 점을 염두에 둔 것이었다. 그의 글은 "그 자체로, 그리고 저절로, 텍스트 외부에서[*hors texte*], 필요한 경계선 넘기를 행하는 것으로는 충분하지 않다"라는 구절로 끝난다.[16] 내가 제안하는 바는 여기서 '경계선 넘기'를 '초월적 연역'으로 대체해도 의미가 통할 것이라는 점이다. 왜냐하면 칸트는 초월적 연역으로 흔적을 차단해 버리기 때문이다('구조물의 폐쇄').

초월적 연역이라는 보다 확실한 출생증명서를 확보하기 위해서 칸트 철학의 '마치 ~인 것처럼as if'은 흔적-구조의 억압으로 이어지면서 철학의 수행적 관습을 공고하게 만든다. 나는 바로 이러한 점이 데리다로 하여금 거의 40년 후에 '사건의 중립화the Neutralisation of the Event'라는 부제가 달린 장에서 '세계화'worlding 혹은 '글로벌화globalization' 등에서 '세계world'라는 관념 자체가 칸트의 건축학적인 사상 체계가 보여주는 흔적-차단하기 및 사건-중립화적인 '마치 ~인 것처럼'들 중 하나라고 쓰게 만든 것이라고 생각한다.[17]

이러한 방향을 따르다 보면 우리는 페미니즘의 인식 가능한 임무로부터 간단히 벗어나게 될 것이다. 민주주의에 대한 담론을 통해 이미 알아챘듯이 여성은 결코 잊혀지는 것이 아니라, 단지 민주주의의 수많은 '외부들' 중 하나의 흔적으로서만 환기된다. 페미니즘의 영역으로 돌아가기 전에 우선 그 문지방에서 잠시 멈추도록 하자.

데리다는 칸트 철학에서 세계는 '마치 ~인 것처럼'이라는 점을 상기시키면서, 오늘날에 합당한 민주주의의 모델을 칸트에게서 찾으려는 사람들에게 칸트 철학에서는 그 어떤 것도 전체적인 건축학을 고려하지 않고는 생각할 수 없다는 점을 명심하라고 경고한다. 실제로 일반 독자가 '마치 ~인 것처럼'들에 대한 논의로부터 얻은 구조적 힌트를 따라가다 보면 칸트가 초월적 연역을 사색하도록 만드는 변함없는 성실성에 놀라게 된다. 왜냐하면 우리는 경험이 가능하다고 주장하도록 프로그램되어 있기 때문이다. 그러므로 연역과 경험에 의거한 증거 사이에 근본적인 이질성이 존재할 수 있다는 가능성에 겁을 먹게 된다. 데리다가 책 중간에서 상기시키듯이 "민주주의를, 그리고 민주주의라는 주제에 대해서 민주적으로 이야기하는 것, 민주주의에 대해서 알기 쉽고 명쾌하며 **가르침받은** 대로 이야기하는 것이 그 단어, 혹은 그 단어를 가지고 만드는 문장들을 이해**할 수 있는 사람이라면 누구**건 우리가 이해받는 길이 될 것이다."[18] 그러한 담론은 저술 및 출판을 하는 학자들이 계몽의 주체라고 믿었던 임마누엘 칸트에게서 제공될 수 없다.

도래할 민주주의를 추적하면서 데리다는 일반 독자에게 당장에는 그럴만한 시간이 없는 약간의 독서를 하도록 간접적으로 권한다. "내게 그럴만한 시간이 주어졌더라면 『근거의 본질에 대해』(*Vom Wesen des Grundes*, 1929)부터 시작해서, 특히 '세계'라는 개념과 그것의 역사를 중심으로 살펴보면서 『근거율』(*Der Satz vom Grund*, 1957)로 이어지는 흐름을 살펴보았을 것이다."[19]

물론 여기서 데리다의 권고를 무한정 따를 수는 없는 노릇이다. 다만 하이데거의 『근거의 본질에 대해』(*On the Essence of Ground*, 앞으로는 EG로 인용됨)만은 살펴보도록 하자.[20] 칸트가 흔적과 같은 불확실성을 차단해 버리기 위해서 초월적 연역이라는 개념을 설정하는 한편, 거기에 설명하기 어려운 종합적 **선험성**의 근원이라는 권위를 부여했다면, 하이데거는 초월을 **현존재***Dasein*라는 비개성적 구조로 재정의하고, 그것이 세계 속에 이미 내던져진 상태임을 분명히 한다. 그런 식으로 칸트의 매력을 변형시키면서 하이데거는 내가 앞에서 인용한 구절 중 하나, 즉 칸트가 손수 삭제한 구절의 중요성을 지적한다. "제2유추의 증거가 이러한 거의 이해할 수 없는 결점을 보완하지 않는 한, 대개는 칸트의 '비판적' 저작에서 '이성의 원칙'이 명확하게 논의되지 못하고 있음을 발견하게 되는 것이 사실이다"(EG 106-7). 그러나 칸트가 보편성과 전체성을 조심스럽게 구별하여 후자만을 가능한 것으로 하고, 그것조차도 직관의 종합을 통해서 시도하는 지점에서, 또한 지성에 대해서는 삼단논법의 소전제만을 허용하고 대전제는 종합판단이라 주장하면서 이성이라는 순수 개념의 제한된 정의만을 허용하는 지점에서, 하이데거는 덜 복잡하고 더 연속적인 결론을 제시한다. 일부만 인용해보면 다음과 같다. "존재의 영역이 지니는 절대적 전체성을 사고[*Vorstellungen*]하는 것으로서 관념은 필연적으로 사고[*Vorstellungen*]이다". [『순수이성비판』(*Critique of Pure Reason*, 399-4000, EG 117]. 칸트가 추론에 대해서 체계적으로 경고하는 반면, 하이데거는 보편성이나 전체성 대신에 '추론적'이라는 단어를 단지 실증적인 일상 회화용법처럼 사용하면서 "'초월적 이상'이 … 칸트의 추론적 형이상학의 정점"이라고 부른다(EG 118-19). 이는 하이데거가 **현존재**가 **실존적***existentiell*이 되기도 전에 이미 세상에 던져져 있다는 점을 주장함으로써 어떻게 칸트의 비판적 정의를 무화시키는지 이해할 수 있게 해준다. 나는 데리다가 추천한 독법을 다음 기회에 찬찬히 따라보려고 한다. 지금 주목할 점은 데리다가 한 세계를 위한 민주주의를 생각함에 있어서 흔적에 주목하는 것은 우리로 하여금 사고의 초기 단계, 지금 여기서는 텍스트의 빈 공간으로 나타나는 것으로 되돌아가게 하는 것을 의미한다는 점이다. 이러한 사고를 읽는 것은 이미 예정되어 있으며, 그것이야말로 사고에 수반되는 책임이다. 특히 민주주의에 대해 사고하는 경우 그렇다.

로버트 구딩Robert Gooding의 에세이 「인종, 다문화주의, 그리고 민주주의」("Race, Multiculturalims, and Democracy")에 대한 훗미로우 응답에서 주디스 버틀러Judith Butler는 1980년대 예일대학 철학과 대학원생으로서 그와 함께 헤겔의 구성성constitutivity의 논리를 받아들였다고 말함으로써 구딩과의 연대를 확인한다.[21] 1999년판 『욕망의 주체들』(*Subjects of Desire*) 서문에서 버틀러는 다음과 같이 말한다. "어떤 의미에서 나의 모든 저작은 헤겔이 제기한 일련의 질문들의 범위 안에 놓여 있다. 욕망과 인정(認定)의 관계는 무엇인가? 그리고 어떻게 해서 주체의 구성이 근본적으로 타자성과 구성적인 관계를 수반하게 되는가?"[22]

라클라우Laclau와 무페Mouffe를 포함하여 우리들 중 많은 사람들이 공유하고 있는 이러한 구성성의 의미는 일반적인 의미의 자아-타자 변증법에 가깝다. 이에 반해 '규정적regulative'이라는 것은 결정적 규범을 동원하거나 본질에 호소하는 방식으로 '규정'짓는 어떤 것을 의미한다. 나 자신은 '규정적 성격분석 전기'에서 '규정적'이란 용어를 이처럼 더 일반적인 의미로 사용했다.[23] 그러나 칸트의 경우 '구성적', 그리고 '규정적'이란 용어의 용법은 좀 더 특이하다.

칸트는 순수 지성understanding조차도 감각의 도식으로 유추하는 방식이 아니라면 자신의 기능을 지배하는 이성의 체계에 노날할 수 없다고 생각한다. 다만 한가지 중요한 차이는 감각의 도식이 경험적 지식으로 귀결되는 반면, 지성이 이성의 도움을 받아 확립하는 유추적 관계는 어떠한 경험적 지식도 생산하지 않는다는 것이다. 이러한 제약 속에서 지성은 두 가지를 유추할 수 있다. 구성적인 것과 규정적인 것이 그것이다.

지성의 구성적 유추는 수학적 방식으로 이루어져서 두 가지 요소가 주어질 경우 세 번째 것이 '구성될' 수 있다. 반면에 규정적 유추는 관계와 근사치만을 내어놓는다. 철학을 포함하여 모든 추론행위는 이러한 '마치 ~인 듯'이라는 조건 하에 작동했다. 우리가 읽은 삭제된 문단들은 지성의 제2유추에 속하며, 이 유추는 시간이 인과율에 의거한 연속이라는 직관을 낳는다. 수정되지 않은 그 문단들은 칸트의 추론이 지닌 기하학적 비개성성을 드러낸다. 규정적인 것이 구성적인 것에 근접하게 된다.

루스 이리가라이Luce Irigaray 같은 이가 성적으로 위치지우기의 빈 공간에 대해 이야기하면서 권리의 문제를 제기할 때, 혹은 데리다 같은 이가 '도래할' 양식을 이야기하면서 이를 민주주의와 연결시킬 때 그들은 모두 사건을 쫓고 있는 것이다. 여기서 사건이란 한결같이 규정적 유추를 할 수 있게 해주는 수행적 관습을 벗어나는 것들을 지칭한다.[24] '젠더의 사용', 즉 재생산적 이성애 규범성의 전형들로 이루어진 수행적 관습, 심지어는 그것에 의문을 제기하는 것조차도 칸트의 규정적 유추와 같은 것의 제약 안에 있게 될 것이다. 그것은 글쓰기로서의 몸으로부터 독자로서의 마음에 이르는 모든 것을 유추한다.

만약 내가 옳다면 페미니즘의 기획은 데리다가 말하는 어머니의 어린아이-흔적과 무관하지는 않지만 그것과 다른 곳에 있다. 페미니즘의 기획은 규정적인 것의 근사치 안에 머물러 있다. 데리다의 질문은 흔적을 추적한다. 즉 흔적으로서의 나는 무엇인가? 나의 어머니가 돌아가시면 나는 무엇을 애도할 것인가? 나는 『조종』에서 제기된 질문, 즉 내가 현재 아버지의 이름을 지닌 상태에서 어떻게 하나의 기의가 될 수 있는가라는 강박적 질문에 대해 언급했다. 어머니의 흔적을 쫓는 작업이 데리다의 어머니 사망 시 쓰인 가슴 아픈 애도의 텍스트인 「고백」("Circumfession")에 나타나는 것은 놀랄 일이 아니다.[25]

『조종』과 달리 「고백」은 책이 아니다. 그것은 단지 어떤 책의 하단에 실린 반박 글로 『자크 데리다』(*Jaques Derrida*)라는 책에서 지오프리 베닝톤Geoffrey Bennington이라는 사람이 아버지의 이름이 지닌 속성을 영구적으로 고정시키려는 권위적인 성격의 기획을 수행하는 대목마다 연달아 첨가시킨 비체계적인 각주이다. 「고백」은 제목의 일부도 아니다. 그것은 데리다의 이름으로 쓰인 책이 수립한 건축술의 잉여이다. 나는 데리다의 70번째 생일에 "도대체 해체란 정확하게 무엇인가요? 당신이 「고백」에서 보여준 게임이 생각나네요. 마치 페넬로페Penelope의 역할을 하는 율리시즈Ulysses처럼 해체에 대한 죠프의 나무랄 데 없는 설명을 다시 다 풀어버렸지요"라고 말한 적이 있다.[26] 어쩌면 그는 그때 여성의 본을 따르고 있었던 것이 아닐까? 어쨌거나 그의 작업은 여전히 베닝톤이 '데리다의 사고'라고 요약하려는 것을 해체하는 것이었다. 자기 자신의 생각이 촉발하는 에너지가 아니라, 그저 컴퓨터가 허락하는 한 매일 매일 반(反)-사례를 제공함으로써 말이다.[27]

「고백」에 대해서는 다른 곳에서 더 상세히 거론한 바 있다.[28] 여기서는 다만 그 텍스트를 활성화시키는 아들들(데리다와 프랑코-마그레빈 어거스틴Franco-Maghrebin Augustine이 그들로, 후자는 우연하게도 산타 모니카Santa Monica라고 불린 어머니의 죽음에 대해서 썼는데, 그 이름은 데리다가 종종 애도 기간에 머물렀던 로스엔젤레스의 지역 명이기도 하다. 흔적-글쓰기의 연상적 비논리는 이 정도이다), 그래서 실제로든 '마음으로든' 할례를 치른 아들들은 어머니를 애도할 수 없다는 점만을 말하고자 한다.[29]

끝으로 나를 데리다로 이끈 텍스트와 거기서 발견되는 멜라니 클라인Melanie Klein에 대한 긴 각주에 대해 이야기하려 한다. 그 각주가 나오는 『그라마톨로지』(*Of Grammatology*)의 한 구절에서 데리다는 바로 칸트가 자신의 삭제된 구절에서 이야기하던 것에 대해서 쓰고 있다. 그것은 곧 '객관성의 기원적 구성과 대상의 가치, 즉 형식적인 **이론적** 존재론이나 대상의 객관성을 연구하는 학문으로부터 일반적으로 추론되는 것이 아니라, 애초에 **좋은** 대상 혹은 **나쁜** 대상이라는 범주로서 구성되는 것'이다. 그는 물론 정신분석(학)에 대해서 언급하고 있다. 이어지는 논의에서 초월성의 언어와 삭제된 원(原)흔적이 내가 구축하고 있는 주장과 어떻게 연결되는지 보자. "정신분석(학)이 원(原)흔적의—삭제된—초월성에는 도달하지 못하며 세속적 학문으로 머물지라도, 그 일반성은 모든 개별적 학문들에 대하여 가장 지배적인 의미를 지닐 것이다."[30]

객관성의 기원적 구성이라는 문제를 성찰하면서 칸트는 보다 나은 공인된 출생이라 할 수 있는 초월적 연역방법인 유추적이고 건축학적인 '마치 ~인 것처럼'을 사용하여 흔적-구조 등을 설명하고 통제할 수밖에 없었다. 그러나 데리다는 일찌감치 멜라니 클라인에게서 초월적 연역에 의해 강화되는 이성의 규정적 사용인! '마치 ~인 것처럼' 대신에 주체의 역사라 할 수 있는 삶의 흔적 속에서 대상을 구축할 수 있다는 확신을 발견한다.

1967년에 나는 아직 칸트를 자세히 읽지 않았지만(그래서 그 관련성을 파악할 수 없었다) 데리다는 이미 칸트를 자세히 읽었었다. 나는 '나대로' 클라인에 계속 매료되었다. 클라인을 세심하게 읽어나가는 과정에서 몇 년 전 나는 그녀에 대한 나의 이해를 다음과 같이 요약했다. 그 구절은 '번역'이라는 개념-은유를 사용해 전개될 것이다. 왜냐하면 그것이 내가 연설하도록 부탁받은 주제였기 때문이다. 그러나 나는 결국 실현되지 못한 선집에서 멜라니 클라인에 대한 작업이 선물을 설명하는 에세이로 진행되었던 것을 잊을 수 없다. 여기 내가 쓴 글에서 두 대목을 인용하겠는데, 둘 다 선물에 대한 사색과 연결되지는 않는다. 앞의 것은 클라인에 대한 구절이자 번역으로서의 구절이며, 다음은 삶이라는 선물을 주는 어머니와 국가에 대한 구절로, 읽기의 알레고리로서 메타정신분석적이다.

1. 모든 가능한 의미에서 번역은 필요하면서도 불가능하다. 블룸즈베리 그룹이 친절하게 살해한 비엔나의 정신분석학자 멜라니 클라인은 번역 작업을 그 자체가 '삶'이라 할 수 있는 부단한 왕복운동에 비유한 바 있다.[31] 어린아이는 무언가를 움켜쥐었다가 또 다른 것들을 움켜쥔다. 이처럼 안과 구분하기 어려운 밖을 움켜쥐는 것[*begreifen*]이 안을 구축하며, 계속해서 앞뒤로 오고가면서 파악한 사물(들)을 통해 모든 것을 기호-체계로 코드화한다. 이 거친 코

드화 작업을 우리는 '번역'이라고 부를 수 있다. 이 끝없는 직물 짜기 속에서 폭력은 양심으로, 또 양심은 폭력으로 번역되기를 반복한다. 태어나서 죽을 때까지 유전자의 명령어가 우리의 몸을 프로그래밍하듯이 정신을 프로그래밍하는 이 '자연적인' 기제는(어디까지가 몸이고 어디부터가 정신인가?) 부분적으로는 메타-심리적이므로 정신이 파악할 수 있는 영역 외부에 존재한다. 그러므로 폭력의 현장, 혹은 왕복운동이 일어나는 지점 속에서 '자연'은 '문화'로 변모하기를 거듭한다. 즉 보상과 책임의 의무를 지닌 위태로운 주체가 폭력적으로 생산된다. 이러한 직물 짜기를 이야기로 구성하기 위해서 부단한 왕복운동을 멈추지 않는 번역 과정을 자신이 읽은 것으로 번역해내는 독자는—내 생각에 클라인은 엄밀하게 프로이트적 의미에서의 정신분석학자라기보다는 한 명의 독자였다—해당 문화의 본질을 구성하는 재현의 법칙과 허용 가능한 내러티브들에 대해 정통해야 하며, 원본이라고 추정되는 것을 쓰고/번역하는 작업에 대해서도 분명하게 책임질 수 있어야 한다.

소위 민족-철학이 이성적 의사-결정의 영역에 선행하여 형성되는 뿌리 깊은 윤리-문화적 주체를 설명하면 그것들은 숙명론적인 것으로 치부된다. 그러나 책임감 있는 주체의 구성은 일종의 번역, 혹은 계보학적 글쓰기이며, 이것이 의도적인 의식의 통제를 받는 것이 아니라는 통찰이 멜라니 클라인의 독창적인 생각은 아니다. 멜라니 클라인이 흥미로운 것은 그녀가 단지 권리에 근거를 둔 윤리적 체계가 아니라 실로 책임에 근거를 둔 윤리적 체계에 대해 논하고자 하며, 그 때문에 책임감 있는 주체를 구성하는 폭력적 번역에 주목한다는 점이다 자연상태와 문화적 존재 사이에 위치한 어린아이가 번역 과정에 있다는 것은 이런 의미이며, 다만 그 지점에서 번역이라는 단어는 원래의 사전적 의미를 상실한다. 여기서 몸은 그 자체가 하나의 원고, 혹은 끊임없이 기입하는 도구라고 말할 수 있다.[32]

2. 내러티브의 일반적인 시간내기temporising가 개인적, 집단적인 삶을 가능하게 한다. 우리가 태어날 때 우리는 시간 맞추기의 가능성, 즉 시간화temporalisation이다(혹은 그 가능성으로 태어난다). 우리는 이러한 가능성을 오로지 시간내기에 의해서만 파악할 수 있다. 즉 지금을 통해 이전을 생각하고 느끼는 것이 나중에 예정된 시간을 맞추게 된다. 우리의 (모국) 언어 습득은 거의 동시에 일어나는 듯하다. 왜냐하면 우리는 또한 그 안에서 태어나기 때문이다. 그것은 우리 이전에 그 이전을 지니고 있기 때문에 우리는 그것의 '이미 거기에 있음'에서 취한다. 그리고 그 안에서 의미를 부여할 수 있기 때문에 스스로 미래에 예정된 시간을 맞출 수 있을 것으로 생각한다. 바로 이러한 생각, 주고받는 것이라는 생각이야말로 '동일성'의 부과를 수용해야 하는 시간 특유의 이야기이다.

우리를 시간화 속으로 데려오는 듯한 존재는 대개 어머니들이므로 우리의 시간내기는 종종 어머니를 코드화하고, 재코드화하며, 여성공간의 투자와 조정을 통해 가능한 미래를 계산해서 기원에 대한 그 특별한 직관을 표시한다. 국가의 딸 되기는 바로 그러한 재코드화와 밀접한 연관이 있다. 국가와 어머니는 시간의 선물을 가리키는 초월적 이름이다. 그것은 바로 화장하기, 매일매일의 연극성이자 반복가능성 속에서 일어나는 국가적 자아의 변경으로, 국가의 기원에 헌신하는 이주 여성이라면 그것으로부터 도망쳐야 하는 것이다(혹은 결과는 마찬가지지만 '민속의상'의 경우처럼 가장 따뜻한 포용의 몸짓을 보여주어야 한다).[33] 각 세대들—그리고 기원에 대한 다른 직관, 시간내기의 다른 기획들에 의해 재코드화된 어머니—은 이러한 부인(否認)을 여러 방식으로 바꿔 말할 것이며, 이는 다시 한 번 일련의 전위이다. 사라지면서도 상식으로 남는 것은 단지 상식으로만 잔존하는 족외혼 내부의 여성적 세계주의이다. 거듭 국가적 목소리의 환영에 양보하는 것은 바로 이것이다.

멜라니 클라인을 자세하게 읽으면 윤리적 기호학의 구성요소로서의 어머니와 국가라는 관념이 시간 이전의 시간으로 세분화될 수 있다.[34] 반면에 프로이트가 환기시키는 어머니와 국가/신의 개념은 근본적인 오류에서 출발한 물신숭배적 성격에 근거하고 있다.[35]

이상의 본인-인용은 내게 페미니즘의 행동 교섭 능력agency이 생겨나면서 클라인을 통해서 재생산적 이성애 규범성을 가장 심오한 일반성의 차원에서 흔적의 장(場)으로 재배열해 데리다의 말 그대로 도래할 민주주의를 위해 어린아이들과 더불어 일하게 되는 과정의 일부를 보여준다. 데리다는 나에게 규정적 작업의 한계를 알게 해주었다. 내가 행동 교섭 능력과 주체성subjecthood을 구별하는 것이 방법론적으로 편리하다는 점을 제안한 것은 그 사건의 명명할 수 없는 이름 속에서이다. 규정, 그리고 흔적이다.

내가 빚진 것을 제대로 인정했는가?

푸코를 애도하는 에세이인 「프로이트 정당하게 읽기」("To do Justice to Freud") 말미에서 데리다는 이렇게 적고 있다. "불행하게도 이것만이 질문하기의 고독 속에서 우리가 의지할 수 있는 유일한 것이기 때문에 나는 답변의 원칙을 상상하려고 노력하는 중이다." 그리고 나도 마찬가지겠지만 계속해서 이렇게 말한다. "내가 그를 위해 구성하지 않을 문장 속에서 감히 장담하면, 그는 연결하였을 것이지만 동시에 해체하였다"고. 지금 현재의 나를 대변하지 않을 그가 말이다.

Notes

1. Jacques Derrida, *Politics of Friendship*, trans. Geroge Collins(New York : Verso, 1994) ; *Rogues : Two Essays on Reason*, trans. Pascale-Anne Brault and Michael Naas(Stanford : Stanford University Press, 2005 ; *Spectres of Marx : the State of the Debt, the Work of Mourning, and the New International*, trans. Peggy Kamuf(New York : Routledge, 1994) ; *Right of Inspection*, trans. David Wills(New York : Monacelli, 1998).
2. Gayatri Chakravorty Spivak, "Displacement and the Discourse of Woman," in Mark Krupnick(ed.), *Displacement : Derrida and After* (Bloomington : Indiana University Press, 1983) ; "Feminism and Deconstruction Again," in T. Brennan(ed.), *Between Feminism and Psychoanalysis*(New York : Routledge, 1989).
3. Spivak, "Displacement," p. 184, "Feminism," p. 218.
4. Jacques Derrida, *The Post Card : from Socrates to Freud and Beyond*, trans. Alan Bass(Chicago : University of Chicago Press, 1987).
5. Jacques Derrida, *Glas*, trans. J. P. Leavey, Jr. and R. Rand(Lincoln : University of Nebraska Press, 1986).나는 이 주제에 대해서 "*Glas*-piece : A Compte-rendu," in *Diacritics*, 7. 3(Fall 1977)에서 상세히 논의한 바 있다.

6. 나는 Spivak, "*Glas*-piece," p. 24에서 보다 정신분석학적 읽기를 보여주었다. '나는 **이미***déjà*를 결코 파악될 수 없는 자아에 대해 언제나 이미 추정된 근거를 가리키는 가공의 익명으로 읽을 수 있다. **커튼 뒤에서는** 자신의 이름과 **동일**하지만 꼭 같지는 않은 아버지의 이름을 맞추는 난해한 수수께끼 그림으로, "Dionysos Erigone Eriopétale Réséda"는 주네의 꽃에 대한 언어 속에 비밀스럽게 숨겨진 자기 자신의 이름으로 읽을 수 있다. *The Ear of the Other : Otobiography, Transference, Translation*, trans, Peggy Kamuf(New York : Schocken, 1985)으로 번역된 *Otobiographies*에서 핏줄(혈연)로서의 어머니와 법으로서의 아버지는 니체를 통해 상세히 설명될 것이지만 아직 쓰여지지 않은 상태였다. 그리고 물론 데리다의 어머니는 살아계셨다.

7. Jacques Derrida, "Valerio Adami : Le Voyage du Dessin," *Derrière le Mirroir*, 214(Paris : Maeght, 1975).

8. J. L. Austin, *How to Do Things with Words*(Cambridge, MA : Harvard University Press, 1962).

9. I. Kant, *Critique of Pure Reason*, trans. Paul Guyer and Alan W. Wood(Cambridge : Cambridge University Press, 1998), 305-11.

10. 당연히 번역자들은 칸트의 이러한 특이한 측면으로 인해 어려움을 겪는다. 그러나 이 문단들을 번역함에 있어서 가장 노련한 번역자들조차 이상한 결정을 내린다. 우리는 '*so stellet sich etwas vor*'(스스로를 정연하게 설명하는 어떤 것)을 '나는 어떤 것을 재현한다'로, '*was da geschieht*'를 '그곳에서 일어나는 것' 대신에 '발생'으로 읽게 된다(Guyer and Wood, p 310). "지성에 의거하여, 일련의 가능한 지각 속에서 내적 직관(시간)의 형태로 **선험적으로** 마주치듯이 그와 동일한 질서와 지속적인 관계가 생산되며, 필연적이 된다"는 중요한 문장에서 'Anschauung'은 '직관'이 아닌 '경험'으로 번역된다(Guyer and Wood, p. 311)

11. Kant, *Pure Reason*, p. 307.

12. *Idem.*

13. Ibid., p. 306.

14. Ibid., p. 611 ; 칸트의 강조.

15. Ibid., pp. 220-1.

16. Jacques Derrida, "Différance," in Alan Bass, trans. Margins of Philosophy(Chicago : University of Chicago Press, 1982), 12.

17. Derrida, *Rogues*, p. 121.

18. Ibid., p. 71 ; 번역 수정함(translation modified).

19. Ibid., p. 171 ; 번역 수정함(translation modified).

20. M. Heidegger, "On the Essence of Ground", trans. William McNeill, in William McNeill(ed.) *Pathmarks*(Cambridge ; Cambridge University Press, 1998). 이후 텍스트 인용은 EG로 하고, 이어서 쪽수를 표기한다.

21. J. Butler, "Reply to Robert Gooding-Williams," 5/1 *Constellations*, 1998, 42-7.

22. J. Butler, *Subjects of Desire : Hegelian Reflections in Twentieth-Century France*, 2nd edn.(New York : Columbia University Press, 1999), xiv.

23. Gayatri Chakravorty Spivak, *A Critique of Postcolonial Reason : toward the history of the Vanishing Present*(Cambridge, MA : Harvard University Press, 1999), 298쪽 및 여러 곳에.

24. L. Irigaray, "The Necessity for Sexuate Rights and How to Define Sexuate Rights?" in Margaret Whitford(ed.) *The Irigaray Reader*(Oxford : Blackwell, 1991), 198-203, 204-12.

25. Jacques Derrida, "Circumfession," in Jacques Derrida and Geoffrey Bennington, *Jacques Derrida*, trans. Geoffrey Bennington(Chicago : University of Chicago Press, 1993).

26. Gayatri Chakravorty Spivak, "Touched by Deconstruction," 20 *Grey-room*, Summer 2005, 95-104.

27. 나는 컴퓨터의 한계가 무엇을 의미하는지 완전히 파악하지 못했다.

28. Gayatri Chakravorty Spivak, "Three Women's Texts and Circumfession," in A Hornung and E, Ruhe(eds) *Postcolonialism and Autobiogtraphy*(Amsterdam : Rodopi, 1998) 7-22. *Critical Inquiry*는 "Circumfession"에 대해서만 다룬 글의 내용이 충분치 않다는 이유로 거절하였다. 오늘날 어느 날에 ….

29. 「로마서」(Epistle to the Romans) 2. 25-29. 유대인들과 달리 기독교인들은 육체보다는 마음의 할례를 받으라는 사도 바울의 권고를 받는다.

30. Jacques Derrida, *Of Grammatology*, trans. Gayatri Chakravorty Spivak, (Baltimore : Johns Hopkins University Press, 1976) 88 ; 번역 수정함.

31. 이어지는 부분은 멜라니 클라인에 대한 나의 해석을 요약한 『작품집』(*Works*)(New York : Free Press, 1984), Vols. 1-4이다. 그러므로 상세한 각주를 다는 것은 불가능하다. 또한 세부 내용이 클라인의 정통 정신분석학과 일치하지 않을 수도 있다.

32. Gayatri Chakravorty Spivak, "Translation as Culture" in I. Carrera Suàrez et al.(eds) *Transalting Cultures*(Oviedo : Dangaroo Press, 1999), 17-30 ; reprinted in 14 *parallax*, January-March 2000, 13-24.

33. 화장에 의거하여 인디언 여성과 라틴 여성의 대조를 뛰어나게 극화한 대목을 참조하라. Elizabeth Burgos-Debray(ed) *I, Rigoberta Menchu : an Indian Woman in Guatemala*, trans. A Wright (London : Verso, 1983) 210.

34. Gayatri Chakravorty Spivak, *In Other Worlds*(London : Routledge, 2006)에서 발췌함.

35. S. Freud, "Fetishism," in J. Strachey, et al. trans. *The Standard Edition of*

the Complete Psychological Works(New York : Norton, 1964), Vol. XXI, 152–7.

5
보편의 구축과 해체
자크 데리다의 감각적 확신

에티엔 발리바르
(Etienne Balibar)

데리다가 수차례 방문한 바 있으며 그의 많은 친구들이 있는 유럽 국가에서 동시대 위대한 철학자들 중 한 명인 자크 데리다의 삶과 작품을 추모하는 강연 중 하나를 맡게 되어 매우 영광이다. 나는 그의 학생이었고 나중에는 그의 동료이자 친구가 되는 특권을 누렸으며, 여전히 그에게서 배우고 있다. 여러분의 초대에 진심으로 감사하는 바이다. 나는 이번에 기획된 강연의 목적이 데리다가 특유의 스타일과 이론적 입장을 가지고 얼마나 지속적으로 철학의 근본적인 이슈들을 재점검했는지 보여주기 위해서 그의 글과 사상을 보다 광범위한 논의의 장으로 끌어들이는 것이라고 생각한다. 이를 염두에 두고 내가 제안한 제목은 "보편의 구축과 해체"이다. 나는 데리다의 '해체' 작업이 무엇보다도 보편과 특수라는 대립 구도를 와해시킴으로써 고전적인 '보편의 역설'을 해결하는 전적으로 새로운 방법을 처음으로 시작했다는 점을 보여주고자 하였다.

강연을 준비하는 과정에서 나는 자연스럽게 해체와 헤겔이 제기한 바 있는 보편의 변증법적 '구축' 관계에 특히 주목하게 되었다. 이는 『논리학』(*Logic*)과 같은 헤겔의 사변적 글은 물론 『법철학 강요』(*Elements of the Philosophy of Right*),[1] 『역사철학 강의』(*Lectures on the Philosophy of World History*),[2] 『미학』(*Aesthetics*)[3] 등과 같은 보다 '실제적인' 연구물에서도 제기되었으며, 현대 철학, 최소한 '대륙' 현대 철학 분야에서는 끊임없이 논의되어 온 주제이다. 그러나 이러한 방향으로 연구하던 중에 나는 애초의 기획을 수정하여 위험을 감수하고라도 보다 구체적이고 어쩌면 제한되지만 더 전문적인 어떤 것을 제공해야겠다는 생각을 하게 되었다. 나는 이 작업을 통해 우리가 데리다의 쓰여진 목소리를 보다 효과적으로 들을 수 있게 되기를 희망한다. 내 강연은 독일어로 *Phänomenologie des Geistes*라고 이름붙여진 헤겔의 『정신현상학』(*Phenomenology of Spirit*) 제1장에 나오는 유명한 구절을 읽는 것과 다름 없을 것이다.[4] 이 구절은 불어로는 'la certitude sensible', 영어로는 'sense-certainty'로 번역되었다. 수많은 고전 속에서 발견되는 독일어 *Gewissheit*는 신념과 믿음이라는 의미를 지니는 한편, *sinnlich*는 **관능적**이거나 감각적인 것을 의미한다. 이어서 데리다의 작품들, 특히 『우편엽서』(*La carte postale*, 1980),[5]

『체류지들』(*Parages*, 1986),[6] 그리고 1993년에 발표된 그의 삼부작 『코라』(*Khôra*), 『정념』(*Passions*), 『이름을 제외하고』(*Sauf le nom*)[7]와 『타자의 단일 언어』(*Le monolinguisme de l'autre*, 1996)[8]에 등장하는 구절들을 읽을 것이다. 나는 이 텍스트들을 모두 합하면 헤겔과 영원히 긴장되고 비판적인 관계를 맺고 있는 소위 데리다의 '감각적 확신' 혹은 *sinnliche Gesissheit*를 구성한다는 점을 보여주고자 한다. 중간에 나는 한 권의 책에 대해서 간략한 설명을 덧붙이려 한다. 그것은 에밀 방브니스트Emile Benveniste의 에세이 「발화행위의 형식적 장치」("L'appareil formel de l'énonciation")로, 20세기 프랑스 구조주의 최대 업적 중 하나이다. 이 에세이는 1970년 출판되었으며, 이후 1974년에 『일반 언어학의 제 문제』(*Problèmes de linguistique générale*) 제2권[9](2권은 아직 영어로 번역되지 않은 것으로 알고 있다)에 재수록되었다. 그것은 앞서 언급한 헤겔의 장(章)과 놀랍도록 긴밀한 관계를 지니고 있으며, 데리다의 언어 분석을 이해하는 데 필요한 실마리를 제공함으로써 데리다와 헤겔을 이어주는 중간 고리 역할을 한다.

이러한 일련의 텍스트들을 읽어나가려는 한 가지 이유는 그것들이 현대 철학, 특히 소위 '해체적' 접근방식에서 보편성의 주제를 이해하는 데 필요한 근본적인 요소들을 포함하고 있기 때문이다. 헤겔의 감각적 확신의 변증법이 '감각'의 문제는 거의(소금은 있다 해도) 다루지 않는다는 점은 널리 받아들여진 사실이다. 그것의 중심 주제는 '인칭대명사' **나***Ich*(*I* 혹은 *Je*)와 지시사 **이것***Dieser*과 **저것***Dieses*, **여기***Hier*와 **이제***Jetzt*(*this*와 *that*, *here*와 *now*) 사이의 역설적 효과이다. 헤겔의 장은, 최소한 부정적 방식으로라도, 단독성의 범주들과 보편

사이의 관계를 설명하기 위한 예비 단계를 포함하며, 이 관계가 논리적 대립이라기보다는 각각의 항(項)이 곧 상대방의 이면을 구성하는 가역(可逆)적 통합의 관계라는 점을 제시한다. 나는 데리다가 이 보편성의 근본적 역설을 극한까지 몰아갔으며, 어떤 의미에서는 그것을 최고의 경지에 올려놓았을 뿐만 아니라 유례없는 현상학적 의미를 부여하는 문학적·윤리적·정치적 요소들을 풍부하게 채워 넣었다는 점을 보여줄 수 있기를 바란다.

내가 이처럼 만만치 않은 선택을 한 목적과 이유는 이러한 비교 독서를 통해 최근에 변증법 전통 및 구조주의적 혁명과 포스트모던 철학의 개혁 사이에 이루어진 긴밀하고도 복합적인 상호작용을 제시하고자 했기 때문이다. 그리고 이러한 각 사조에 있어서 헤겔, 방브니스트, 데리다의 이름은 거의 상징적이기 때문이다. 이러한 사조 및 학파들의 관계가 단지 피상적인 수준에 그치지 않는다는 점은 그들이 끊임없이 동일한 사례와 상황으로 되돌아오는 것만 보아도 알 수 있다. 그러나 각종 독트린이나 견해들을 추상적으로 비교하는 대신 텍스트 독해라는 원칙을 실천하기만 한다면 이는 좀 더 구체적으로 입증될 수 있다.

이제 내가 여러분에게 이러한 방식으로 연설하는 마지막 중요한 이유를 말할 수 있겠다. 이상의 책들을 다시 읽으면서 보편성의 문제에 관한 논의들을 정리하던 중 나는 점차 이 문제를 일반적인 차원에서 **추상적으로** 다룰 게 아니라, 텍스트 양식을 취함으로써 항상 그 결과를 예측할 수 없는 지적 경험으로서의 글쓰기의 모험을 실행하고 싶다는 욕망을 느끼게 되었고, 급기야 그것을 억누를 수 없는 지경에 이르렀다. 나는 이러한 욕망의 근본 원인이 보편성과 단독성에 대한 데리다의 논의들을 헤겔의 체계는 물론, 어쩌면 구조주의적 체계가 있다고 할 때와 같은 의미에서 하나의 독트린이나 체계로 변형시키는 것 또한 불합리하다는 것을 발견했기 때문이라는 것을 깨닫게 되었다(데리다의 논의가 보여주는 거의 동음이어적인 특징이 이미 어려움을 경고하고 있지만 말이다). 게다가 강력한 찬사와 동시에 그에 못지 않게 강렬한 거부 반응을 불러일으킨 데리다의 철학적 실천으로서의 글쓰기 혹은 그의 독특한 철학 '스타일'은 단순히 글쓰기에 대한 그의 형식적 '개념'으로 환원될 수 없는 것이다. 그것은 분석이나 종합을 통해 관념적 내용으로 환원되는 식의 주석이 아닌 특별한 종류의 주석, 즉 글쓰기의 물질적 과정을 **반복하는** 주석을 요청한다. 데리다는 끊임없이 **다른 텍스트의 여백이나** 그것의 행간에 글을 쓰는 행위를 실천함으로써 원(原)텍스트의 발화내용이 지닌 가상성, 그것들의 직설적이거나 전도된 용법을 명백히 보여주기 위해서 그것들을 '대체보충'해 나갔다. 그러므로 그러한 주석들은 본인 자신의 작품을 포함하여 새로운 맥락들을 향해 나아가는 데리다의 해체적 움직임이 지닌 효율성의 범위를 확장시킬 것이다. 일부 독자들은 놀라고 심지어 이의를 제기하기도 했지만 데리다는 자기 자신을 제외한 모든 것을 해체해야 한다고 주장했다. 물론 나는 이 말이 자기 자신의 텍스트는 안전하며 비판할 수 없다는 것을 의미하지는 않을 것이라 확신한다.

사전 준비는 이 정도로 하고 이제 본격적으로 텍스트로 들어가 보자. 우선 『타자의 단일 언어』(*Le Monolinguisme de l'autre/ Monolin-*

gualism of the Other)의 한 구절을 읽어보도록 하자. 내가 이 강의를 준비하는 동안 불어 책만 갖고 있었으므로 그것을 불어로 읽겠다. 글의 특정한 효과와 특징은 오로지 원어를 통해서만 감지될 수 있다고 생각하기 때문에 (만약에 그것이 다른 언어로 설명될 경우) 번역은 제공하지 않겠다. 여러분은 데리다 책의 전반적인 주제가(자서전과 이론을 결합하는 독특한 방식 때문에 나는 그것이 그의 가장 탁월한 점 중 하나라고 생각하는데) 한 인간, 바로 그 자신의 역설이라는 점을 기억할지 모르겠다. 그러나 우리는 그의 경우를 모든 말하는 주체와 그들의 '모국어'의 관계에 대한 범례로 간주하도록 요청받는다. 사람은 그가 다른 언어를 말하고 쓸 수 있을 때조차 오로지 하나의 언어만을 정확하고도 유창하게 말하고 쓸 수 있으며, 그것을 인지하고 그것과 동일시하는 의미에서 온전히 **자신의** 언어로 소유할 수 있다(데리다의 경우 그것은 불어이다). 그러면서도 결국에는 이 언어가 **자기 자신의 것**이 아니라 **타인**의 언어라고 주장하게 된다 : "Quiconque doit pouvoir déclarer sous serment, dès lors : je n'ai qu'une langue et ce n'est pas la mienne, ma langue 'propre' m'est une langue inassimilable. Ma langue, la seule que je m'entende parler et m'entende á parler, c'est la langue de l'autre."[10](발리바르의 요청에 따라 본문에는 불어 원문을 그대로 실었으며, 영어 번역은 주석에 실었다.-편집자 주)

이 타자란 누구인가? 프랑스-알제리계 유대인의 경우 타자는 주인인 식민지 개척자이다. 그러나 이 주인 또한 진정으로 자신의 언어를 **소유**하지 못한다. 왜냐하면 그의 언어는 피식민지인의 언어라는 억압된 현존에 의해 사로잡히고 영향을 받고 있는 관계로 결코 절대적인 지배력을 재현하지 못하기 때문이다. 결국 어떠한 화자나 화자들의 그룹이든지 그들이 사용하는 **모든 언어**는 타자와의 크고 작은 폭력적 접촉에 의해 끊임없이 변형되어 해당 공동체 본래의 역사적인 **속성**과 절대로 일치할 수 없다. 다음 구절에서 데리다는 자신으로부터 소외되고, 또한 자신을 소외시키는 모국어와의 관계에 내재한 강탈이라는 폭력적 요소에 대해 스스로 증언하는 것의 가치에 대해 성찰한다. 그러므로 여기서 그는 일인칭으로 말한다.

> Que se passe-t-il quand quelqu'un en vient à décrire une 'situation' prétendument singulière, la mienne par exemple, à la décrire en en témoignant dans des termes qui le dépassant, dans un langage dont la généralité prend une valeur en quelque sorte structurelle, universelle, transcendantale ou ontologique? Quand le premier venu sous-entend : 'Ce qui vaut pour moi, irremplaçablement, cela vaut pour tous.' La substitution est en cours, elle a déjà opéré, chacun peut dire, pour soi et de soi, la même chose. Il suffit de m'entendre, je suis l'otage universel.[11]

이것이 내가 네리나의 '감각적 확신', 그의 *sinnliche Gewissheit*라고 부르게 될 내용이다. 이 지점에서 나는 긴 우회로를 택하려 하며, 먼저 1807년에 출판된 헤겔의 『정신현상학』을 보겠다.

헤겔의 장(章)은 매우 이상하다. 그것은 대부분의 판본이나 번역서의 경우 10여 페이지 정도로 짧다. 그것은 고정적이거나 본질적인 출발점이라는 관념, 즉 경험적 증거나 합리적이고 자기충족적이라고 주장되는 특성 덕분에 인위적으로 주어지는 어떠한 '선행조건'도 원칙상 거부하는 변증법적 과정의 **시작**이 지닌 수수께끼를 해결하는 것으로 생각된다. 이런 의미에서 만약 그것이 없다면 변증법이라는 개념 자체가 무의미해져 버릴 회의적 움직임과 관련된다. 헤겔은 시작이라는 문제에 직면할 때마다 최초의 역설을 구축하는 방식으로 그것을 해결하는데, 이는 단일항(項) 대신에 그들 간의 긴장이 무한한 전개과정, 즉 점점 더 구체적이고 완전한 일련의 격(格)을 촉발시키는 상호모순된 개념들의 통합을 가정하는 것이다. 『논리학』에서 이것은 *Sein*과 *Nicht*, 즉 존재Being와 무Nothingness의 유명한 일치이며, 그 해결은 *Werden*, 즉 변증법의 핵심 용어인 되어짐becoming이다.[12] 그러나 『정신현상학』에서 헤겔은 이와는 달리 훨씬 더 복잡한 길을 간다. 변증법적 전개의 '주체'는 **주체** 그 자체, 혹은 '의식'(이는 어느 지점에서는 '자의식'이 될 것이다)이다. 의식이라는 포괄적인 개념은 개인은 물론 집단적 혹은 문화적인 측면도 포함하는 동시에 특수와 보편, 또는 **확신**(*Gewissheit*)이 지니는 보다 '주관적' 측면과 **진리**(*Wahrheit*)가 담보하는 보다 '객관적' 측면 사이의 영원한 긴장관계를 특징으로 하면서 고유하게 구축될 것이다. 헤겔은 실질적인 전개를 촉발시키기 위해서 뿐만 아니라, 원동력이나 추진력을 얻기 위해서(이 거대 서사 내내 이는 진리의 재현이나 세계에 대한 인식을 자신의 확실성의 기준에 '일치'시키지 못하는 의식의 무능력이다) 의식이라는 현상에 대한 일종의 선-현상학적 진술, 즉 **의식 이전의 의식**이라는 역설적인 격(格)을 제시한다. 이를 통해 의식은 주체, 즉 **자아** 혹은 **나**

(*Ich*)에게 재현을 맡기는 형식적 가능성으로 환원된다. 그러나 이러한 재현—아니면 **제시**라고 부르는 편이 더 나을 수도 있는—은 이제 하나의 '대상'에도 미치지 못한다. 그것은 어떤 '속성'도 지니지 않으며, 다만 그러한 속성들을 지닌 대상과 '속성들'을 연결시킬 수 있는 가능성 앞에 출현한다. 이러한 가능성은 오로지 *Wahrnehmung*(지각)이라 불리는 다음 단계를 통해서만 이루어질 것이다. **나***Ich* 라고 불리는 전-주체pre-subject에 대한 전-대상pre-object은 단지 하나의 **사물***thing*, *Dieses* 즉 '**그것**'이라고 지칭되는 **어떤 것**일 뿐이다. 사실 이것은 인지적인 것이 아니라 지표적인 개념으로, 텍스트에서 수차례 반복되는 동사인 보여주기(*zeigen*)라는 제스처에 대한 이론적 등가물이다.

다양한 사전 준비를 마친 후 텍스트 중반에 이르러 헤겔은 *Ich* 와 *Dieses*, 즉 **나**와 **그것** 사이의 이 전적으로 기본적인 상호관계의 핵심은 별개처럼 보이지만 실제로는 구별하기 어려운 두 항(項)의 일시적 통합에 있다고 주장한다. 그러나 그러한 통합은 순간적일 수밖에 없는 것으로, 한마디로 사라지는 몸짓이라 할 수 있다. 더 최근 용어로 말하면 그것은 엄밀한 의미에서 모든 지각에 선행하므로 순수하지만 전적으로 추상적인 '감각-자료'이다. 그와 같은 우연의 일치는 '여기'나 '지금'과 같은 단음절 간투사의 사용에서 가장 두드러지며, 이는 또한 텍스트에서 중요한 역할을 한다. 헤겔은 이 사라지는 통합이 곧바로 별개의 상(相)이나 항(項)이 된다는 것을 계속해서 보여준다. 즉 **나** 그리고 **그것**으로 나뉘는 것이다. 이는 매우 예민한 지점인데, 왜냐하면 그러한 분리가 사실상 허상이기 때문이다. **나**란 내가 가리키는 것과 다르지 않으며, 내가 가리키는 그 무엇인가는 나의 몸짓이 지니는 의도와 별개의 것이 아니다(이것은 **생각하다***Meinen*이라는 용어가 지닌 가능한 의미들 중 하나로, 그것은 *Mein*, 즉 '나의' 혹은 '나의 것'인 것과의 근접 지대에서 끊임없이 의미를 발생시킨다). 이러한 항(項)들에 외관상 자율성을 부여하는 것이 서술되는 '경험'의 역설적 성격에 부가되는 다른 특징이다. 이는 각 항이 곧바로 온전히 단독성을 지니면서도 완벽하게 보편적이라는 모순된 방식으로 나타난다는 사실이다(그리고 바로 그러한 이유 때문에 헤겔이 그 출현을 묘사하고 있는 의식은 이를 지탱할 수 없다). **나는 나 자신이다** 혹은 나는 **나 자신**이고, 다른 어떤 것도 다른 누구도 아니며, 바로 이 순간, 거기 있는 이것을 가리키는 존재일 뿐, 그 이상 아무 것도 아니다. 그러나 **나**는 누구라도 될 수 있으며, 그 **나**는 무한한 대체 가능성을 향해 열려 있으며, 그것은 보편적이다. 마찬가지로 지금 여기에서 **이것은 이 사물**이지만, **이곳은 어느 곳이라도 될 수 있으며**, **지금 또한 어느 시간이라도 될 수 있다**. 그러므로 감각적 확신이 지닌 '객관적' 측면은 무한한 대체 가능성, 동일한 보편적 자질이라는 특성 또한 지니게 된다.

나는 감각적 확신이라는 관념을 요약하고, 그것이 어떻게 우리로 하여금 단독성과 보편성이 순수한 지시작용의 격(格)으로 간주될 경우 상호 구분하기 어렵다는 간단하고도 근본적인 논의에 대면하게 하는지 돌아보았다. 이제 우리는 문제의 핵심에 다가갈 수 있으며, 이는 곧 **텍스트 쓰기**와 관련된다. 고유한 의식의 탄생을 예고하는(그리고 바로 그 때문에 의식의 극복, 즉 의식은 정신적·영적 행위를 가리키는 총체적이고도 궁극적인 단어가 아니라는 사실 또한 예고하는) 『현상학』에서 헤겔이 보여주는 변증법의 기원에 대한 재현은 분명 전적으로 새로운 것은 아니다.[13] 이는 역사적으로 중요하긴 하지만 헤겔의 가장 독창적인 기여라고 할 수는 없다. 그보다 더 중요하다고 생각되는 것은 장(章)의 마지막 부분에서 '이야기할 수 없는', '말할 수 없는' 혹은 **'표현할 수 없는'**(*das Unaussprechliche*)과 같은 특정 개념에 대해 헤겔이 가하는 신랄한 비평인데, 그것은 우리에게 언어의 중요성에 주목하게 만든다. 이러한 개념은 가장 오래된 신비주의 전통과 보다 최근의 낭만적인 종교 철학에서 모두 발견된다. 그것은 소위 표현할 수 없다고 단정되는 것이란 결국 모순을 나타낼 뿐이며, 의미 있는 내용이나 결정사항이 결여된 단독성, 즉 순수한 일반성이나 다름없는 단독성을 가리킨다는 것을 암시한다. 헤겔이 이러한 비평을 제기할 수 있는 이유는 오로지 애초에 시작부터 감각적 확신의 변증법이 담화의 차원, 정확히 말하면 발화행위, 혹은 말하기의 형식으로 제시되었기 때문이다. '감각적 확신'이라고 불리는 경험은 지각, 혹은 심리학적·생리학적 의미의 느낌 같은 것과는 아무런 관련이 없다. 그것은 순전히 언어학적 실험이며, 우리가 주목하는 모순 또한 경험적 의식의 차원이 아니라, 우리의 경험을 구조화하고 **신행하는** 언어를 사용할 때 발생하는 모순이다. 이것을 더욱 주목할 만한 이유는 이렇게 시작한 후 헤겔은 의식의 구성적 측면으로서의 언어에 대한 언급을 그만둔 것으로 보이며, 한참 후에 의식이 하나의 문화적 과정으로 등장할 때야 비로소 다시 언급한다는 사실이다. 이는 첫 번째 장에서 언급된 언어가 절대적으로 기본적인 것으로, 몇몇 단어와 한 가지 기능, 즉 지시와 자기 지시에 국한된다는 사실에서 비롯된다. 더 나은 표현을 사용하면 그것은 으뜸 언어, 내가 감히 데리다적 의미에서의 **글쓰기**라고 부르려고 하는 것이다.[14]

그러나 어떻게 그런 언어가 제시될 수 있으며, 그 논리적 기능과 결과가 인지될 수 있을까? 그것을 할 수 있는 방법은 오직 하나이며, 이 지점에서 헤겔의 텍스트는 매우 놀라운 전개를 보여준다. 감각적 확신의 추상적이고 일반적인 항(項)인 **나**와 **그것**은 각자의 위치를 스스로 표현하며, 일종의 **이론적 복화술**을 통해서 **이야기한다**(독일어 텍스트는 *sprechen*과 *sagen*을 모두 사용한다). 감각적 확신에 대한 헤겔의 서사는 언어를 통해 추상적 개념들이 발생하는 의식이라는 거대 서사에 선행하는 짤막한 서사로서, 어떤 의미에서는 매우 놀랍지만 결코 임의적이지는 않다. 주체와 객체는 이야기해야 하고 단어는 발언되어야 하기 때문에 개별자와 보편의 상호 모순적 통합은 경험 그 자체의 결과로서 반드시 발생할 수밖에 없다. 내가 **나**를 말하면 **나**는 이미 **다른 사람**이다. 이는 내가 더 이상 동일한 '나'가 아니고, 나는 계속 변화하고 있으며, 나는 이미 변했기 때문이다. 또는 어떤 다른 주체가 나의 자리를 차지한 채 정확하게 동일한 권리와 확신을 갖고 말하기 때문이다. 나는 **이것**이라고 말하는데 그것은 이미 **저것**이며, 서로 전혀 다른 것이다. 나는 **여기**라고 말하지만 그것은 **다른 곳**이다. 나는 **지금**이라고 말하는데 그것은 **나중**이다. 예를 들어 내가 '낮'이라고 반복하면 그것은 '밤'이며, '나무'라고 하면 그것은 '집'이다. 경험에 기본적인 구조를 제공하는 그러한 단어들은—**나**, **이것**, **여기**, **지금**—그 경험의 핵심에 자리 잡은 모순도 보여준다. 그것들은 이미 존재하는 주체들이나 존재자들을 표현하는 것이 아니라 언어의 순수한 기능일 뿐이며, 그 기능은 경험이 사라지는 바로 그 순간에 정확하게 실현되거나 예시된다. 여기서 헤겔은 '수행적 모순'이라는 범주에 근접하지만, 그가 그 용어나 상응하는 표현을 사용하지 않는 것은 오로지 그 모순이 해당 경험의 내부에서 드러나길 원하기 때문일 것이다. 그는 **마치** '내'가 나의 **언어행위**가 품고 있는 모순적 속성을 통해, 즉 재귀적 방식으로 스스로를 드러내는 것**처럼** 쓰고 있다. 나는 대명사 **나**를 사용하여 동일한 자아인 나를 나 자신으로 명명하지만, 나는 언제나 **이미** 다른 사람이기 때문에 내 발언의 형식은 그것이 지시하는 것과 모순된다. 동일한 논리가 사물, 어떤 것, 어느 것에나 다 적용된다. 자기 지시적 의미의 논리적 범주들의 실용적 사용과 발화행위 및 발화된 것의 의미 사이에 존재하는 역설이 결합하여 만들어내는 복화술의 허구로 인해 최소한 방브니스트와 데리다를 알고 있는 동시대 독자들에게 헤겔은 탁월한 텍스트로 다가온다. 역사적·문학적 맥락에서 볼 때 나는 그것이 쓰였을 때 이미 탁월**했다**고 확신한다.

이제 내가 여러분과 함께 데리다적 방식으로 읽고 싶은 다른 텍스트로 넘어가서 그것이 데리다에게 끼친 영향력을 살펴보자. 그것은 에밀 방브니스트의 「발화행위의 형식적 장치」("L'appareil formel de l'énonciation")이다. 이 글은 일련의 광범위한 에세이들의 일부이며, 그것들 대부분이 『일반 언어학의 제 문제』(*Problèmes de linguistique générale*) 제1권의 「언어 속의 인간」("L'Homme dans la langue")이라는 제목의 장에 수록되어 있다. 이 제목은 구조주의적 관점에서 보다 엄격하게 말하면 「언어활동에 있어서의 주관성에 대하여」("De la sunjectivité dans la langue")라고 할 수 있으며, **언어의 주관성**으로 번역된다.[15] 이 텍스트들은 인칭대명사의 의미와 용법을 다루고 있으며, 무엇이 '인칭'대명사이며 무엇이 '인칭'대명사가 아닌가에 대한 유명한 정의로 시작된다. 방브니스트에 의하면 오직 **나**와 **너**만이 언어학적 의미에서 '인칭'이다. **그**, **그녀**, 혹은 **그들**, 그 밖에 '삼인칭'이라 일컬어지는 것들은 엄밀한 의미에서 '인칭'이 아니다. 여기서는 또한 동사 형식들이 지닌 시제들의 관계를 다룬다(그 중에는 과거의 발화 형식 중 **역사적 이야기***historical narrative*와 **주관적 담화***subjective discourse*로 지칭될 수 있는 두 가지 기본적인 양식들을 나누는 탁월한 구별 기준도 포함되어 있다). 마지막으로 이 텍스트에는 오스틴의 **수행문** 개념, 그리고 그 개념이 화자의 자격요건뿐 아니라 그것이 실현되도록, 즉 '말로 행동을 하도록' 만드는 조건에 의존하는 점에 대한 비판적 논의가 포함되어 있다.

이 고전적 논문들은 1950년대와 1960년대 초반에 쓰여졌으며, 비교 지점을 부여하자면 레비 스트로스의 초창기 대작들인 『친족의 기본 구조』(*Elementary Structures of Kinship*) 및 '구조주의 인류학'에 대한 작품들과 동시대 것이다.[16] 지금 내가 살펴보는 발화행위의 형식적 장치에 대한 후기 에세이에서 방브니스트는 자신의 이론을 체계화하는데, 그의 이론에는 언어학적 특징과 철학적 특징이 구분하기 힘들 정도로 섞여 있다. 그는 인칭대명사의 기능, 시제 차이의 의미, 수행문의 효율성(즉 *je jure, nous jurons, je décrète*—*I swear, we swear, I* *promise, I order that*과 같은) 등을 순전히 언어학적인 도구와 형식의 사용을 통해 **언어 그 자체 안에서** 일어나는 과정의 상보(相補)적 측면으로 서술한다. 이 과정은 주체가 **언어를 전유할** 수 있도록 해주는데, 이는 곧 언어학적 구조 안에서 스스로를 재현하고, 언어의 구조적 배열을 총체적으로 습득하며, 의미론적 범주를 적절하게 사용할 수 있는 조건을 설정하는 것을 의미한다. 확실히 이러한 '주체' 혹은 '주관성'은 매우 일반적인 구조적 범주들이다. 그러나 그것들은 또한 우리가 그들이 가리키는 담화적 기능을 수행할 때마다 매번 우리들 각자에 의해서 실제로 재현되거나 예시된다. 이는 바로 주체라는 범주의 구조주의적 변형으로, 레비 스트로스 이론 및 라캉의 무의식의 구조에서 마주치게 되는 내용과 정확하게 일치한다.

프랑스 언어학자이자 철학자인 장 클로드 밀너Jean-Claude Milner는 최근 한 에세이[17]에서 방브니스트의 인칭대명사에 대한 논의가 헤겔의 감각적 확신에 대한 진술을 곧바로 연상시킨다는 점에서 그 영향을 받은 것이 틀림없다는 설득력 있는 주장을 제기하였다. 이는 방브니스트가 지시사인 **이것**, **저것**, 부사인 **지금**, **여기**, 그리고 특히 주목할 만한 것으로 강한 주장이나 부정을 나타내는 간투사인 **예**, **아니오** 등을 인칭대명사의 의미를 결정하는 자기지시적 요소들과 관련시키는 방식에서 특히 분명하게 드러난다. **나**는 누구인가? **나**란 실제로 이야기하는 사람으로, 그 사람이 누구든지 특정 발화행위 혹은 담화행위 속에서 스스로를 화자로 지칭하는 인물이다. 한편 **너**는 오로지 스스로를 화자라고 일컫는 사람이 말을 거는 사람이다. 이것이 방브니스트가 '주관성의 상호관계'라고 부르는 것이다.[18] 구조주의와 특정 변증법적 전통 사이의 연속성에 대한 밀너의 주장은 그 전통에 대한 신빙성 있고 독창적인 독법을 제공하는 것으로 보인다. 그러나 그것만으로는 나의 목적에 충분하지 않다.

나는 더 복합적인 방식으로 읽어보고자 한다. 나는 데리다가 방브니스트로부터 이끌어냈음이 분명한 것을 지적하려고 한다. 물론 데리다는 방브니스트의 가장 핵심적인 주장들 중 하나의 의미를 역전시키고 그에 도전하는 전복적인 방식을 취하긴 했지만 말이다. 그리고 그러한 비판적 비교를 바탕으로 나는 헤겔의 감각적 확신 개념으로 되돌아가 그것이 정확하게 '자기해체적'으로 읽힐 수 있다는 점을 보여주고자 한다. 데리다를 통해 방브니스트를 읽는 이러한 독법은 내가 창안 혹은 추정한 것이지만 그리 큰 모험은 아니라고 생각한다. 데리다의 출판된 작품들에는 단독이든, 아니면 레비 스트로스와 같은 다른 이론가들과 관련해서든 방브니스트에 대한 언급이 빈번하게 등장한다[예를 들어 『주어진 시간』(Given Time)에서].[19] 이것들은 종종 매우 비판적이다. 그러나 내가 아는 한 이 구절에 대한 방브니스트의 언급은 전무한데, 이 부분이야말로 우리가 데리다와 구조주의 언어학의 관계를 이해하려고 할 때 가장 중요한 부분이다. 그러므로 나는 해당 논의를 재구성해 보려고 한다.

에세이 초반부에 방브니스트는 '발화행위'를 *grand procés*, 즉 '거대한 과정'으로 정의하며, 이를 화자가 자기 자신의 목적을 위해 언어를 가동시키는 과정으로 본다(불어로 여기서 말하는 언어는 **'랑그***la langue*'로, 독일어의 *Sprache*처럼 두 가지 가능한 용어들 중 하나이다). 방브니스트는 발화행위란 개인적인 **행위** 혹은 **사용 행위**를 통해서 언어를 작동시키는 것(*fonctionnement*)이라고 부언함으로써 '사용'만큼이나 '행위'를 강조한다. 즉 언어를 개인적 담화나 발언으로 적극적으로 '전환'시키는 것이다. 이 과정은 다양한 양상들을 보이게 마련이지만, 방브니스트는 그 과정의 형식적 틀('*cadre formel*'), 즉 본질적으로 개인적인 행동에 해당되는 것의 형식적 조건들에 초점을 맞추고자 한다. 그의 설명을 따라가다 보면 이것들은 언어의, 그리고 언어를 통한 주관성을 구성하기 위한 초월적이고 **선험적인** 조건들임이 분명해진다. 이 조건들 중 첫 번째 그룹은 수많은 대상들을 지시하는 메커니즘을 결정하고 의미를 **전유**하는 과정으로의 진입을 허용함으로써 화자가 자기 자신의 담화 속으로 들어오게 하는 것, 다시 말해서 자기 자신의 발화행위 '안으로' 화자가 '현존'하게 되는 과정에 관여한다. 그것들은 화자가 일인칭으로, 그리고 현재 시제로 말할 수 있다는 사실에 전적으로 의존한다. 이는 몇 가지 기술적인 세목들의 추가 부분만 빼면 실로 헤겔이 서술한 **나**와 **이것** 혹은 **저것**, **여기**와 **지금** 사이의 상호관계와 매우 유사하다. 그러나 방브니스트는 곧바로 중요한 수정사항을 제시한다. 헤겔의 복화술사적 '화자', '감각적 확신', 혹은 의식 이전의 의식이 자아도취적까지는 할 수 없더라도 유아론적인 격(格)으로, **나**의 사용에만 전적으로 머물러 있었던 반면에 방브니스트의 화자는 이중적이며 대화적이다. 그것은 **나**와 **너**라는 두 개의 이름을 지녔으며, 이는 의미 있는 말하기란 아무리 복합적이거나 가상적이라도 대화자(*allocutaire*)와의 대화 형식 안에서만 가능하다는 점을 의미한다. 더 쉽게 말해 이것은 주체가 가능한 대화자에게 말을 거는 **예상된** 대화로, 실로 대화자의 **가능성**이라고 간략하게 말할 수 있다. 서로 짝을 이루는 이 이름들(**나**와 **너**)은 끊임없이 **다시 살고**, **다시 태어나고** 혹은 **새롭게** 태어난다. "그것들은 발화체가 발화될 때마다 새로 생성되며, 매번 그것들은 새롭게 지칭한다"(Ils sont engendrés chaque fois qu'une énonciation est proférée, et chaque fois désignent à neuf).[20]

비록 방브니스트가 그 용어를 사용하지는 않았지만 그러한 전유의 과정, 그것 없이는 언어가 추상에 머물고 마는 주관성의 도입은 의사소통, 즉 고전적 의미에서 '주고받기' 혹은 '교류'라고 할 수 있는 형식을 취한다. 이 교류는 대칭적이다. **나**와 **너**의 위치는 바뀔 수 있으며, 어떤 지점에서는 **바뀌어야 한다**. 다시 말해서 언어의 주관적 전유는 사회적 과정으로서만 존재하는 것이며, 개인적이 아닌 초개인적인 주체를 생산한다. 그렇다고 이것이 두 주체의 위치 및 두 대명사를 상호 교환 가능한 것으로 만드는 것은 아니다. 곰곰이 생각해 보면 방브니스트가 초월적 의미에서 **인칭대명사**라고 부르는 것은 각각 개별적인 **나**와 **너**가 아니라 주관성의 대화적 상호관계, 즉 나와 너의 **결합**이다. 이 점이 **그**와 **그녀**는 인칭대명사가 아니라 언어에서 중립성을 지닌 **이것**, **저것**, 혹은 **그것** 등과 동일한 지위를 지닌 비인칭 지시사인 이유이다. 진정한 인칭대명사는 대화적이며 결합 그 자체이지만 우리는 그것을 정해진 방식대로 읽어야 한다. 흥미롭게도 그의 첫 번째 논의에서 방브니스트는 **너**보다 **나**에 특권을 부여함으로써 상호관계의 주관적 특징을 다소 약화시키는 경향을 보인다. 화자가 나를 사용하여 담화에서의 '자신의 위치를 표시하며’ 그는 최소한 잠재적으로라도 대화자로부터의 **반응을 촉발시킨다**. 그러나 나중에 그는 일차 행위자인 **나**의 우위를 **너**가 지닌 유사 우위로 바꿈으로써 답변이 아무리 연기되고 모호할지라도 화자가 상대 화자로부터 답변을 **기대하거나 상상할** 경우에만 언어 속으로 진입할 수 있게 하였다.

이러한 설명에 대한 라캉의 해석은 주체는 타자the Other로부터 자신의 메시지를 역전된 형태로 받는다는 그 유명한 말로 요약될 것이다. 그것은 모든 담화행위는 주체가 어떤 대타자(아버지나 어머니)에 의해 그 혹은 그녀의 이름, 그 밖에 ‘내 귀여운 것’, ‘내 사랑’, 혹은 ‘요 악당’과 같이 그 어떤 명칭으로든지 간에 호명되어 온 근원적 경험을 무의식적으로 되풀이한다고 주장할 것이다. 그러나 나는 데리다의 독법은 전혀 다르다는 점을 보여주려 한다. 데리다는 ‘편지가 수취인에게 도달하지 않을 수도 있다’고 주장한다. 만약에 그것이 어떠한 예외도 없이 모든 가능성과 모든 **사건**에 대해 열린 보편적인 것이 되려면 오히려 그것은 절대로 수취인에게 도달해서도, 또는 대답의 형식으로 상대방의 반응을 야기해서도 안 되는 것이다. 의사소통에 있어서 결정적인 사실은 그것이 이루어질 수 있을 뿐만 아니라 깨어질 수도 있다는 점, 바로 실패하거나, 심지어 실패할 것이 틀림없다는 점, 그래서 특히 질문이나 호출에 대한 완벽하고도 적절한 대답은 실로 불가능하다는 점이다. 형이상학적 이중성에 대한 또 다른 유명한 해체적 독법을 되풀이한다면 대답은 무한히 지연되고, ‘연기되며,’ **차연**을 보여준다고 말할 수도 있겠다. 그것은 인칭들 간의 대화적 대칭에 주의를 집중하는 대신 ‘산종되어’ 그들의 통제를 벗어나 닿을 수 없는 곳에 남아 **상실**될 위기에 처한다.

이러한 사실은 어떤 종류의 호출이 지닌 문어적인 용법, 특히 문법책에서 명령법이라는 부적절한 명칭으로 불리는 호출인 *viens*, 즉 '오라'에서 현저하게 두드러지다 못해 거의 괴로울 정도로 확실하다. 데리다는 누군가가 **거기에 있을** 때조차도 그의 **존재함**보다 부재하는, 혹은 불가능한 타자의 우위를 강조한다. 이는 어쩌면 아무것도 하지 않고 완벽하게 답변하지 않으면서도 여전히 **너**라는 유사 명칭으로 불리는 누군가가 **거기에 있을** 때 특히 그렇다. 이런 의미에서 **너**는 실제로 **존재하는** 타자(대화자) 혹은 잠재적으로 존재하는 타자(실현될 수도 있는 가능성이라는 의미에서의)의 이름이 아니라, 그의 '확실성'이 영원히 불확실하며 그의 온전한 존재란 다름 아닌 **불가능성**을 의미하는 타자가 되는 경향이 있다.

데리다가 이러한 생각을 주장한 곳은 특히 블랑쇼Blanchot의 소설에 대한 주해에서이며, 그 밖에도 『체류지들』(*Parages*)에서 인용한 다음 구절에서처럼 자기 자신의 글을 통해 실행했다.

> Viens. Viens : comment appeler ce que je viens de—ce que je viens de quoi. Ce que je viens de dire? Viens, est-ce un mot? Un mot de la langue française? Un verbe? Voilà en apparence un impératif nécessairement présent, mode ici conjugué à la deuxième personne du singulier. Cette définition paraît aussi sûre qu'insuffisante ··· Qu'ai-je fait? J'ai appelé. Comment appeler *cela*? As-tu remarqué comment cela, 'Viens', disons ce mot étrange, dans *L'arrêt de mort*, tout près de la fin, avant

ces deux derniers paragraphes disparus d'une édition à l'autre et provoquant plus, par leur disparition … Je dois vous interrompre, vous me perdez. M'avez-vous, dit 'viens' ou déjà cessé de me parler pour vous entretenir, vous, avec qui que ce soit, de ce è disons ce mot, et de savoir comment il—il quoi, au fait? Je suis perdue …'[21]

블랑쇼 사후에 그에 대해서 쓴 또 다른 책인 『머무름』(*Demeure*)에서(책의 제목은 이름인 동시에 호출로, '집'이나 '저택' 또는 '오라', 즉 *viens*!의 정반대인 '머무름'이나 '머물러 주세요'를 모두 의미하는 단어 유희로, 어쩌면 심지어 그대가 이미 거기에 있으면서 계속해서 오라는 의미를 지닌다) 데리다는 논리적 결론을 내린다. '*Je devient Tu*'[22], 즉 나는 네가 된다. 나는 이것을 새로운 '감각적 확신'으로 바꾸어 말하겠으며, 여기서 기본이 되는 지시항인 **나**는 내가 아니라 붙잡기 어렵고 불가능한 수취인인 **너**이다.

더욱 인상적인 것은 『우편엽서. 소크라테스에서 프로이트까지, 그 너머』(*La carte postale. De Socrate à Freud et au-delà*)에서 주관적 상호관계와 **너**의 우위성에 대한 주제를 다루는 방식이다. 철학자들은 그것을 대부분 라캉에 대한 유명한 비평인 「진실의 배달부」["*Le facteur de la vérité*" (Truth's Postman)]를 포함하여 부록 때문에 읽었다. 그 책의 첫 부분 중 가장 긴 대목이 허구적이고 수수께끼 같은 연애편지라는 사실은 기억할 것이다(혹시 그 이면에 자서전적인 요소가 있는 것일까?). 그 편지에는 글을 쓰고 있는 소크라테스를 뒤에서 바라보고 있는 플라톤의 모습이 그려진 고대 엽서가 옥스퍼드의 보들

레이안Bodeleian 도서관에서 발견되는 기이한 상황이 담겨 있다. 루소의 『신(新)엘로이즈』(*Nouvelle Héloïse*)를 읽은 독자라면 누구도 허구적 이야기, 특히 허구적인 편지글 속에 철학적 개념이 출현한다는 사실에 놀라지 않을 것이다. 1977년 6월 5일자 편지에서 짤막한 구절을 읽어보고자 한다.

> Tu me donnes les mots, tu les délivres, un à un dispensés, les miens, en les tournant vers toi et te les adressant—et je ne les ai jamais tant aimés, les plus communs devenus très rares, ni tant aimé les perdre non plus, les détruire d'oubli à l'instant même oû tu les reçois, et cet instant précédrait presque tout, mon envoi, moi-même, les détruire d'oubli, avant moi, pour qu'ils n'aient lieu qu'une fois. Une seule fois, tu vois la folie pour un mot? Ou pour quelque trait que ce soit?[23]

Tu me donnes les mots : **네**가 나에게 단어를 준다. 나에게 단어를 주는 것은 너다. 나에게 '언어'의 리얼리티를 주는 것은 자신의 언어의 기원이자 주인인 **내**가 아니라 오히려 **너**이다.

그러나 바로 이 대목에서 방브니스트의 '발화행위의 형식적 장치'에는 전혀 결여되어 있는 새로운 무엇이 발생한다. 비록 그것이 전적으로 방브니스트의 형식주의에서 파생함에도 말이다. 그것은 방브니스트에 의해서 언어의 대화적 전유라는 '거대한 과정'의 구성적 혹은 유사 초월적 특질로 간주**되었어야 할** 그 무엇이다. 그것이 이 위대한 언어학자에 의해서 무시되었다는 사실은 그것이 억압되었거나 혹은 암묵적으로 부정되었다고 생각하게 만들 수 있다. 그것은 순전히 가상적인 의사소통에 성적 특징을 부여했다거나 젠더화시켰다며 간단히 지나칠 문제가 아니다. 그것은 더 강력하고 '실제적'인 것으로, 누구라도 젠더의 문제를 제기하지 않고서는 대명사 **나**와 **너**를 가지고 교류 자체를 시작할 수 없다는 사실이다. 비록 그 문제를 환기시키는 동시에 중성화시킴으로써 그것을 연기하고, 어떻게든 결정 불가능하게 만드는 역설적 방식을 취한다 해도 말이다. 모든 실제 의사소통에는 **에로틱**할 뿐만 아니라 **불가해한** 교란 요소인 '젠더 문제'가 존재한다. 이는 의사소통 당사자들이 필연적으로 동성 아니면 이성 간일 수밖에 없다는 사실에 기인한다. 그러나 언어는 스스로 야기한 문제를 곧바로 덮어버린다.

여기서 다시 『우편엽서』에서 내가 방금 읽은 구절로 되돌아가 나머지도 모두 읽어보자. **나**와 **너**의 사용에서 두드러지게 우리를 사로잡는 성적 차이가 감지될 것이다. 그러나 정확히 어떤 것인가? 우리는 책의 앞표지에서 남성 이름인 자크 데리다를 읽게 되고, 이 '고유'명사는 '그의' 작품들에 대한 인유를 통해 텍스트 내내 반향된다. 이런 식으로 우리는 무심결에 소크라테스와 플라톤에 대한 편지를 쓰는 **나**는 다름 아닌 작가 자신을 나타낸다고 가정하는 덫에 걸리게 마련이며, 문학작품이 보여주는 단순한 교훈을 항상 잊고 만다 : "마담 보바리, 그게 나에요Madame Bovary c'est moi" 등의 사례 말이다. 우리는 텍스트에 등장하는 **나**는 으레 남성이며, 수취인은 여성이라고 가정하는 경향이 있다. 그러나 이것이야말로 언어가 금지하는 것이다. 나는 일전에 정통한 언어학자이지만 페미니스트임을 공언하지는 않는 한 친구에게 인칭대명사에서 수(數)의 구별이 이루어지듯이 젠더의 구별이 이루어지는 언어, 즉 단수 화자와 복수 화자를 구별하듯이 남성 화자와 여성 화자를 구별하는 언어가 존재하는지 여부를 물어본 적이 있다. 그녀는 "오, 아니오! 언어에는 보편적인 요소가 존재해야죠"라고 대답했다. 그러나 이러한 요소는 다름 아닌 언어 형식의 **사용**, 즉 **유동성** 속에서 영원히 부정된다. 보편은 중립적 대화 장치 안에서 성차(性差)의 유무에 대해 끊임없이 질문하는 단독성에 의해 조용히 침범당한다. 그것이 아마도 언어에 내재한 필연적인 침묵, 즉 **말할 수 없는 요소**이리라.

나는 이 점이 단지 **나와 너**, 혹은 **너와 나**만이 인칭대명사이며, **그와 그녀**는 인칭대명사가 아니라는 방브니스트의 유명한 논제에 숨어있는 측면이라고 부언하고 싶다. 이는 발화행위와 담화의 단어들 사이의 형식적 관계에 대한 설명과 관련해서 반박할 수 없는 사실이다. 그러나 그것은 '주관성의 상호관계'가 언어학적인 젠더에 의거하여 성적 차이나 동일성이 표현되는 것을 억압하고 부정한다는 사실 또한 가리킨다. 아니, 어쩌면 우리는 다시 한 번 그러한 표현이 단지 지연되고, 연기될 뿐이며, 삼인칭이 담화에 들어오면서 비로소 이루어진다고 말해야겠다. 어떤 지점에서 그것은 **촉발될** 것이다. 허위적이거나 고유성이 결여된 인칭인 3인칭은 1인칭과 2인칭이 필연적으로 중성적인 것처럼 모든 가능한 애매성을 함축한 채 필연적으로 젠더화된다. 1인칭과 2인칭이 없는 언어나 언어 사용이 불가능한 것만큼이나 3인칭 없이는 언어도, 또 언어의 전유도 불가능하다.

데리다가 복잡하고도 다소 야만적인 신조어인 '탈-전유ex-appropriation'라는 단어를 만들어낸 이유가 이 때문인지도 모르겠다. 이는 전유appropriation와 몰수됨being expropriated이라는 의미를 모순어법 방식으로 결합한 단어이다. 당신이 1인칭 현재 시제로 말함으로써 언어를 전유할 때(이러한 행위를 부분적이고 단편적이며 점진적인 획득이 아니라 갑작스럽고도 총체적인 **사건**라고 설명하는 방브니스트의 지적은 참으로 타당하다) 당신은 사실상 '나의 것'이나 '너의 것'이라고 부를 만한 **그 어떤 것도 전유하지 않는다**. 더 좋은 것은 당신이 추구하던 것, 즉 당신의 **정체성**을 돌이킬 수 없이 상실하게 된다는 것이다. 아마도 언어 내부에, 그리고 언어의 '주체'가 있지만 이 주체는 고정되거나 인지 가능한 정체성을 소유할 가망이 전혀 없다. 불행하게도. 아니면, 다행스럽게도.

이제 우리는 방브니스트의 특권적 사례를 이용하여 의사소통 구조의 기능으로서의 주관성의 개념을 해체하는 과정에 있어서 결정적인 순간에 다다랐다. 우리는 해체가 파괴가 아니라는 것, 즉 형이상학의 보편적 범주들을 궁극적으로 극복하거나 포기하는 방식이 아니라는 것을 분명히 알고 있다. 그와는 정반대로 해체란 그러한 범주들이 재현되지 못하도록 억압한 것들과 관련된 내적 긴장 및 한계를 표현하는 방법이다. 그럼으로써 그것들을 잉여, 대체 보충, 지연의 형태로 재현해서 다시 출현하는 것을 보는 것이다. 우리는 실로 모든 위대한 형이상학 이론은 그것이 루소, 플라톤, 헤겔 아니면 방브니스트의 것이든 '스스로를 해체'하거나 혹은 내부로부터만 해체될 수 있다는 결론에 매우 접근하게 되었다. 비록 이러한 해체가 그 이론들이 억압하고 있는 **낯설고 이방인적인** 요소의 도움으로 이루어지긴 하지만 말이다.

이것만으로도 이미 흥미로운 결론에 도달했으므로 나는 여기서 멈출 수도 있다. 그러나 여러분이 허락한다면 더 일반적인 결론을 위하여 나의 첫 출발점이었던 헤겔의 감각적 확신 혹은 *sinnliche Gewissheit* 모델과 보편의 구축이라는 일반적 주제로 돌아가고자 한다.

방브니스트를 읽은 후에, 그것도 특히 데리다의 해체적 양식으로 읽은 후에 헤겔로 돌아가면 헤겔이 발화행위의 층위에서는 단독성과 보편성이 구별되지 않는다는 점을 보여주기 위해서 언어적 형식을 활용했을 뿐만 아니라, 더 나아가 언어적 형식의 형식화를 창안했다는 점이 분명해진다. 헤겔은 언어적 '공간'의 도식화라 할 수 있는 격(格)을 창조했는데, 이것은 포착하기 어려우면서도 마음을 사로잡는다. 이것은 비록 헤겔의 복화술의 격(格)에 늘 따라다니는 의사소통과 질문이라는 잠재적 개념을 포함하지만 딱히 의사소통의 공간은 아니다. 감각적 확신, 즉 '여기 나무가 있다', '여기 집이 있다', '지금은 낮이다', '지금은 밤이다'와 같은 감탄문이 보여주는 자아와 타자의 이 불안정한 통합은 목소리를 부여받아 왔다. 그것은 **이야기한다***speaks, es spricht, elle parle ou ça parle*. 그러나 **누구에게** 말하는 것인가? 그 자신에게, 혹은 경쟁관계의 격(格)인 또 다른 감각적 확신에게? 아니면 의식이 보여주는 일련의 격(格)에 잠재된 다양한 변증법적 갈등과 모순들로부터 교훈을 얻는 비판적 기능을 텍스트 안으로 끌어들이기 위해서 헤겔이 끊임없이 사용하는 수수께끼적인 이름이 '우리'일 가능성이 더 많은 듯도 하다. 우리는 이 철학적 '우리'가 또한 그 자체로 일종의 복화술사 격(格), 즉 내부로부터의 목소리, 동일한 공간을 맴도는 목소리 없는 목소리, 단어 및 숙어의 동일한 다양성이 아닌가 생각할 수 있다. 한마디로 언어의 의식에 선행하며 그것을 가능하게 만드는 이 언어적 공간은 물질적이지도, 그렇다고 관념적이지도 않으며, 오히려 **유령적**이다. 그것은 데리다가 자신의 작품에서 폭로하고 설명한 그 여러 가지 '유령적 공간들'과 동일한 특징을 지닌다. 즉 무한한 흔적들로 촘촘히 짜여, **텍스트의 바깥**을 지니지 않은 **텍스트**the *texte* without any *hors texte*인 초기 원-문자 언어의 공간으로부터 플라톤의 『티마이오스』(*Timaeus*)에서 취하여 데리다 자신의 동일한 명칭의 에세이에 등장하는 『코라』(*Khôra*)에 이르는 공간들이 그것이다. 코라는 구분되고 고정되기 이전의, 그리고 위상학과 기하학 이전의 '장소들'로 이루어진 공간으로, 이번에는 또 다른 혼란스러운 관계, 즉 대명사와 고유명사의 관계를 둘러싸고 구성되는 글쓰기와 말하기의 공간이다. 이는 공적 영역에서 이루어지는 분류와 전유를 피하기 위한 특별한 종류의 담론, 당신이 원한다면 그것을 철학이라고 해도 좋을 담론의 가능성을 창조하는 공간이다. 데리다는 『코라』(*Khôra*)에서 이렇게 쓰고 있다.

> Biens que le nom soit déjà prononcé(*Timée*, 19a), la question de *khôra* comme lieu général ou réceptacle total(*pandekhès*) n'est certes pas encore posée. Mais si elle n'est pas posée comme telle, elle fait signe et

pointe déjà. La note est donnée. Car, d'une part, la polysémie ordonnée du mot comporte toujours le sens de lieu politique ou plus généralement de lieu *investi*, par opposition à l'espace abstrait. *Khôra* 'veut dire' : place occupée par quelqu'un, pays, lieu habité, siège marqué, rang, poste, position assignée, territoire, même comme lieu général, et alors qu'elle se distingue de tout ce qui prend place en elle. D'où la difficulté de la traiter comme un espace vide ou géométrique, voire, c'est ce qu'en dira Heidegger, comme ce qui 'prépare' l'espace cartésien, l'*extensio* de la *res extensa*. Mais d'autre part, en ce lieu précis et sur ce lieu narqué, le discours de Socrate, sinon le discours socratique, procède ou affecte de procéder depuis l'errance, depuis une place mobile ou non-marquée, en tout cas depuis un espace d'exclusion qui se trouve de surcroît neutralisé. Pourquoi neutralisé? Si Socrate feint de se ranger parmi ceux dont le *genre* est de n'avoir pas de lieu, il ne s'assimile pas à eux, il dit qu'il leur *ressemble*. Il se tient donc dans un troisième genre, en quelque sorte … Sa parole n'est ni son adresse ni ce qu'elle adresse. Elle *arrive* dans un troisième genre et dans l'espace neutre d'un lieu sans lieu, un lieu où tout se marque mais qui serait 'en lui-même' non-marqué.[24]

동일한 텍스트의 뒷부분에서 우리는 다음과 같은 구절을 읽는다 : "Cette place introuvable, Socrate ne *l'occupe* pas, mais c'est celle depuis laquelle, dans le *Timée* et ailleurs, il *répond à son nom*. Car il faut toujours, comme *khôra*, "l'appeler de la même façon." Et comme il n'est pas sûr que Socrate lui-même, celui-ci, soit quelqu'un ou quelque chose, le *jeu des noms propres* devient plus abyssal que jamais."[25] 『코라』와 짝을 이루는 에세이 『정념』(*Passions*)에서는 **대답하다***répondre*(reponse)와 **책임***responsabilité*(responsibility)의 이중 의미에 대한 유희를 펼치는데, 이는 영어에서 *responsible for*라는 구절과 *before X*를 각각 의미하는 **대답하기***to answer*, **책임 있는***to be answerable*이라는 단어 관계에 상응한다. 이 에세이에서 데리다는 다음과 같이 썼다.

> De ce point de vue la responsabilitié serait *problématique* dans la mesure suppplémentaire où elle pourrait être parfois, peut-être même toujours, celle que l'on prend, non pour soi, *en son propre nom*, et *devant l'autre*(définition métaphysique la plus classique de la responsabilité) mais celle que l'on doit prendre pour un autre, à la place, au nom de l'autre ou de soi comme autre, devant un autre autre, et un autre de l'autre, à savoir l'indéniable même de léthique.[26]

우리는 데리다가 방브니스트를 비판적으로 읽어내서 헤겔의 변증법에 내재한 해체적 성격을 폭로할 수 있는 가능성, 또는 그런 식으로 읽을 수 있는 가능성을 보여주었다고 말하고 싶어진다. 그러나 실제로 그렇게 하고 이러한 주장을 끝까지 밀어붙이지 못하게 하는 것은 헤겔이 이 놀랄 만큼 근사한 철학 작품을 쓴 직후 그것을 가차 없이 버리고는, 대신 훨씬 더 이성적이고 어쩌면 합리적인 지각(*Wahrnehmung*)의 현상학으로 대체해 버렸기 때문이다. 여기서 대상은 이름을 지니지 않고 관찰 가능한 속성만을 지니며, 주체는 스스로에 대해서 이야기하지 않고 가상의 관찰자로만 남아 있다. 그러나 만약에 당신이 진행되는 모든 논의는 선행하는 격(格)이 지닌 모순으로부터 발생하는 필연적 전이로 정당화되어야 한다는 헤겔의 주장을 진지하게 받아들인다면, 언어의 격(格)을 이런 식으로 포기하는 것은 하다못해 부정적인 방식으로라도 설명이 필요하다. 『타자의 단일 언어』와 벤야민Benjamin의 번역 이론에 대한 에세이인 『바벨탑으로부터』(*Des tour de Babel*)[『영혼』(Pshché)에 재출판된][27]에서 데리다가 지적하는 바대로 나는 이것이 헤겔이 언어와 글쓰기의 모든 자원을 사용하면서도 그것들에게 극히 모호한 이름조차 부여하기를 거부하기 때문이라고 생각한다. 즉 그는 자신의 텍스트에서 그것들이 매우 유효한 존재라는 점을 인정하기를 거부한다. 더 정확하게 말해서 그는 자신이 유사 개념으로 변형시킨 모든 단어들, 예를 들어 *Ich, Mein, Dieses, Dieser, Hier, Jetzt*와 같은 것들이 하나의 (혹은 여러 개의) 언어에 속하면서, 이들 언어에서 *mein*과 *meinen*(혹은 'my'와 'meaning'), *Sein*과 *sein* 등과 같은 말장난과 언어적 연상의 사용을 허용하는 매우 관용적 용법에 해당되는 용어들이라는 사실을 고려하지 않는 것이다. 다시 말해서 헤겔은 보편적인 것과 단독적인 것의 역설적 통합에 대한 인식이 가장 결정적이고도 필연적인 지점에서 그것을 계속 진행하지 않는다. 그 결과 의사소통의 보편적 도구이자 형식과 의미의 단독적인(그러나 분명히 특수하거나 사적이며 '폐쇄된' 것은 아닌) 역사로서, 주체를 구성하지만 동시에 주체의 소유물에 머무르거나 그것을 지배하지는 않는 언어의 영역으로 탐구해 들어

가지 않은 것이다. 아니면 그가 번역 불가능성*l'intraduisible*의 문제를 말할 수 없음, 즉 *l'indicble ou l'inexprimable*, *das Unaussprechliche*의 문제와 혼동하는 오류를 범함으로써 그들의 내적 관계를 논의하지 못했다고 말해야 할지도 모르겠다.

Il faut déjà savoir dan quelle langue *je* se dit, je *me* dis. On pense ici aussi bien au *je pense*, qu'au *je* grammatical ou linguistique, au *moi* ou au *nous* dans leur statut identificatoire, tel que le sculptent des figures culturelles, symbolique, socio-culturelles. De tous les points de vue, qui ne sont pas seulement grammaticaux, logiques, philosophique, on sait bien que le *je* de l'anamnèse dite autobiographique, le *je-me* du *je me rappelle* se produit et se profère différemment selon les langues. Il ne les précède jamais, il n'est donc pas indépendant de la langue en général. Voilà qui est bien connu mais rarement pris en considération par ceux qui traitent en général de l'autobiographie —que ce genre soit littéraire ou non, qu'on le tienne d'ailleurs pour un genre ou non.[28]

그러나 우리는 또한 가능한 겸손한 태도로 데리다가 우리에게 준 가장 소중한 교훈들 중 하나라고 생각되는 것에 대해 이렇게 말할 수도 있을 것이다. 즉 해체의 과정은 끝나지 않으며, 새로운 발견과 예측 불가능한 해석이 야기하는 사건들, 즉 소위 **해석학적 사건들**을 무한히 포함하게 된다고 말이다. 이러한 생각은 헤겔, 방브니스트, 데리다와 같은 변증학자, 구조주의자, 그리고 포스트 모더니스트들의 궤적을 따라가다가 보편주의와 특수주의, 절대주의와 상대주의 사이에 존재한다고 말해지는 갈등이나 양립 불가능성이 연막에 불과하며 논리학자들이 벌이는 유치한 게임이라는 것을 깨닫는 순간 피할 수 없게 될 것이다. 진정으로 어려운 문제는 **보편성 자체 내부의 갈등** 혹은 스스로의 내적 비일관성으로부터 비롯되는 보편의 구축 및 생산 속에 놓여 있다.

Notes

1. G. W. F. Hegel, *Elements of the Philosophy of Right*, trans, H. B. Nisbet(Cambridge : Cambridge University Press, 1991).
2. G. W. F. Hegel, *Lectures on the Philosophy of World History*, trans. H. B. Nisbet(Cambridge : Cambridge University Press, 1975).
3. G. W. F. Hegel, *Aesthetics : Lectures on Fine Art*, trans, T. M. Knox(Oxford : Clarendon Press, 1975).
4. G. W. F. Hegel, *Phänomenologie des Geistes*(Berlin : Akademie Verlag, 1964), 79-89 [trans, A. V. Miller, *Phenomenology of Spirit*(Oxford : Clarendon Press, 1979), 58-66].
5. J. Derrida, *La Carte postale. De Socrate à Freud et au-delà*(Paris : Flammarion, 1980) [trans. A Bass, *The Post Card : From Socrates to Freud and Beyond*(Chicago : Chicago University Press, 1987)].
6. J. Derrida, *Parages*, nouv. éd. revue et augmentée(Paris : Galilée, 1986-2003),
7. J. Derrida, *Khôra*(Paris : Galilée, 1993). *Passions*(Paris : Galilée, 1993), and *Sauf le nom*(Paris : Galilée, 1993) [trans. David Wood, John P. Leavey Jr., and Ian McLeod, *On the Name*(Stanford : Stanford University Press, 1998)].
8. J. Derrida, *Le monolinguisme de l'autre, ou la protèse de l'origine*(Paris :

Galilée, 1996) [trans, Patrick Mensah, *Monolingualism of the Other; or, The Prosthesis of Origin*(Stanford, CA : Stanford University Press, 1998)].

9. E. Benveniste, "L'appareil formel de lénonciation," in *Problèmes de linguistique générale* Ⅱ(Paris : Gallimard, 1974), 79-88.

10. Derrida, *Le Monolinguism de l'autre*, 47. 영어 번역 : "결국 누구나 맹세코 다음과 같이 선언하게 될 것이다. 나는 오로지 하나의 언어만을 가지고 있으며, 그것은 나의 것이 아니다. 나 '자신'의 언어, 나 스스로 말하는 것을 듣고 말하겠다고 동의하는 유일한 언어는 타자의 언어이다." Derrida, *Monolingualism of the Other*, 25.

11. Derrida, *Le Monolinguism de l'autre*, 40. 영어 번역 : "누군가가 소위 흔치않은 '상황'이라고 주장되는 것을 설명해야 할 때는 어떤 일이 벌어지는가? 예를 들어 그 상황을 넘어서는 용어, 즉 그것의 어떤 의미에서는 구조적·보편적·초월적 혹은 존재론적 가치를 지니는 일반성의 언어로 그것을 입증해야 하는 나와 같은 경우라면? 누구라도 우연히 옆에 있어 다음과 같이 추론한다면 말이다. '내게 해당되는 것이라면 또한 어김없이 모두에게 해당될 것이오.' 대체는 늘 진행 중이다. 그것은 이미 효력이 발생하였다. 모든 사람이 제 스스로 같은 말을 할 수 있다. 내가 말하는 것을 듣는 것으로 충분하다. 나는 보편적 인질이다." Derrida, *Monolingualism of the Other*, 19-20.

12. G. W. F. Hegel, *Science of Logic*, trans. A. V. Miller(London : Geroge Allen & Unwin, 1969) pp. 81-108.

13. 그것은 이미 플라톤, 또는 보다 최근에는 18세기 경험주의 철학이 보여주었던 개념들이나 사고 체계를 재개한다. 나는 특히 콩디약Condillac이 언급한 감각적인 (그리고 관능적인) '조각상'의 알레고리를 염두에 두고 있으며, 이는 『감각론』(*Traité des sensations*) 서두에 등장하는 냄새 맡기나 장미 향기와 부합한다. E. B. De Condillac, *Oeuvres phi-*

losophiques, Georges Le Loy(ed.), Vol. 1(Paris : PUF 1947-1951) [trans F. Philip, *Philosophical Writings of Etienne Bonnot, Abbé de Condillac*, Vol 1 (Hillsdale NJ : Lawrence Erlbaum, 1982-87)].

14. 그러나 메타 언어는 아니다. 헤겔에게는 메타 언어가 없다.

15. E. Benveniste, *Problèmes de linguistique générale* I(Paris : Gallimard, 1966), 258-66 [trans. M. E. Meek. *Problems of General Linguistics*(Coral Gables, FL: University of Miami Press, 1971), 223-301)].

16. C. Lévi-Strauss, *Les structures élémentaires de la parenté*(Paris : Mouton, 1967) [trans. J. H. Bell, J. R. von Sturmur, and R. Needham (eds) (*The Elementary Structures of Kinship*, London : Eyre & Spottiswoode, 1968)]. C. Lévi-Strauss, *Anthropologie Structurale*(Paris : Librairie Plon, 1958) [trans. C. Jacobson and B. Grundfest-Schöpf, *Structural Anthropology*(Harmondsworth : Penguin, 1977)].

17. J-C. Milner, BENVENISTE Ⅱ : *Ibat obscurus*, in *Le périple structural. Figures et paradigme*(Paris : Editions 여 Seuile, 2002), 87-114.

18. 그것은 또한 방브니스트가 현재 시제를 '시간의 근원'이라고 지칭하면서 절대적 특혜를 부여하는 데서도 분명히 나타난다. 그는 서로 다른 자기-초월의 순간들ek-stases, 특히 과거와 미래뿐 아니라, 그 각각의 시제의 한층 더 복잡한 내역까지 포함하는 시간에 대한 우리의 총체적인 의식은 전적으로 동사의 시제들 간의 언어적 구분에 의존하며, 이러한 언어적 구분은 또한 '현재'란 화자와 화자 자신이 이야기하는 순간의 관계, 다시 말하면 그 또는 그녀가 바로 단어들로 지금 이야기하고 있다는 자명한 사실을 나타내는 시제라는 점에 전적으로 의존한다고 지적한다.

19. J. Derrida, *Donner le temps 1, La Fausse monnaie*(Paris : Galilée, 1991), 103-4 [trans. by P. Kamuf, *Given Time*: *I. Counterfeit Money* (Chicago :

University of Chicago, 1992), 78)].

20. Benveniste, "L'appareil formel de l'enonciation," 79-88.

21. Derrida, 『체류지들』(*Parages*), 21. 편집자 해석. "오라. 오라. 내가 도달한 것을 어떻게 부를까? 도대체 나는 무엇에 도달했는가? 나는 무엇을 말하게 되었는가? 오라, 그것은 단어인가? 불어 단어? 동사? 여기서는 겉보기에는 필연적으로 현재 시제 명령형으로 보이며, 2인칭 단수형으로 동사 변형된 법(mode) [현대 불어 용법]. 이러한 정의는 불충분한 만큼이나 확실해 보인다 … 나는 무엇을 하였는가? 나는 불렀다. **그것을** 어떻게 부를까? 그대는 이 이상한 단어라고 말할 수도 있는 그 '오라'가 어떻게 [블랑쇼의] 『사형선고』(*Arrêt de Mort*) 거의 마지막 부분, 이 마지막 두 단락 앞에서 어떻게 하나의 판본에는 있었던 것이 다른 판본에서는 사라졌는지, 그리고 그러한 사라짐이 얼마나 많은 것을 촉발시켰는지 알아차렸는가 … 잠시 이야기를 중단해야겠다. 그대는 내 말을 놓치고 있다. 그대는 나에게 '오라'고 말했는가, 아니면 스스로 즐기기 위하여 말하기를 이미 그만두었는가, 그대[*vous*], 누구하고든지, 이것의, 이 단어라 해도 좋을, 그리고 알기 위해, 그것이 어떻게—그런데, 그것이 무엇? 나는 길을 잃었다[*perdue*]."

22. J. Derrida, *Demeure—Maurice Blachot*(Paris : Galilée, 1998), 130. [trans. E. Rottenberg, *Demeure : Fiction and Testimony*(Stanford : Stanford University Press, 2000), 96].

23. Derrida, *La carte postale*, p. 17. 영어 번역 : "너는 나에게 단어들을 준다. 너는 그것들을 배달한다, 하나씩 나누어 주었다, 내 자신의 것을. 한편 그것들을 네 자신에게 돌려, 네 자신에게 그것들을 보낸다—나는 그 단어들을 그렇게 사랑한 적이 없다, 가장 흔한 것들이 가장 진귀한 것이 될 정도로, 또한 그것들을 잃어버릴 만큼, 즉 그것들을 받는 바로 그 순간 잊어버림으로써 그것들을 파괴할 만큼 사랑한 적도 없다. 그리

고 이 순간은 거의 모든 것, 나의 전권 공사, 나 자신을 선행함으로써, 그 단어들은 오로지 한 번만 발생한다. 단 한 번, 너는 그것이 단어, 혹은 어떤 특성에 대해서 얼마나 열광하는지 아는가?" Derrida, *The Post Card*, 12.

24. Derrida, *Khôra*, pp. 58-9. 영어 번역 : "비록 그 단어가 이미 말해졌지만(19a), 일반적 장소 혹은 총체적 저장소(*pandekhés*)로서의 **코라**의 문제는 물론 아직 제기되지 않았다. 그러나 그것은 그 자체로서 제기되지는 않는다 해도 이미 몸짓으로 나타내고 암시한다. 신호가 주어지는 것이다. 왜냐하면 한편으로 그 단어의 질서 정연한 다의성은 언제나 추상적 공간과 대립되는 바로서의 정치적 장소, 보다 일반적으로 말하자면 **특정** 장소라는 의미를 내포한다. **코라**는 '의미를 지닌다.' 누군가에 의해 점유된 장소, 국가, 누군가가 거주하는 장소, 표식이 있는 장소, 등급, 자리, 임명된 지위, 영역, 혹은 지역 등의 의미 말이다. 그리고 사실상 **코라**는 일반적 장소로서라도, 그리고 그것이 그 안에서 일어나는 모든 일과 구별될 때조차도 언제나 이미 점유되고 특징지워질 것이다. 여기서—우리는 이 문제를 다루게 될 것이지만—**코라**를 비어 있거나 기하학적인 공간, 심지어 이는 하이데거가 하게 될 말이지만 데카르트적 공간, **즉 사물**의 **연장** *extensio* of the *res extensa*을 준비하는 공간으로 취급하는 어려움이 발생한다. 그러나 다른 한편으로 이 정확한 장소에서, 이 표식이 된 장소에 대한 소크라테스의 담화는 일탈로부터[*depuis l'errance*], 유동적이거나 표식 없는 장소로부터, 그리고 어떤 경우라도 중립화되기까지 한 공간이나 배제로부터 진행되거나 진행되는 척한다. 왜 중립화되는가? 만약에 소크라테스가 아무런 장소를 지니지 못한 속(屬) *genus*[*genre*]에 해당되는 사람들 사이에 자신을 포함시키는 척한다면, 그는 그들에게 스스로를 동화시키는 것이 아니라 그가 그들을 닮았다

고 말한다. 그러므로 그는 어떤 의미에서는 스스로를 제 3의 속(屬)에 머무르게 하는 것이다 … 그의 말[*parole*]은 그가 하는 것도, 말이 스스로 하는 것도 아니다. 그의 말은 제삼의 속(屬), 중립적 장소, 장소 없는 장소, 모든 것은 표식을 지니지만 정작 '그 자체'는 표식이 없는 장소에서 **발생한다**." Derrida, *On the Name*, 109.

25. Derrida, *Khôra*, p. 63. 영어 번역 : "소크라테스는 이 발견 불가능한 장소를 **점유**하지 않지만, 『티마이오스』를 비롯한 다른 곳에서 **그가 자신의 이름에 답하는 것은** 이 장소로부터이다. 왜냐하면 **코라**로서 그는 항상 '같은 방식으로 불려야' 하기 때문이다. 그리고 소크라테스 자신, 즉 여기 이 사람이 누구이며, 무엇인지조차 확실하지 않기 때문에 고유명사들의 유희는 그 어느 때보다도 더 가늠할 수 없게 된다." J. Derrida, *On the Name*, 111.

26. Derrida, *Passions*, pp. 27-8. 영어 번역 : "이러한 관점에서 보면 책임은 한층 더 [**추가로***supplémentaire*] **문제적**일 것이다. 그것은 때로는, 아마도 거의 항상 우리가 **자기 자신의 이름으로 타자 앞에서** 혼자 힘으로 떠맡는 것(책임에 대한 가장 고전적으로 형이상학적인 정의)이 아니라, 다른 사람을 위해서, 그의 입장에서, 타자의 이름 혹은 타자로서의 자신의 이름으로, 또 다른 타자, 그리고 그 타자의 타자성 앞에서 취해야 하는 것, 즉 윤리학에서 부정할 수 없는 바로 그것이 될 것이다." J. Derrrida, *On the Name*, 10-11.

27. J. Derrida, "Des Tours de Babel", in *Psyché, Inventions de l'autre*, nouv. éd. Augmentée(Paris : Galilée, 1998) [trans. J. F. Graham, "Tours de Babel", in J. F. Graham(ed.) *Difference in Translation*(Ithaca : Cornell University Press, 1985)].

28. Derrida, *Le Monolinguisme de l'autre*, p. 54. 영어 번역 : "어떤 언어로 **내**가 표현되고*I* is expressed 나를 표현하는지I *am* expressed 이미 알고

있는 것이 필요하다. 여기서 우리는 문법적 혹은 언어학적 **나**, 즉 문화적·상징적·사회문화적 격(格)에 의해 조각된 바로서의 정체성을 보여주는 위치에 있는 나[moi] 또는 우리[nous] 뿐만이 아니라 **나는 생각한다**를 생각하고 있다. 비단 문법적·논리적·철학적으로만이 아니라 모든 가능한 관점에서, 자서전적이라고 불리는 회상에 등장하는 **나**, 즉 **나는 회상한다***I recall* [*je me rappelle*]에서의 나[*je-me*]는 해당 언어에 따라 다른 방식으로 생산되고 말해진다는 것은 잘 알려진 사실이다. 그러한 나는 절대 언어를 선행하지 못한다. 그러므로 그것은 일반(적인) 언어로부터 독립적이지 못하다. 그러한 사실은 잘 알려져 있음에도 불구하고 일반적으로 자서전을 다루는 사람들에 의해서 거의 고려되지 않는다. 자서전이라는 장르가 문학에 속하는지 아닌지, 더 나아가 그것이 하나의 장르로 간주될 수 있는지 아닌지 등에 대한 고려가 이루어지고 있지 않은 것이다." Derrida, *Monolingualism of the Other*, 28-9.

6 민주주의는 유효한가?

자크 랑시에르
(Jacques Rancière)

데리다에게 헌정된 일련의 강의에 참여하게 된 것에 대해 먼저 몇 마디 하고자 한다. 나는 데리다의 신봉자도 아니었고, 그의 사상에 대한 전문가도 아니었다. 또한 아주 오래전, 그가 나의 스승이었던 시절 이후 그와 더불어 철학적 문제에 대하여 토론할 기회도 없었다. 이 때문에 내가 그에게 바치게 될 찬사가 그의 작품에 대한 논평이 될 수는 없다. 내가 데리다에게 경의를 표할 수 있는 방법은 1990년대 들어 점점 더 그의 사고의 전방에 등장하게 된 한 가지 개념과 문제를 다루는 나 자신의 방식을 보여주는 것이다. 그 문제는 '민주주의라는 이름이 의미하는 것은 무엇인가'이다.

『우정의 정치학』(*Politics of Friendship*)에서 데리다는 페리클레스 Pericles가 한 말로 알려져 있으며 플라톤이 『메넥세노스』(*Menexenus*)에서 자신의 방식으로 풀어 쓴 유명한 구절에 대해 언급하면서 이 문제를 제기한다. "아테네인들의 정부가 가진 이름은 민주주의이다. 그러나 그것은 실제로는 귀족정치이며, 다수의 인정을 받은 최상의 인물들로 구성된 정부이다."[1] 데리다는 바로 이 문장의 기이함을 지적한다.[2] '민주주의적' 정부라는 수사 자체가 이런 유형의 통치 방식은 정반대되는 두 가지 이름을 지닐 수 있다는 점을 말해준다. 그것은 민주주의라고 불린다. 그러나 사실은 귀족정치이다. 이 '그러나', 즉 이름과 사물 사이의 분열을 어떻게 이해해야 하는가? 우리는 그것을 수사학적이고 정부 차원에서 이루어지는 거짓말로 간주할 수 있다. 아니면 이름과 '사물' 사이의 차이가 보다 더 급진적인 어떤 것, 즉 내면적인 차이를 가리키며, 바로 그 점이 민주주의를 다른 모든 형태의 정부와 다른 것으로 만드는 것이라고 생각할 수도 있다. 이 질문은 민주주의의 아포리아 구조에 대한 데리다의 탐구와 내가 민주주의의 역설이라고 이름 붙이고 탐색하는 것 사이의 공통분모를 밝혀줄 수 있다.

내가 '민주주의의 역설'이라고 이름붙인 의미를 상세히 설명하기 위해서 민주주의라는 이름과 그 현실을 다루는 우리 시대의 두 가지 논쟁부터 살펴보고자 한다. 첫 번째는 중동에 민주주의를 전파하기 위한 미국의 군사작전을 둘러싸고 벌어진 중대한 의견 대립에 관한 것이다. 이라크에서 선거가 치러지고 레바논에서 반(反)시리아 데모가 일어난 직후에 『이코노미스트』(*The Economist*) 지의 표지를 장식한 글귀는 "중동에 민주주의의 바람이 분다"(*Democracy stirs in the Middle East*)였다. 이처럼 민주주의의 바람이 부는 것에 대한 자기만족은 그 이름과 현실 사이의 괴리를 보여주는 다음과 같은 두 갈래의 논쟁적 구조로 정리되었다. **그래도** 민주주의의 바람은 분다 Democracy stirs *though*… 혹은 민주주의의 바람이 분다 **그러나**Democracy stirs *but*.

'**그래도** 민주주의의 바람은 분다'는 일부 이상주의자들의 주장이었으며, 그들에게 민주주의란 민중의 자치였다. 이는 민주주의란 무력으로 다른 국민에게 주어질 수 없다는 것을 의미한다. 달리 말해서 우리가 민주주의에 대한 실용주의적인 관점을 취하고, 그것이 '민중의 힘'이어야 한다는 유토피아적인 관점을 버린다면 우리는 '민주주의의 바람이 분다'고 주장할 수 있다. 두 번째 주장은 민주주의의 바람은 불지만, **그러나** 민주주의를 도입한다는 것이 단지 법률 규칙, 자유선거 등의 도입만을 의미하지 않는다는 것이다. 그것은 우선 혼란, 민주주의 삶이라는 혼돈을 들여오는 것이기도 하다. 이는 사담Saddam의 몰락 이후 나타난 약탈과 관련하여 도널드 럼즈펠드Donald Rumsfeld가 말한 것과 같은 맥락이다. 우리는 이라크 인들에게 자유를 가져다 주었으며, 자유는 그러한 종류의 일을 행할 수 있는 가능성 또한 의미한다는 것이다.

그래도와 **그러나**를 함축하는 주장들은 결국 다음과 같은 일관된 논리로 이어지게 된다. 민주주의는 자치를 구가하는 목가(牧歌)가 아니며, 혼란으로 이어질 수도 있기 때문에 민주주의는 슈퍼

파워의 무기를 사용하여 외부로부터 주어질 수도 있고, 어쩌면 그렇게 주어져야만 한다고. '슈퍼파워'란 단지 절대적인 군사적 우위를 지닌 나라를 의미하는 것만이 아니다. 그것은 또한 민주주의적 혼란을 통제할 수 있는 힘을 의미하기도 한다.

이 대목에서 민주주의를 전파시키기 위한 군사작전을 지지하는 논의들은 정작 민주주의를 전파시키는 일에 그다지 열성적이지 않았던 오래 전 논의들을 상기시킨다. 실제로 그것들은 30여 년 전 3자 회담에서 행해진 민주주의 '위기'에 대한 두 가지 주요한 논의들을 반복하고 바꿔서 표현하고 있다.

3자 회담에 의하면, 민주주의를 민중의 자치와 동일시하는 민주주의적 몽상가들에도 불구하고 민주주의의 바람은 분다. 이러한 몽상가들은 '가치지향적 지식인들'과 같은 부류의 인물들로, '정책지향적 지식인들'의 실용주의에 반대하는 '대항문화'를 양성하고 리더십과 권위에 도전하는 과도한 민주적 행위를 조장한다는 이유로 3자 회담을 통해 비판받았다.

민주주의의 바람이 분다. 그러나 혼란도 함께 일어난다. 바그다드의 약탈에 대한 도널드 럼즈펠드의 농담은 30년 전 사무엘 헌팅턴Samuel Huntington의 주장을 투박하게 반복하는 것처럼 들린다. 민주주의는 각종 요구를 증가시켜 정부에 압력을 가하고, 권위를 손상시키며, 개인과 집단이 자치에 요구되는 원칙과 희생의 필요성에 저항하게 만든다는 것이다.

결국 새로운 지역에서 민주주의를 전파하기 위한 군사작전은 현재 '민주주의'라는 이름 하에 이해되는 역설을 전면에 부각시키다. 바람직한 '민주정부'는 바람직한 정책을 위협하는 과잉을 통제할 수 있는 정부 형태를 의미한다. 이러한 과잉에 이름을 붙인다면 그것이 곧 **민주주의**이다. 『민주주의의 위기』(*The Crisis of Democracy*)[3]에서 언급되었듯이 민주주의 정부는 다름 아닌 민주주의적 삶에 의해서 위협받는다. 이러한 위협은 완벽한 이중 구속으로 보인다. 한편으로 민주주의적 삶은 민중에 의한 '자치'라는 이상주의적 견해의 수행을 의미한다. 그것은 바람직한 정책의 원칙과 절차, 권위, 과학적 전문지식, 실용주의 경험 등을 침해하는 정치적 행위의 과잉을 수반한다. 그러므로 바람직한 민주주의란 정치적 과잉의 수위를 낮추는 것을 의미할 것이다. 그러나 이처럼 정치적 행위의 수위를 낮추는 것은 '개인적 삶' 혹은 '행복의 추구'를 위한 권한 부여로 이어지며, 이는 다시 욕망과 요구를 증가시켜 정치적 권위와 시민으로서의 본분을 저해하게 된다. 결과적으로 '바람직한 민주주의'란 민주주의적 삶의 본질에 내재한 정치적 몰입과 이기적 행위라는 이중 과잉을 길들일 수 있는 정부 형태를 의미한다. 우리 시대 '민주주의의 역설'은 다음과 같이 말해질 수 있다. 사회적·정치적 삶의 형식으로서의 민주주의는 정부 형식으로서의 민주주의를 위협하며, 동시에 이것에 의해서 억압되어야 한다.

만약에 우리가 이러한 역설을 이해하는 데 있어서 한 걸음 더 나아가려 한다면 앞에서 언급한 두 번째 논쟁을 살펴보는 것이 도움이 될 수도 있다. 그것과 관련된 의견 차이는 다소 사소한 것이지만, 주요 논쟁에 걸린 문제와 민주주의적 역설의 핵심을 이해하는 데 도움을 줄 수 있다. 미군들이 이라크에서 민주주의 전파라는 사명을 실행하기 시작했을 때 프랑스에서 소책자가 하나 출판되었다. 그 책은 '중동에서의 민주주의'라는 문제를 매우 다른 관점에서 제시함으로써 결국에는 '바람직한' 그리고 '바람직하지 못한' 민주주의 사이의 동음이의(同音異義)를 해체해 버렸다. 그 책은 장 클로드 밀너의 『민주주의적 유럽의 범죄 성향』[*Les Penchants criminels de l'Europe démocratique*(*The Criminal Tendencies of Democratic Europe*)]이다.[4] 저자는 여러 이유로 잘 알려진 바 있지만 무엇보다도 소위 '공화주의' 정치 이론 분야에서 가장 영향력 있는 사상가로 알려져 있다. 이 이론에 의하면 시민권은 오직 법의 보편성과 교육 및 지식의 권위에 의해서만 보장된다. 그것은 모든 형태의 다문화주의 혹은 차별 수정 조치, 그리고 사회적·문화적 차이를 이유로 권위와 보편성을 침해하는 일체의 행위에 반대한다.

밀너가 말하는 민주주의적 유럽의 '범죄'는 무엇인가? 그 첫 번째 사례는 소위 이스라엘-팔레스타인 간 갈등의 평화적 해결이라는 명목 하에 중동 평화를 밀어붙이는 데서 발견된다. 밀너는 이러한 유럽식 평화는 오로지 한 가지, 즉 이스라엘의 파괴만을 의미한다고 주장한다. 유럽식 민주주의는 팔레스타인 문제 해결을 위해 자기 방식의 평화안을 제시했다. 유럽의 민주주의적 평화는 대학살Holocaust을 통해 이루어졌다. 민주주의적이고 평화로운 유럽과 과거 유럽 전쟁의 종식은 1945년 이후에 가능해졌다. 바로 그 시점에 유럽은 나치의 민족말살 정책을 통해서 자신들의 꿈에 방해가 되는 민족, 즉 유대인들로부터 해방되었다. 밀너가 표현한 대로 '민주주의적 유럽'은 제한된 수의 전체에 의한 통치를 원칙으로 삼는 정치가 와해되어 그와 정반대되는 무제한의 원칙을 지닌 사회로 진입하는 것을 의미한다. 현대 민주주의는 이러한 무제한의 법칙의 성취로, 기술에 의해 상징되고 달성되었을 뿐만 아니라, 오늘날 성적 구분 및 혈연관계의 법칙에서마저 해방되고자 하는 기획들을 통해 정점에 달하고 있다. 이것이 현대 유럽의 민주주의가 적절한 기술적 발명의 도움을 받아 혈연관계 및 유전을 원칙으로 삼는 민족을 말살해야 했던 이유이다.

이러한 주장은 편집증적으로 보일 수도 있다. 그러나 그것은 지난 20년간 민주주의란 한없이 증가하는 요구를 만들어내고, 특수주의와 공동체주의를 강조함으로써 정치적 기관의 형식과 공동체라는 개념 자체를 위협하는 자아도취적인 '대중 개인주의'의 지배와 다름없었다는 전반적인 생각의 동향과 일맥상통한다. 어떤 의미에서 밀너는 사회적 삶으로부터 발생하여 바람직한 정책을 위협하는 필요와 열망, 욕구의 무제한성에 대해 똑같은 지적을 하고 있는 것이다. 그가 새로운 것은 그러한 대립의 근간을 파고들어 논리적 형식으로 제시한 점이다. 그가 표현한 대로 민주주의의 논리와 셈법은 모든 형태의 바람직한 정부에 대적한다. 그러므로 밀너는 민주적 과잉을 통제할 수도 있는 바람직한 정부를 더 이상 민주주의라고 부르지 않는다. 그는 놀랍고도 신중하게도 그것을 **사목**(司牧) *pastoral* 정부라 부른다. 이러한 표현은 모세Moses를 떠올리게 할 뿐만 아니라, 예전에 마오주의 리더였던 베니 레비Benny Levy가 써서 좌파 지식인들 사이에서 영향력이 지대했던 또 다른 책인 『사목의 살해』(*The Murder of the Pastor*)[5]를 떠올리게 한다. 레비는 사목을 서양

철학 및 정치학의 전통에 의해 억압되었던 성서적 인물로 내세운다. 그러나 '사목 정부'란 무엇보다도 플라톤으로부터 빌려온 개념이다. 레비는 플라톤이 『정치가』(*The Statesman*)에서 검토한 사목에 대해 자신의 개념에 충실하지 못했다고 비난한다. 그러나 사실 문제는 더 복잡하다. 플라톤은 한편으로는 사목 정부를 세상이 신성한 목동의 손에 직접 이끌리던 신화적 과거 속에 위치시켰다. 그러나 다른 한편 『공화국』(*Republic*)에서 상세하게 설명한 정치 수호자의 법칙에 대한 플라톤의 견해 속에도 사목의 패러다임은 여전히 작동하고 있다.

내가 보기에 사목 정부에 대한 언급은 민주주의를 전파하기 위한 미국의 군사작전과 그것을 범죄행위로 규탄하는 프랑스의 고발 모두를 포함해 민주주의를 둘러싼 오늘날의 논쟁에 깃든 이론적 핵심을 분명히 드러낸다. 실용주의적 정책에 대립되는 민중의 자치가 지향하는 유토피아든 관습법의 원칙에 대립되는 개인적 욕망의 무정부주의적 혼돈이든 민주주의의 이중적 과잉과 관련된 동시대의 논쟁들은 플라톤이 논의했던 민주주의의 시원적 무대를 다시 보여준다. 플라톤에게 있어서 민주주의란 한편으로는 성문법에 의거한 엄격한 정체(政體)로서 변할 수 없는 것이다. 이러한 형태의 민주주의는 내과 의사가 치료해야 할 병에 상관없이 단 한번 써버리고 만 처방전처럼 보인다. 다른 한편 민주주의를 문자 그대로 엄밀하게 해석할 경우 민중의 완전한 전횡, 다시 말해서 공공의 원칙에 대한 배려 없이 그들 마음대로 행동하는 개인들의 무제한의 '자유'를 표현한다. 플라톤식 주장은 민주주의가 정책의 원칙이 아니라 바람직한 정책에 저항하는 삶의 방식이라는 것이다. 민주주의는 혼돈을 초래한다. 더 과격하게 말하면 민주주의란 모든 것이 뒤집어지는 삶의 방식이다. 『공화국』(*Republic*) 8권은 모든 자연스런 관계가 전복되는 상태를 서술한다. 민주주의 도시에서는 지배자가 지배하는 대신에 지배받는 사람들을 따르며, 아버지가 아들에게 복종하고, 연장자들이 젊은이들을 모방한다. 여성과 노예는 남성이나 주인들처럼 자유롭다. 길거리의 당나귀들조차 "최대한의 자유와 존엄성을 갖추고 자신의 방식을 고수하며, 거리에서 사람들과 부딪쳐도 비키지 않는다."[6]

사회적 삶으로서의 민주주의와 민주주의적 개인주의에 수반되는 위험요소들에 대한 토크빌 이후의 모든 주장은 이 오만한 당나귀에 대한 플라톤의 농담을 되풀이한다. 이 농담을 이처럼 지속적으로 언급하는 데는 분명 흥미로운 점이 있다. 우리는 매일같이 우리가 21세기, 거대한 연합민족 국가, 세계 시장 및 강력한 테크놀로지의 환경 속에 살고 있으며, 이러한 환경은 여성, 노예 및 혼혈아 배제에 기초한 자유를 누리는 남성들로 구성된 고대의 작은 도시들과는 더 이상 아무런 상관이 없다는 말을 듣는다. 결론적으로 우리 시대의 '민주주의들'은 고대의 민주주의 마을들이 지녔던 정부와는 아무런 관계가 없다는 것이다. 만약 이에 수긍한다면 고대의 반민주주의자가 민주주의적 마을에 대해 행한 논쟁적 묘사가 주식시장과 슈퍼마켓, 그리고 온라인 경제로 이루어진 오늘날의 세계를 사는 민주주의적 개인에 대한 초상화로서 여전히 그 유효함을 인정받는다는 사실을 어떻게 설명할 수 있겠는가? 이러한 역설은 민주주의적 삶에 대한 묘사를 통해 민주주의의 개념화를 뒷받침하는 방식이 실은 속임수일 수도 있다는 점을 암시한다. 민주주의적 자세를 절대 굽히지 않는 당나귀가 야기한 혼돈은 더 심오한 문제들을 의미할 수 있다. 다시 말하자면 민주주의적 역설에 대한 일반적 진술(민주주의는 민주주의적 정부가 억압해야 하는 삶의 형태)은 보다 근본적인 역설, 즉 정치 자체의 역설을 가리킬 수도 있다.

문제의 핵심은 민주주의가 정부의 형태도, 사회적 삶의 형태도 아니라는 점이다. 민주주의는 정치 그 자체를 시작하는 것이다. 그것은 역설로서의 정치를 시작하는 것이다. 그것이 역설인 이유는 정치적인 것을 시작하는 것이 '공동체 내에서 지배권의 기반을 제공하는 것은 무엇인가'라는 질문에 대한 답을 줄 듯 보이기 때문이다. 민주주의는 이 질문에 대한 답을 주지만 그것은 놀라운 답이다. 즉 지배권에 대한 기반은 바로 어떤 기반도 존재하지 않는다는 사실이다.

이 점이 『법률』(*The Laws*) 제3권의 서두에서 플라톤이 우리에게 곧바로 알아차리게 만드는 것이다. 이 구절은 내가 아는 한, 데리다가 민주주의에 대해 논의할 때 주목하지 않은 부분이다. 내 생각에는 그 구절이 민주주의적 '아포리아' 혹은 '역설'의 핵심을 설명하는 데 도움이 될 수도 있다. 여기서 플라톤은 지배에 필요한 자격들을 열거한다. 그것은 모두 여섯 가지로, 일차적으로 지배자와 지배받는 자 사이의 타고난 차이에 근거한 것이다. 그것은 부모가 자녀에게, 연장자가 젊은이에게, 주인이 노예에게, 귀족이 농노에게, 강한 자가 약한 자에게, 학식 있는 자가 무지한 자에게 지니는 권력이다. 이러한 자격들은 지위의 명확한 분배를 초래한다. 플라톤이 그러했듯이 우리는 '더 강하다'는 것이 진정으로 무엇을 의미하는지 물어볼 수는 있지만 약한 것이 강한 것의 반대라는 점은 부인할 수 없다. 연장자라는 것이 권력을 행사할 수 있는 충분한 자격인지에 대해서는 논의할 수 있지만 그것이 부인할 수 없는 자격임에는 틀림없다. 그것은 객관적 차이이며, 사회에서 이미 통용되는 권력의 형태이다. 이러한 자격들은 지배를 위한 **아르케**로서 기능할 수 있다. 아르케는 시간적으로 시작일 뿐만 아니라 이론적 원칙이기도 하다. 하나의 원칙으로서 그것은 지위와 능력의 명확한 분배를 의미하며, 지배자와 피지배자 사이에 권력을 분배하는 근거가 된다. 하나의 시작으로서 그것은 지배한다는 사실이 지배적권 속에 이미 예견되어 있으며, 역으로 그것이 경험적으로 시행되고 있다는 사실이 그러한 지배권에 대한 증거를 제공한다는 것을 의미한다.

성공적인 정부가 되려면 왜 어떤 사람들은 지배하는 위치를 차지하고 다른 사람들은 지배받는 위치에 놓이는가에 대한 이유를 제시해야 할 것이다. 지배의 일차적인 여섯 가지 원칙들은 그 요건들을 충족시킨다. 문제는 일곱 번째 원칙인데, 플라톤은 그것을 '제비뽑기'라고 부른다.[7] 이것이 바로 민주주의로, 두 가지 요건을 충족시키지 못하는 정체이다. 민주주의는 선취(仙趣)된 역할 분배도 아니며, 지배적 기질에 근거하는 권력 행사로 간주되지도 않는다. '제비뽑기'는 일체의 **아르케**의 부재, 즉 '자격 없는 자격'이라고 할 수 있는 자격의 역설을 제시한다. 여기서 서로 다른 두 가지 결과가 도출될 수 있다. 하나는 이러한 자격은 전혀 **아르케**가 아니라고 결론내려 통치의 원칙을 열거하는 목록에서 삭제하는 것이다. 플라톤은 그러한 방향을 따르지 않았지만, 이는 그가 민주주의에 대해 관대했기 때문이 아니다. 민주주의는 엄연히 존재할 뿐 아니라 그 '주체', 즉 민중이 그 존재를 입증해 주기 때문이다. 그 뿐 만이 아니다. 민주주의에서 **아르케**의 결여는 '바람직한' 자격들, 즉 적절한 **아르케**를 보여주는 자격들의 당위성에 이의를 제기한다. 실로 바람직한 자격들 말이다. 그것들은 정확히 무엇에 바람직하다는 것인가? 연장자로서의 자격은 분명 정부의 기반이 될 수 있다. 정확한 명칭은 **장로정치**가 될 것이다. 학식 있는 사람들의 지식이 정부의 기반이 될 수도 있으며, 그 이름은 **인식 정부** 혹은 **기술 정부** 등이 될 것이다. 그러나 **정치적** 정부는 그러한 정부 형태들의 목록에 포함되지 않을 것이다. 만약에 정치적 정부가 유효하려면 그것은 연장 서열, 부성(父性), 과학, 힘 등의 정부에 덧붙여 그 이상의 어떤 것이 되어야 한다. 이러한 형태는 가족, 부족, 학교, 작업장 등에 이미 존재하며, 더 광범위하고 복합적인 인간 공동체의 형태에 대한 모범을 제공한다. 게다가 이상의 무엇, 플라톤의 말처럼 천국으로부터 오는 무언가가 더 있어야 한다. 오직 두 가지 정부만이 천국에서 온다. 그 첫 번째는 사목 정부로서, 신성한 목자가 인류를 직접 이끌었던 신성한 시대의 정부이다. 두 번째는 우연 혹은 제비뽑기의 정부, 곧 민주주의이다.

그것을 조금 다르게 표현해 보자. 인간을 다스리는 정부에는 많은 형태가 있다. 가장 일반적인 형태는 출생, 부, 힘, 과학에 기초한 정부들이다. 그러나 정치는 그 이상의 것, 지배자와 지배받는 사람 모두에게 공통된, 보충적인 자격을 의미한다. 만약에 더 이상 신성한 목동이 세상을 지배하지 않는다면 추가로 존재하는 자격은 단 하나 뿐이다. 그것은 지배받기보다는 지배할 자격을 갖지 못한 사람들의 자격이다. 이것이 민주주의의 의미이다. '데모스demos의 힘'이란 어떤 **아르케**도 그 힘을 행사할 자격을 부여하지 않는 사람들의 힘이다. 민주주의란 명확하게 규정된 일련의 제도들도, 특정 집단의 힘도 아니다. 그것은 보충적이고 근거를 구성하는 힘으로, 모든 기성 제도들과 어느 특정 집단 사람들의 힘을 정당화하기도 하고 그 정당성을 박탈하기도 하는 힘이다.

이것이 오만한 당나귀가 유발하는 불편함의 이유이다. 바람직한 정책을 방해하는 것은 소위 대중 민주주의와 개인주의에서 파생되는 요구의 과잉이 아니라 민주주의 자체의 근거이다. 정치적인 것은 보충적인 '민중의 힘'에 의존하며, 그것은 민주주의의 근거를 제공하기도 하고 또 철회하기도 한다. 내가 보기에 이처럼 근거를 구성하는 힘과 파괴하는 힘이 일치하는 것은 민주주의의 '자동 면역auto-immunity'이라는 데리다의 개념보다 더 급진적이다. 이 자동면역은 두 가지 측면을 지닌다. 그것은 우선 민주주의에 내재한 무제한의 자기 비판역량으로, 이는 반민주주의적 선전에 빌미를 제공할 수 있다. 두 번째로 그것은 민주주의적 사유를 사용하여 반민주주의적 투쟁을 일삼는 적으로부터 민주주의를 보호하기 위해서 민주주의 정부가 민주주의적 권리를 제한하거나 유보할 수 있는 가능성을 의미한다. 데리다가 보기에 양쪽 모두 민주주의는 **동일성** 혹은 **자아**의 검증되지 않은 힘에 여전히 매달린다. 민주주의에 부족한 것은 타자성이며, 이는 외부에서 올 수 밖에 없다. 이것이 데리다가 **코라**가 지닌 순수한 수용성으로부터 **타자** 혹은 **새로 오는 것**까지 논의를 이어가며 **자아**의 순환 고리를 파괴하기 시작한 이유이다. **타자** 혹은 **새로 오는 것**의 포함이 '도래할 민주주의'의 지평을 결정하기 때문이다.

내가 제기하는 이의는 간단하다. 타자성이 외부로부터 정치 안으로 들어와서는 안 된다는 것이다. 정치는 그 자체의 타자성, 즉 자기 자신 안에 이질성의 원칙을 지니고 있다. 민주주의가 바로 이 원칙이다. 민주주의는 **자아**의 힘이 아니다. 오히려 그것은 그러한 힘을 와해시키는 것이다. 민주주의는 **아르케**의 순환성을 와해시키는 것을 의미한다. 만약에 정치라는 것이 존재하려면 이러한 무정부주의적 원칙이 전제되어야 한다. 이러한 원칙은 정치가 스스로 근거를 구성하는 것을 방해하고, 오히려 그것을 분열의 장으로 만들어 버린다. 나는 시험적으로 그러한 분열을 이접관계의 세 용어로 개념화했다. 그것은 폴리스, 정치, 정치적인 것이다.

그들이 연장자이고, 더 현명하고, 더 부유해서 등의 이유로, 혹은 더 정확히 말하면 그들이 그러한 역할을 하기 때문에 다른 사람들을 지배하는 사람들이 있다. 자격, 관직, 수행 능력의 다양한 분배에 입각한 지배의 패턴과 절차가 있다. 이것이 내가 **폴리스**의 논리라고 부르는 것이다. 그러나 연장자의 권력이 **장로 정치** 이상이 되고 학식 있는 사람들이 무지한 사람들뿐만 아니라 부유한 사람들과 가난한 사람들까지 지배하려면, 무지한 사람들이 학식 있는 사람들이 그들에게 하도록 명령한 것을 '알아야' 하고 군인들이 스스로를 위해 자신들의 무기를 이용하는 대신에 지배자들에게 복종해야 한다면, 지배자의 권력은 지배자와 피지배자 모두에게 공통된 보충적 자질에 의존해야 한다. 즉 권력이 **정치적** 권력으로 변모해야 한다.

따라서 폴리스의 논리는 또 다른 논리, 즉 정치 논리에 의해 저지되어야 한다. 정치란 자격 없는 사람들의 힘에 의해 모든 자격들이 대체 보충되는 것을 의미한다. 지배자들이 통치하는 이유는 왜 누군가가 다른 사람들을 지배해야 하는지에 대한 합당한 이유가 없기 때문이다. 지배 행위는 궁극적으로 지배할 근거를 가지고 있지 않다. '민중의 힘'은 그것을 정당화하는 동시에 박탈한다.

민주주의에 있어서 데모스란 주민, 주민 대다수, 정치적 단체, 하층 계급 등을 가리키는 것이 아니다. 그것은 지배할 수 있는 자격을 갖추지 못한 사람들로 이루어진 잉여 공동체로서 모든 사람everybody을 의미하는 동시에 누구나whoever를 의미한다. '민중의 힘'이란 특정 집단이나 제도의 힘과 같은 것이 아니다. 그것은 오로지 단절의 형태로만 존재한다. 한편으로 그것은 국가 제도 및 지배행위를 정당화하기도 하고 박탈하기도 하는 내적차이이다. 그것은 국가 제도들이 과두정치로 흐를 때마다 끊임없이 좌절되는 사라지는 차이vanishing difference이다. 다른 한편으로 이것이 폴리스 내의 몫, 관직 혹은 능력의 배분에 도전하고 정치적인 것의 무정부주의적 기반을 다시 세우는 정치적 주체들의 행위를 통해서 민중의 힘이 끊임없이 다시 제정되어야 하는 이유이다. 이러한 단절은 **아포리아**가 아니라 불일치이다. **아포리아적인** 것은 정치적인 것을 그 자체의 원칙 위에 세우려는 시도이다. 그러나 그 기반은 분열한다. 민주주의는 불일치의 실천으로, 가차 없이 틀어막는 틈새를 지배행위가 계속해서 다시 벌린다.

나는 민주주의가 일련의 제도가 아니라는 점을 이미 지적했다. 동일한 법률, 동일한 헌법도 그것을 제정한 사람들의 의식구조에 따라 정반대로 실행될 수 있다. 그러한 법률이나 헌법은 정치적인 것의 영역을 정하고, 적절한 자격을 부여받은 한정된 대표만이 정치적 행위를 수행할 수 있도록 제한할 수 있다. 아니면 민주주의적 해석과 실천으로 나아갈 수도 있는데, 이 경우에는 동일한 텍스트로부터 전혀 새로운 정치적 지위와 이슈, 대표들이 만들어진다. 여기서 차이를 만드는 것은 제도들이 아니다. 합리적인 것의 범위가 다르게 규정되고 무대가 다르게 설정되며, 말과 그것이 가리키는 사물의 종류, 혹은 말이 권한을 부여하는 행위 사이의 관계가 변화함에 따라 차이가 발생하게 되는 것이다. 폴리스의 논리는 정치적인 것의 영역을 제한하는 것이다. 이와 같이 무대를 축소하는 것은 대개 정치적인 것의 순수함인 법의 보편성, 혹은 정치적 보편성과 사회적 특수성 사이의 구별이라는 미명 하에 실행된다. 그러한 정치의 '순수화'는 사실상 정치를 포기하는 것과 다름없다. 반면에 민주주의적 논리는 정치적인 것의 경계를 모호하게 하고 자리를 바꾸는 것이다. 정치가 의미하는 것은 다음과 같이 정의할 수 있다. 즉 누구나anybody와 다른 모든 사람everybody else과의 평등을 정치적인 것이 사라지는 조건으로 다시 제정함으로써 정치적인 것의 한계를 변경하는 것이다.

도시나 국가의 정부가 모름지기 공동체에 대한 단순하고도 명확한 원칙 위에 세워지길 원하는 사람들은 말할 것도 없이 이것이 실행되는 것을 받아들일 수 없는 일로 여길 것이다. 이것이 이중 구속, 즉 민주주의의 이중성 혹은 거짓말에 대한 가차 없는 비난이 쏟아지고, 플라톤에서 사무엘 헌팅턴에 이르기까지 민주주의의 실체와 그 명칭이 모순된다는 점을 입증하려는 부단한 시도가 이루어진 이유이다. 이러한 공공연한 비난 중에서 가장 잘 알려진 논의는 **실제적** 민주주의와 **형식적** 민주주의 간의 대립이다. 이러한 대립은 마르크시즘 전통에 의해 강력하게 주장되었지만, 이미 성문법의 규율로서의 민주주의와 개인적·사회적 삶의 형태로서의 민주주의를 구별한 플라톤으로 거슬러 올라간다. 물론 이들 간에는 차이점도 있다. 플라톤의 모델에서는 민주주의자들의 개인주의적 삶이야말로 법의 엄격함에 대한 거짓된 헌신을 보여주는 실제 내용이다. 마르크시즘 전통에서 실제 민주주의는 형식적인 부르주아 민주주의와 대립되는데, 후자는 민주주의의 어두운 측면, 즉 착취와 불평등이라는 '실제 삶'을 은폐한다. 그러나 결론의 차이에도 불구하고 논쟁의 구조는 동일하다. 형식적 민주주의는 불평등이라는 현실에 대립되는 평등의 겉모습인 것이다. 그 '현실'은 다양한 형식으로 나타날 수 있다. 플라톤에 의하면 그것은 쾌락과 고통의 셈법에 종속된 민주주의적 개인의 철저한 쾌락이다. 마르크스에 의하면 그것은 사유재산과 이익이라는 현실일 것이다. 또는 한나 아렌트Hannah Arendt가 그랬듯이 '단순히 주어진 현실의 암울한 배경'과 대비되는 겉모습으로서의 정치적 영역의 밝은 면을 극찬함으로써 각 항의 위치가 뒤바뀔 수도 있다.

이 모든 경우에 있어서 민주주의는 겉모습과 실제의 대립이라는 필터를 거쳐 논의된다. 그것은 그러한 대립을 통해서 묘사되고, 위장되며, 결국에는 폐기된다. 겉으로는 대립되는 해석이 실은 같은 것이라는 것을 보여주는 가장 두드러진 사례는 혁명적인 선언문 **'인간과 시민의 권리***Droits de l'homme et citoyen*'에 대한 비평에서 발견된다. 오늘날 그 혁명적 권리들을 '인권'으로 진화했다. 지금 우리가 인권을 누리는 것은 버크Burke, 마르크스, 아렌트와 같은 다양한 저자들이 두 세기에 걸쳐 그와 같은 권리에 뭔가 잘못된 것이 있다는 점, 바로 이중성을 지적해 왔기 때문이다. 서로 다른 별개의 두 주체를 가지고 있는 것은 버거우며, 모르는 사이에 어떤 오류가 발생했음에 틀림없다. 이러한 주장은 위의 모든 저자들에 의해서 이루어졌으며, 최근에 『호모 사케르』(*Homo sacer*)에서 조르지오 아감벤Giorgio Agamben이 다시 제기한 바 있다[8]. 마르크스가 지적한 바대로 시민의 권리란 사실상 재산 소유자임이 판명되는 '인간'의 권리이다. 버크와 아렌트가 보기에 이러한 권리는 우리를 딜레마에 빠트린다. 그것은 시민의 권리이거나 인간의 권리이다. 그러나 인간의 권리는 비정치적인 개인의 권리이다. 이러한 개인은 자기 자신의 권리는 전혀 가지고 있지 않기 때문에 그것은 어떤 권리도 가지지 않은 사람들의 권리이며, 결국 아무것도 아닌 것이나 다름없다. 그렇지 않으면 인간의 권리는 시민의 권리로, 이는 그들이 현존하는 헌법적 국가에 속해 있다는 이유로 소유하는 권리이다. 그것은 권리를 지닌 사람들의 권리로, 결국에는 동어반복이 될 뿐인 그 무엇이다.

논쟁의 핵심은 만약에 이러한 담론이 우리에게 두 가지 주체를 제시한다면 그들 중 하나는 가짜라는 것이다. 이러한 주장은 정치적 주체란 하나이고 동일해야 한다고 전제한다. '진정한' 주체는 **인간**이거나 아니면 **시민**이어야 한다. 정치는 신기루거나 아니면 그 주체를 헌법 텍스트가 규정하는 것이다. 그와 반대로 민주주의는 결코 단 **하나의** 주체란 없다는 것을 의미한다. 정치적 주체들은 서로 다른 정체성들, 특히 **인간**과 **시민** 사이의 간격에 존재한다. 정치적 주체화의 과정은 인간의 힘이나 시민의 힘을 공고히 하기 보다 둘 사이의 관계 및 단절의 형식을 구축한다. 이 과정에서 인간과 시민은 정치적 이름으로 사용되며, 그것의 법적 기입은 정치적 과정의 산물이다. 그것들은 또한 갈등을 야기하는 이름들로, 그것의 확장과 포함은 소송을 유발해 그것들을 시험하거나 확인하기 위한 장을 열어준다. 이것이 그 이름들이 민주주의적 투쟁에서 사용되어 왔고 사용될 수 있는 방법이다. 시민권은 인간, 즉 소유권과 사회적 지배의 힘에 종속된 사적 개인들로서 우월하거나 열등한 민중들 간의 평등의 법칙을 의미한다. 한편 '인간'은 어느 누구나 평등한 자격을 지녔음을 인정하는 것으로, 자신의 영역으로부터 여러 범주의 사람들을 배제하고, 다양한 문제들을 시민의 손이 미치지 않는 곳으로 밀어내는 시민권의 제한과 대비된다. 인간과 시민은 배제와 반대되는 포함, 특수와 반대되는 보편의 역할을 번갈아 맡는다. 민주주의는 이익의 특수성과 대립되는 법률의 보편적 힘으로 환원될 수 없는데, 이는 폴리스의 논리 자체가 보편이란 끊임없이 사유화된다는 것을 의미하기 때문이다. 결국 보편은 끊임없이 움직여야 하며, 그러기 위해 그것은 계속 분열해야 한다.

나는 프랑스 혁명의 와중에 일어난 페미니즘 운동 방식에 대해 언급하면서 이러한 가설을 주장한 바 있다.[9] 여성들은 시민으로서의 권리를 거부당했다. 이는 여성의 활동은 가정적 삶이라는 특수성의 영역에 속하지만, 시민권은 보편성의 영역에 속한다는 소위 공화주의적 원칙에 따른 것이었다. 여성들은 특수성의 영역 속에 있었으며, 그 결과 보편성의 영역에 포함될 수 없었다. 그들은 그들 자신의 의지가 없었으므로 정치적 주체가 될 수 없었다. 이처럼 '자명한' 진술에 대항해 올랭프 드 구즈Olympe de Gouges는 여성이 단두대에 올라갈 자격이 있는 만큼 국회 연단에 설 자격도 마찬가지로 가지고 있다는 유명한 이의를 제기했다. 그녀의 주장은 소위 벌거벗은 삶의 특수성에 수반되는 보편성을 주장하면서 영역 간 구분을 모호하게 만들었다. 여성들도 혁명의 적으로서 사형선고를 받았으므로 그들의 벌거벗은 삶은 정치적이었다. 단두대 위에서 그들은 남성들과 동등했다. 사형선고의 보편성은 정치적 삶과 가정적 삶 사이의 '자명한' 구분을 없애버렸다. 그러므로 그들은 '시민으로서의' 권리를 확인할 수 있었다. 버크와 아렌트에도 불구하고 그들의 확인은 여성들이 그들이 지닌 권리를 지니지 못했으며, 그들이 지니지 못한 권리를 지녔음을 보여주었다. 한편으로 그들은 인권선언the Declaration of Rights에 의거해 모든 '자유롭고 평등한' 인간들에게 부여된 권리를 박탈당했으며, 그들에게 거부된 권리를 요구했다. 다른 한편으로, 여성들은 그러한 항의를 통해 정치적 역량을 과시

했다. 그들은 그러한 권리를 제정할 수 있기 때문에 실제로 그러한 권리를 소유했다는 것을 보여주었다.

민주주의적 과정은 두 가지 정체성 사이의 간격 속에서 주체화의 형식을 창조하게 된다. 즉 보편과 특수 사이에 존재하는 이중적 관계에 작용해서 보편성의 사례들을 창출한다. 민주주의는 법의 보편성에만 의존할 수 없다. 왜냐하면 그 보편성이란 것이 정부차원의 행위라는 논리에 의해 끊임없이 사유화되기 때문이다. 보편은 주체화의 형식, 그리고 공적 삶의 가차 없는 사유화에 저항하는 확인 사례들에 의해 보충되어야 한다.

사유화는 두 가지 형식을 취한다. 우선 외적으로는 성적·사회적 혹은 인종적 이유를 근거로 주민 일부에 대해 정치적 권리를 거부한다. 한편 내부적으로 일정한 제도, 문제, 정부 관리 및 절차에 대해서만 제한적으로 시민권을 부여한다. 서구에서 전자의 사례는 이미 구세대의 유물로 보이는 반면, 후자는 현재도 중요한 문제이다. 지난 30년이라는 시간에 걸쳐서 때로는 근대화라는 달콤한 이름이, 때로는 신보수주의 혁명이라는 투박한 이름이 민주주의적 진행을 역전시키는 데 동원되었다. 그것은 일자리, 건강, 연금과 같은 '개인적 삶'의 문제를 동등한 시민권과 결부된 공적 문제로 바꿈으로써 공적 영역을 확대해 왔다. '사회적' 혹은 '복시' 국가의 개혁 이면에 걸린 판돈은 서비스와 공공시설의 공적 제공과 사적 제공 사이의 차감 잔액보다 훨씬 더 크다. 일자리와 건강의 통제 이면에 숨은 내기는 공동체의 '공유권'를 파악하는 것이다. 시민권이 보장하는 정치적 영역과 민간에 의해 운영되는 사회적 영역을 나누는 경계선은 누가 공적인 일에 참여하고 참여할 수 없는지 결정한다.

1995년 겨울 프랑스 공공 운송 근로자들에 의한 장기 파업중에 개인적이고 재정적인 이해관계를 공공 이익을 도모하는 정치적 모색 및 미래 세대를 배려하는 능력과 대비시키는 아렌트식, 스트라우스Strauss식 주장들이 들렸다. 그러나 파업이 진행되면서 그 주된 목적은 특정 집단의 사람들과 제도들이 공동체의 미래를 결정할 독점적 힘을 지녔는지의 여부 결정이 더 분명해졌다. 정치적인 것과 사회적인 것을 구분하는 규범적인 기준은 공공의 문제와 미래를 돌볼 수 있게 보이는 사람들과 개인적이고 당면한 문제만 볼 수 있게 보이는 사람들을 구분하는 것이다. 모든 민주적인 과정은 이러한 경계선의 자리 이동과 관련된다.

이제 출발점으로 돌아가면서 결론을 대신하고자 한다. 문제는 민주주의를 스스로와 대립하게 만드는 역설을 어떻게 이해할 것인가였다. 이는 곧 이름의 불확실성과 모순된 실상에 대해 종종 반복되는 진술로부터 민주주의의 자기 차이성이라는 더 급진적인 해석으로 어떻게 이동하는가의 문제이다. 『마르크스의 유령』(*Spectres of Marx*)에서 데리다는 '자유민주주의'의 자기만족적 교리불멸론의 기저에 존재하는 틈새를 다시 벌리기 위하여 자유민주주의의 역사적 성취에 대한 후쿠야마Fukuyama의 논제를 언급한다. "그것은 소리 높이 외쳐져야 한다. 누군가가 마침내 대담하게도 스스로를 인류 역사의 이상으로 실현해낸 자유민주주의의 이상이라는 이름으로 신복음주의를 전파할 그 시점에. 세계와 인류 역사상 폭력과, 불평등, 입국 거부, 기근, 그리고 경제적 억압이 그토록 많은 사람들에게 영향을 준 적이 없는 그 시점에"[10] 그 틈새를 다시 벌리기 위하여 데리다는 **도래할 민주주의**를 자기 자신에게 도달한, 혹은 스스로의 **자아**에 도달한 민주주의와 대립시켰다. 도래할 민주주의란 미래에 도착하는 것이 아니라 다른 시간 안에서 이야기를 구성한다. '도래할 민주주의'의 시간은 약속의 시간이며, 그것이 실현될 수 없음에도 불구하고, 또한 실현될 수 없기 때문에 지켜져야만 한다. 그것은 결코 '스스로에게 도달할' 수 없고 스스로를 추월할 수 없는 민주주의이다. 왜냐하면 그것은 도래하는 것, 그리고 타자나 새로 오는 것에 대해 무한한 개방성을 지니고 있기 때문이다.

나는 이 원칙에 동의하지 않을 수 없다. 데리다는 소위 '자유민주주의'와 다른 민주주의를 대립시키면서 두 가지 시간성을 같은 시간 안에, 또 두 가지 공간을 같은 공간 안에 위치시킨다. 그러나 이처럼 데리다가 주장하는 두 가지 민주주의의 대립에는 문제점이 있다. 데리다는 한쪽에 통치의 한 가지 형태로서 자유민주주의를 두고, 다른 쪽에는 새로 오는 것에 대한 무한한 개방성과 사건에 대한 무한한 기대—실은 모든 기대를 피해가는—를 둔다. 하지만 내 생각에 이러한 하나의 제도와 초월적 지평 사이의 대립에서 사라지는 것은 다름 아닌 실천으로서의 민주주의이다. 이러한 실천은 타자 혹은 **다른 것**the *heteron*의 정치적 발명을 이끌어낸다. 이는 정치적 주체화의 과정으로 계속해서 '새로 오는 것', 누구나whoever의 평등한 권력을 제정하는 새로운 주체를 창조하며, 주어진 공공의 세계 속에서 공동체에 대한 새로운 단어들을 구축한다. 이종(異種) 구조의 정치적 힘을 무시하는 것은 단순 대립의 덫에 걸리는 것을 의미한다. 즉 한편에는 '자유민주주의'가 있는데, 이는 실제로는 자아의 법을 구현하는 과두정치를 의미하며, 다른 한편에는 '도래할 민주주의'가 있는데, 이는 사건과 타자성에 대한 무제한의 개방성을 보장하는 시간과 공간으로 간주된다. 결국 이것은 정치의 포기와 타자성의 실체화로 이어지게 된다. 소위 자아의 민주적 실체화라고 간주되는 것을 거부하면 그와 비례해 타자의 실체화가 일어나게 되며, 이것이 바로 우리 시대의 윤리적 동향이라고 할 수 있는 것의 징후이다. 민주주의적 **자율성**과 대비되는 사건 및 '타자성에 대한 무한한 존중'의 언급은 우리 시대의 윤리적 동향 속에서 흔히 등장한다. 그러나 이러한 언급들은 서로 다르게 해석되거나 매우 다른 결론을 이끌어낼 수 있다.

예를 들어 인권에 대한 국제사면위원회Amnesty International의 강연에서 장 프랑수아 리오타르가 제시한 타자의 권리에 대한 해석을 살펴보자.[11] 리오타르에게 있어서 '타자성에 대한 무한한 존중'은 인간이 그것의 인질이나 노예로 전락할 수도 있는 타자—프로이트적 **사물** 혹은 유대 율법으로서의—의 힘에 복종하는 것을 의미한다. 계몽과 해방의 꿈은 타율성의 법칙을 거부하는 해로운 의지임이 판명되며 전체주의나 나치 인종학살의 원인으로 간주될 수도 있다. 결과적으로 타자의 권리는 악의 축에 대항하는 군사작전을 정당화하는 결과를 초래한다. 윤리학, 타자성, 타자성에 대한 무한한 존중은 일종의 '신복음'이 되어 '자유민주주의'의 실천과 이데올로기를 합법화하게 된다.

데리다는 레비나스적 타자에 대한 그러한 해석 및 우리 시대 윤리적 동향과는 분명히 다른 입장을 취하고 있다. 리오타르와는 정반대로 그는 윤리적 명령을 해방의 지평과 연결시킨다. 그는 메시아적 약속과 율법에 대한 복종을 분명하게 대비시킨다. 그러나 사건, 타자, 혹은 무한에 대해 어떤 경우에도 미리 규정하는 것을 피하기 위해서 그는 끊임없는 해체, 삭제, **제안***apophansis*의 과정을 거쳐 간다. 타자성에 대한 이러한 윤리적 과장은 필연적으로 두 가지 미심쩍은 해석 사이에서 망설이게 만든다. 즉 해체란 궁극적으로는 신의 군사들이 감행하는 군사작전을 지지하는 급진적인 타율성의 법칙이라는 주장이며, 다른 하나는 그것이 어떤 경우에도 타자에 대해 미리 확인하거나 정의내리는 것을 금지하는 작업이라는 주장이다.

데리다의 개념화는 민주주의에게 충분하지 않은 것과 너무 많은 것을 동시에 준다. 충분하지 않다는 것은 민주주의란 '자유민주주의'를 국가 차원에서 실천하는 것 이상이기 때문이며, 너무 많다는 것은 민주주의가 타자에 대한 무한한 개방성에까지 미치지 못하기 때문이다. 타자성과 관련해 단 하나의 무한한 개방성이 존재하기보다는 타자의 몫을 기입하는 여러 방법이 존재한다고 할 수 있다. 내 경우 민주주의적 실천이란 아무런 몫을 지니지 못한 사람들—이는 '배제된 사람들'이란 의미가 아니라 아무나anybody 혹은 누구나whoever를 의미한다—의 역할을 기입하는 것으로 개념화하고자 하였다. 그러한 기입은 '새로 오는 것들'에 해당되는 주체들에 의해 이루어진다. 그 '새로 오는 것들'은 새로운 대상들이 나타나 공공의 관심사가 되고, 새로운 목소리가 출현하고 들리는 것을 허용한다. 이런 의미에서 민주주의는 타자성을 다루는 많은 방법들 중 하나인 것이다. 민주주의의 주체 및 객체의 발명은 특정한 시간, 단속적 시간, 간헐적으로 주어지는 해방이라는 유산을 만들어낸다. 내 생각에 우리는 메시아적 시간을 간구하는 대신 이러한 단속적인 시간 속에서나마 부단히 생각하고 행동해야 한다.

그러나 내 입장과 반대되는 측면을 무시해서는 안 된다. 데리다는 '파열'의 본질 자체가 위기에 처해 다음과 같은 문제가 발생하는 순간과 그러한 시간 동안에 말한다. 지금껏 단일민족 국가 안에서 역할을 수행해 온 **데모스**가 범세계적인 정치가 요구하는 바를 충족시킬 수 있을까? 단일민족국가의 '소멸'에 대해 아직 논란의 여지가 있음에도 오늘날 민주주의가 범세계적 질서와 합의를 이뤄야 한다는 점은 부인할 수 없다. 데리다의 대답은 '새로운 인터내셔널'에 대한 요청이다. 이 새로운 인터내셔널의 형태는 분명하지 않다. 주된 문제는 그것이 정치적 용어로 개념화되어야 하는가, '윤리적' 용어로 개념화되어야 하는가이다. 그것을 정치적으로 개념화하려면 '타자에 대한 무한한 존중'이 타자성을 기입하는 형식의 다양성이라는 민주주의적 윤곽을 취해야 한다. 그것은 사건이나 메시아에 대한 한정 없는 기대가 아니라 변화 혹은 불일치의 형식이다.

Notes

1. Plato, *Menexenus*, 238c-239d.
2. J. Derrida, *Politics of Friendship*(London : Verso, 1997), 93-113 [*Menexenus*에서 랑시에르가 언급하는 구체적인 구절은 데리다의 책 95페이지에서도 발견된다. N.E.]
3. M. Crozier, S. P. Huntington, J. Watanuki, *The Crisis of Democracy—Trilateral Commission Task Force Report no. 8*(New York : NYU Press, 1975).
4. J-C. Milner, *Les Penchants criminels de l'Europe démocratique*(Paris : Éditions Verdier, 2003).
5. B. Levy, *Le Meutre de Pasteur*(Paris : Éditions Verdier, 2004).
6. Plato, *Republic*, book Ⅷ, 563c-d.
7. Plato, *The Law*, book Ⅲ, 690c.
8. G. Agamben, *Homo Sacer*(Stanford : Stanford University Press, 1998).
9. Cf. J. Rancière, "Who is the Subject of the Rights of Man", 103/2 *South Atlantic Quarterly*, Spring/Summer 2004.
10. J. Derrida, *Specters of Marx*(New York : Routledge, 1994), 85.
11. J-F Lyotard, "The Other's Rights", in S. Shute and S. Hurtey(eds) *On Human Rights*(New York : Basic Books, 1994).

7
데리다
미래라는 선물

드루실라 코넬
(Drucilla Cornell)

'나는 왜 데리다를 애도하지 않는가'와 같은 헤드라인에서부터 왜 데리다와 해체가 대수로운 문제가 아닌지를 장황하게 늘어놓는 요령부득의 공격에 이르기까지, 데리다의 죽음에 대한 몇몇 야만적인 반응으로 인해 나 또한 공포심까지는 아니지만 다른 많은 사람들과 마찬가지로 충격을 받았다. 데리다라는 이름과 관련해 무엇이 그토록 위협적이었고 또 아직까지도 위협적이기에 죽음 앞에서조차 그를 향해 유례없이 야만적인 행동들이 벌어지는가? 아마도 그것은 바로 데리다가 용감하게 미래를 주장했기 때문이리라.

난공불락의 특정 시장자본주의 도래가 초래한 전 세계적 역사의 종말이라는 미명 아래 미래의 가능성을 차단하려는 시도에 맞서 그는 항상 새로운 미래가 가능하다고 진심으로 주장했기 때문일 것이다.

데리다가 **누구보다도 탁월한** 미래의 사상가라는 점을 상기하는 것은 새삼 놀라운 일이 아니다. 무조건적인 환대에 대한 글에서부터 **도래하는 것***arrivant*, 사건에 이르기까지 데리다는 종종 '도래할' 미래에 대해 쓴다. 미래는 우리가 결코 갚을 도리는 없이 언제나 감사의 마음만을 지니고 있는 빚으로서 데리다가 내 마음에 기입되어 있는 것과 마찬가지로 이미 우리 안의 타자로서 우리 가슴 속에 기입되어 있다. 그러나 이 '도래할' 미래는 그것이 항상 '도래할' 것이라는 이유로 '조만간 도래할 것'(마치 사건 자체에 앞서 '조만간'이라는 단어에 어떤 형태라도 부여할 수 있는 것처럼)으로 환원시킬 수는 없다. 데리다를 인용해 보자.

> 아무래도 미래의 가치를 전통적으로 그것에 부여되어 온 '지평'으로부터 해방시키는 것이 필요해 보인다. 지평이란 그리스 어원이 의미하듯 내가 미래를 사전에 이해할 수 있게 해주는 일종의 한계이다. 나는 미래를 기다린다. 나는 그것을 미리 결정한다. 결국 나는 그것을 무효화시킨다.[1]

그러나 이것이 데리다가 자신이 미래에 대해 건 내기에 대해 말하는 전부는 아니다.

만약에 미래가 있거나 그가 즐겨 말했듯이 그러한 것이 있다면 호소의 형태로 우리를 부르는 어떤 열림이 있음에 틀림없다. 이러한 타자의 호소는 이제 우리의 응답을 요구한다. 실로 우리가 공유하는 세상에 남기는 표식은 우리에게 주어진 무수한 호소와 우리가 부름 받았을 때 어떻게 반응했는지와 밀접한 관련이 있을 것이다. 데리다는 이렇게 말한다.

> 하나의 간단한 구절은 주어진 맥락으로부터 의미를 취하며, 자신이 이해될 또 다른 구절을 향해 이미 호소한다. 그러나 물론 이해되기 위해서 그것은 자신이 기입된 맥락을 변형시켜야만 한다. 결과적으로 이러한 호소, 즉 미래에 대한 이 약속은 그것이 어디에서 발생하든지 필연적으로 새로운 맥락의 생산을 열어버린다. 미래는 **여기 있는 것이 아니다.** 그것을 향한 열림이 **있는 것이다**. 그리고 미래가 **있기** 때문에 맥락은 항상 열려 있다. 우리가 맥락의 열림이라고 부르는 것은 아직 오지 않은 것에 대한 또 다른 이름이다.[2]

여기서 데리다는 시류에 역행한 자신의 작업에 대해 말하고 있으며, 왜 그가 그것을 이러한 미래와 이 새로운 미래가 요구한 맥락의 수정에 대한 윤리적 응답으로 생각하였는지 설명하고 있다. 다시 데리다를 인용해 보자.

> 그것은 아직 제대로 받아들여지지 않았지만 받아들여지기를 기다리는 어떤 것을 찾는 문제이다. 우리는 시류에 역행하지만 이미 받

아들여질 가능성이 보이는 것에 대해 일종의 직감력을 갖는 경우가 있다. 나 자신의 경우를 참조한다면, 내가 당신 말대로 괴이하거나 시기상조의 제스처를 취할 때마다 그것은 십중팔구 그것이 요구된다는 인상을 내가 받았기 때문이었다. 아직은 소수에 머물러 있는, 그러나 분명히 거기에 존재하는 그 분야의 다른 영역, 다른 힘에 의해서 다소 조용하게 요구되는 것이다. 그러므로 여기서는 일종의 예측 불가능한 상태에서 예측이 이루어지며, 시기상조란 일종의 만들어지는 중인 시기적절함이다.[3]

2002년 가을에 앤 스니토우Ann Snitow와 내가 평화단체를 구성하기로 결정했을 때, 나는 우리가 만들고자 하는 단체가 어떻게 아직 만들어지는 중인 시기적절함에 충실할 것인지에 대해 데리다에게 상세하게 이야기했다. 이는 특히 9·11 '사건' 때문에 너무나 절박해 보이는 시기적절함이었다. 나는 9·11이 왜, 그리고 얼마나 중요한 사건으로 간주될 수 있는가에 대한 데리다의 매우 면밀한 분석을 상기시키기 위해서 '사건'이라는 단어를 인용부호 안에 넣었다.[4] 비극적이게도 데리다는 수천, 수만, 심지어 수백만 명의 죽음이 반드시 사건을 만드는 것은 아니라고 지적했다. 또한 '사건'이라는 단어에 대한 그의 감각에 비추어 9·11은 '예측 불가능한' 것도 아니었다. 신기하게도 그것은 심지어 〈비상계엄〉(*The Siege*)과 같은 할리우드 영화에서도 예견되었다. 영화 속에서 아네트 배닝Annette Benning은 우리를 해치러 오는 나쁜 무슬림을 상대했다. 물론 지금 나는 마무드 맘다니Mahmood Mamdani의 『선한 무슬림, 나쁜 무슬림』(*Good Muslim, Bad Muslim*)이라는 책 제목과 미국의 미디어계는 물론 설상가상으로 미국의 학계에서조차 너무나 만연해진 무슬림 종교에 대한 근거 없는 환상을 따라하는 중이다.[5]

9·11을 하나의 사건으로 간주하게 만든 것은 데리다에게 실로 무시무시한 것이다. 그것은 데리다가 자가면역적auto-immunitary이라고 명명한 반응이 연쇄적으로 일어나는 것으로, 이는 한 사람, 한 사회, 하나의 문화가 스스로의 보호막을 파괴하게 되는 준자살적 과정을 의미한다.[6] 데리다에 의하면 세 가지 위험한 자가 면역 반응이 있었다. 서두에서 그가 냉전이라고 부른 것, 최악의 지평, 그리고 조만간 더 나쁜 일이 일어날 것이라는 생각 때문에 촉발되는 억압의 악순환이 그것이다. 교묘하게 도망치는 '그들' 때문에 '조만간 더 나쁜 일이 일어날 것'이라는 이러한 공포야말로 데리다가 미래를 막는 진정한 위협이라고 예견한 것이다. '조만간 도래할' 미래가 존재한다 해도 우리가 그것을 막을 길은 있다. 우리가 책임을 수행하지 않으면 철학적으로는 아무리 부인할 수 없는 것이라도 정치적으로, 또 윤리적으로 차단할 수 있다.

나 자신과 앤은 이 단체에 우리가 진행되기를 희망했던 또 다른 시기적절함에 걸맞은 이름을 붙이고자 하였다. 데리다는 그 단체의 이름에 어떻든 '미래'라는 단어를 포함시켜야 한다고 주장했다. 우리로서는 훌륭한 시인인 알리샤 오스트리커Alicia Ostriker의 구절에 영감을 받고, 어떤 페미니즘 운동의 글귀를 본떠서 그 단체의 이름에 '다시 찾다'는 말이 들어가야 한다는 것 또한 알고 있었다. 양측의 영감을 더해 단체의 이름을 '미래를 다시 찾아Take Back the

Future'라고 붙였다. 진심으로 우리는 그 이름에서 행동에 대한 시급한 요청을 보았다. 그것은 9·11 이후 뉴욕에서 살아남은 우리가 생존하는 맥락을 수정하는 데 도움이 되도록 작용할 수 있는 행동에 대한 요청이었다.

내가 데리다에게서 강조하고 싶은 것은 이런 의미의 '미래'이다. 그것은 빼앗길 수도 있는 것이며, 동시에 우리가 책임져야 하는 것이다. 데리다가 우리에게 상기시키듯 이러한 요청은 "새로운 위장술로 자신의 교조주의를 제도화하는 자본의 종교"를 비평할 것을 명한다. "우리는 그 위장술을 알아볼 수 있어야 한다. 왜냐하면 이러한 비평이야말로 미래 그 자체이며, 다른 아무것도 없을 것이기 때문이다."[7] 이 비평에서 위험에 처하는 것은 바로 미래 그 자체이지만 이것 없이는 또한 어떠한 미래도 없다. 미래와 미래에 대한 우리의 책임은 우리 자신 외에는 그 누구의 손에도 맡길 수 없다는 깊고 심오하며 무서운 의미가 담겨 있다.

아직 진행중인 시기적절함이 실존하도록 만드는 일을 떠맡는 것이 우리의 책임이다. 우리가 그 일을 떠맡지 않을 경우 면책받을 알리바이는 아무데도 없다. 종종 데리다가 제창한 일이 너무 크고 한이 없기 때문에 우리가 할 일은 아무것도 없다는 식으로 도리어 그를 비난하는 경우에도 알리바이는 성립되지 않는다. 오히려 그 반대이다. 물론 나는 구체적이고, 혹은 **특정한** 데리다에 대해 쓰고 있는 것이다(그가 즐겨 쓰는 단어들 중 하나를 사용해서). 미래라는 단어가 환기시키는 의미를 보다 깊이 이해하기 위해서 우리는 데리다가 상상력과 복합적인 관계를 지녔다는 것, 그 관계가 때로는 자기 자신이 허용하는 것보다도 더 복합적이었다는 점을 기억해야 한다. 이미지는 죽음이며, 우리의 상상력은 무(無)를 지향한다는 사르트르의 주제를 빈번하게 되풀이하는 데리다가 있다. 이러한 관점에서 상상력은 우리가 겪는 '권태'의 원인이며 자유의 기반이다. 그러나 넬슨 만델라Nelson Mandela에 대한 에세이에서 우리는 법을 숭배하고 실로 그 법을 몸소 예증하는 만델라를 숭배하는 데리다를 만날 수 있다. 아마도 이 글이야말로 오늘날 필요한 정의의 가능성을 미래로부터 이끌어내려는 데리다를 가장 잘 보여주는 사례 중 하나일 것이다.

여기서 데리다는 칸트의 『판단력 비판』(*The Critique of Judgement*)에 상응하는 어떤 것에 호소한다.[8] 그 책에서 칸트는 상상력의 도식화 능력이 어떻게 도덕적 판단의 유효성을 예시하는 기준을 제공할 수 있는지 설명한다. 도덕성은 구체적인 이야기를 서술하는 상상력의 능력 없이는 효과적으로 작동할 수가 없다. 그러한 이야기들은 추상적인 법칙에 그친다는 것을 생생한 사례로 보여준다. 말하자면 도덕법칙이란 실제 혹은 특정한 인물이 그것에 대해 보여주는 반응을 통해 가시화된다고 할 수 있다. 이처럼 모범적인 사례가 되는 인물이나 이야기를 환기시키고, 그들의 행위를 통해 구현하는 상상력의 도움 없이 도덕적 감성에 대한 호소를 유지하기는 어려울 것이다. 데리다가 언급하는 그 유명한 재판에서 만델라가 바로 그러한 좋은 사례를 보여준다. 만델라는 자신의 삶을 통해 법을 존중하는 모습을 구현할 뿐만 아니라, 자신을 법 아래 놓고 스스로 법을 존중하는 모습을 보여줌으로써 법에 대한 숭배를 나타낸다.

우리가 법의 본보기로서 만델라를 숭배할 때 우리는 또한 저절로 법을 존중하게 된다. 데리다는 법에 대한 만델라의 숭배 자체를 숭배하면서 법에 대한 만델라의 숭배와 자신이 일체가 됨을 스스로 입증한다. 또한 그렇게 함으로써 단지 추상이 아닌 직관을 통해 입증하는 행위로 작동하는 칸트식의 예증적 상상력에 근접한다. 데리다는 이렇게 말한다.

> 그는 이런 식으로 스스로를 보여준다. 그는 자신의 국민 안에서, 또 법 앞에 스스로 선다. 의심할 여지없이 그가 거부하는 법 앞에. 그러나 그것은 그가 숭배한다고 공언하며, 그 앞에 **출현하겠다고** 동의하는 상급법, 바로 그 법의 이름으로 거부하는 것이다. 그는 자신을 그렇게 보여줌으로써 자신의 역사를 회복하는 스스로를 정당화 한다. 그 역사는 그가 단일한 중심, 단일하고 이중적인 중심 속에서 비춰보는 것으로, 자신의 역사이자 자기 국민의 역사이다. 출현 : 그것들은 함께 나타나며, 그는 그 법에 의해 자신이 소환되는 만큼이나 그가 소환하는 법 앞에 출현으로써 다시 자기 자신이 된다. 그러나 그는 정당화를 **목적으로** 스스로를 보여주는 것은 아니다. 그것은 그의 출현에 뒤따르는 결과일 뿐이다. 스스로를 보여주는 것은 법에 **봉사하는** 것도 하나의 수단도 아니다. 이러한 역사를 펼쳐 보이는 것이 곧 **정당화**이며, 그것은 오로지 법 앞에서만 가능하며 의미를 지닌다. 그는 단지 그 자신, 그, 넬슨 만델라, 그와 그의 국민이며, 그는 이러한 정의의 흐름 속에서만 현존한다.[9]

데리다는 도덕적 법과 일체가 되는 만델라, 그리고 과연 만델라가 누구인지 구성해 주는 바로서 정의의 명령과 우리가 하나되기를 요청한다. 그는 만델라의 숭배 행위를 통해 법의 기입이 아파르트헤이트라는 부당한 체제의 맥락 안에서 도덕적 원리를 재정립할 수 있도록 우리가 그와 일체가 되기를 청한다. 뿐만 아니라 그는 백인들이 스스로의 눈을 가림으로써 보지 못했던 법을 보여주려고 노력한다. 다시 데리다를 인용해보자.

> 그것은 백인들의 눈을 뜨게 한다. 그것은 여기 보이는 것을 재생산하는 것이 아니라 보이는 것을 생산한다. 이러한 반사는 실제로는 반사 이상을 하는 법을 눈에 보이게 만든다. 왜냐하면 이 법은 현상적으로는 눈에 보이지 않았기 때문이다. 즉 눈에 보이지 않거나 계속해서 보이지 않았었기 때문이다. 보이지 않는 것을 보이게 만드는 이러한 반사는 보이는 것으로부터 생겨나는 것이 아니라 이해의 과정을 거친다. 더 정확하게 말해 그것은 이해를 넘어 단지 이성에만 관련된 것을 이해할 수 있게 해준다. 그것은 최초의 이성, 이성 그 자체였다.[10]

여기서 메를로 퐁티의 견해가 떠오르는데, 그에 의하면 우리가 상징적인 존재를 포함하여 존재의 형식을 볼 수 있을 때는 그것이 하나의 관점으로부터 출현할 때뿐이고, 그때 그것은 보이는 것과 함께 보이지 않는 것의 흔적을 남긴다.

백인 국가는 자신들이 구현한다고 주장한 것들을 부인했기 때문에 스스로를 반사할 수 없는 법을 만들었다. 그 법은 곧 남아프리카라는 국가이다. 스스로의 보편성을 뒤집는 법을 거부함으로써 만델라는 이러한 보편성이 약속은 했지만 실현하지 못한 의미를 반사한다. 다시 데리다를 인용하면 다음과 같다.

> 그러나 또 한 번의 굴절을 겪는데, 만약에 서약이 언제나 증인들 앞에서, 증인들 앞의 증인으로서 이루어진다면, 그것은 또한 열고 요구하는 것, 즉 그들의 미래에 대한 책임을 타자에게 믿고 털어놓는 것이다. 증인이 되고, 시험하고, 입증하고, 이의를 제기하며, 스스로를 증인들 앞에 내세우기. 만델라에게 그것은 단지 스스로를 보이고 스스로를, 즉 그와 그의 국민을 알리는 것만이 아니었다. 궁극적으로 그것은 마치 그것이 한 번도 제정된 적이 없었던 것처럼 미래를 위한 법을 새롭게 제정하는 것이기도 했다. 마치 한 번도 존중되지 않았었던, 한 번도 존재하지 않았었던 이 태고의 것, 심지어 아직도 보이지 않는 그것이 미래로 남아야 하는 것처럼.[11]

이런 의미에서 만델라는 아파르트헤이트라는 법률 체계 내에서 보이지 않게 된 법을 존중하는 자신의 모습을 제시하고 재현함으로써 최소한 그러한 체계 하에서는 이름붙일 수 없는 것에 이름을 부여하고자 노력하는 것이다. 흑인들의 요구는 단지 인류의 요구에 그치는 것이 아니다. 바로 그들의 요구, 오직 그들의 요구만이 보편성의 약속을 형상화하여 가시적인 것으로 만들 수 있다. 그렇다면 어떤 의미에서 만델라의 양심에 대한 호소는 기억일 뿐만 아니라,

만델라 자신처럼 그들의 삶과 아파르트헤이트에 대한 지속적인 투쟁을 통해 법을 구현하고 존중할 미래의 증인들에 대한 약속이기도 하다. 간단히 말해서 데리다는 자신의 양심에 대해 스스로 증인이 됨으로써 그의 목소리를 듣고 메시지를 이해하는 미래의 증인들을 불러내는 만델라의 행위가 지닌 도덕적 힘은 예시적, 혹은 증거에 입각한 상상력을 통해 발생한다고 말하는 것이다. 실제로 그와 같지 않을 수 없는 이유는 만델라가 자발적으로 복종하기로 한 그 법은 증언되고자 한다면 반드시 가시화되어야 하기 때문이다. 예시적 상상력이 만델라에게 처음 시작된 것은 아니다. 다만 그는 그 요청에 대답하였을 뿐이며, 그렇게 하면서 새로운 남아프리카를 향한 미래의 가능성에 부응하는 행동을 하게 된 것이다. 그러나 만델라 혼자서 이러한 요청을 받은 것은 아니며, 그것은 언제나 우리 모두를 향하고 있다. 아마도 이 요청은 우리가 미래로부터 받은 가장 큰 유산 중의 하나일 것이다.

데리다는 우리의 의무가 '진행중인 시기적절함'에 주의를 기울이기라고 아름답게 쓰고 있다. 그의 표현대로 그것은 '가상적이고, 금지된 상태이며, 미래에 수용될 가능성으로 충만한 채 기다리고 있다.[12] 내 생각에 데리다가 다른 사람들에게 위협적이었던 이유는 그가 침묵하고 있는 '소수이지만 엄연히 존재하는' 힘에 대해 한 치의 흔들림도 없이 지속적으로 주의를 기울였기 때문이다. 병원으로 마지막 여행을 떠나던 날까지도 여전히 청원서에 서명을 하고 있었듯이, 데리다는 그들의 목소리에 끊임없이 귀를 기울였다.

아마도 그가 임종하는 순간에 절실하게 느낀 것은 '우리는 지금 행동해야 한다'는 이 강력한 요청일 것이다. 왜냐하면 지금 이 순간 우리가 즉시 행동해야 한다는 이 요청이야말로 죽음에 대한 데리다의 생각과 불가분의 관계이기 때문이다. 데리다는 이렇게 쓰고 있다.

> 오로지 인간만이 이런 의미에서 미래에 대해 이야기할 수 있다. 신은 결코 그럴 수 없다. 그래서 나는 이 모든 것이 죽음이 임박해서야 미래로 실현되는 하나의 담론, 차라리 하나의 경험이라는 점을 매우 잘 알고 있다.[13]

여기서 임박함이란 죽음이 언제라도 닥칠 수 있다는 의미이다. 하이데거는 『존재와 시간』(*Being and Time*)에서 이 점을 훌륭하게 논의하고 있으며, 언제라도 죽음이 닥칠 수 있다는 사실은 당면한 요청에 정당성을 부여한다. 그렇다면 미래에 충실하다는 것은 '당신은 오늘 무엇을 하는가?'라는 인사에 대해 우리 자신을 열어두는 것이다.

결국 우리에게 미래는 없으며, 미래에 충성을 다해 매달리는 것은 바보들이거나 몽상가들일 뿐이라고 말하는 그 많은 사람들에게 데리다가 그토록 위협적이었던 이유는 '언제나 존재할 미래의 약속'과 더불어, 피할 수 없고 무한해 보이는 책임감에 대한 이러한 요청 때문이다. 엠마뉴엘 레비나스에 대한 '작별인사'에서 데리다는 그 '아듀'가 의미화된 것 안의 존재를 넘어서는 타자에게 인사한다고 쓰고 있다. 그리고 여기서 그는 '영광이라는 단어에 의해 존재 너머로'라는 레비나스의 구절을 인용한다. 데리다가 우리에게 맡긴 책임을 받아들이기로 한다면 우리는 데리다를 영광 속에 머물게 할 수 있다. 그것은 '받아들여지기 위해서' 항상 여기에 있으며, 역설적이게도 '도래할'이라는 말이 가진 최고의 의미를 지닌 미래에 대한 책임감이다. 우리 모두, 나 자신, 내 딸, 그리고 그에 대한 내 기도는 데리다가 그러한 위임 속에 열어둔 채로 남겨놓은 희망에 깃든 감사함이다.

Notes

1. J. Derrida, and M. Ferrari, *A Taste for the Secret*, trans. G. Donis(Cambridge : Polity, 2001), 20.
2. *Ibid*., pp. 19–20.
3. *Ibid*., p. 16.
4. See generally, G. Borradori, *Philosophy in a Time of Terror : Dialogues with Jürgen Habermas and Jacques Derrida*(Chicago University of Chicago Press, 2003), Part 2.
5. See generally, M. Mandami, *Good Muslim, Bad Muslim : America, the Cold War and the Roots of Terror*(New York : Pantheon, 2004).
6. See generally, G. Borradori, *Philosophy in a Time of Terror*, Part 2.
7. J. Derrida, *Other Heading : Reflections on Today's Europe*, trans, P–A Braut and M. Naas(Indianapolis : Indiana University Press, 1992), 77.
8. I. Kant, *The Critique of Judgment*, trans. J. C. Meredith(Oxford : Clarendon Press, 1978).
9. J. Derrida, "The Laws of Reflection : Nelson Mandela, in Admiration" , trans. M. A. Caws and I Lorenz, in J. Derrida and M. Tlili(eds), *For Nelson Mandela* (New York : Henry Holt, 1987), 27.
10. *Ibid*., p. 23.
11. *Ibid*., p. 37.

12. Derrida, *A Taste for the Secret*, p. 16.

13. *Ibid.*, p. 23.

8
차연으로의 복귀를 청하는 호소
가벼운 자기변호와 함께

슬라보예 지젝
(Slavoj Žižek)

슬로베니아의 한 유명한 가톨릭 지식인으로 문화부 장관 및 주 프랑스 대사를 역임한 바 있으며, 고상한 기독교 윤리의 대가인 체하지만 실상은 윤리적으로 타락한 얼간이에 불과한 자가 부끄러움도 모른 채 네리나의 때 이른 죽음에 관하여 이렇게 쓴 바 있다.

> 유일한 무기는 모반과 파괴이다. 이는 다름 아닌 최근에 사망한 사도 자크 데리다가 우리에게 가르쳐 준 바이다. 창문이 보이는 곳마다 그 안으로 벽돌을 던져라. 건물이 있는 곳이라면 어디나 지뢰가 묻혀

> 있을 것이다. 고층 건물이 있는 곳에는 빈 라덴bin Laden과 같은 인물이 나타날 것이다. 어떤 종류가 되었든 제도, 법, 혹은 연대가 있는 곳이라면 왜곡, 즉 길거리나 지하세계의 '법'을 발견하게 될 것이다.[1]

이러한 구절이야말로 오늘날 지식인의 삶에 출현한 신종 야만주의를 잘 보여주고 있지 않은가? 그러한 현상은 비단 슬로베니아와 같은 주변 국가들에만 국한된 것이 아니다. 제국의 본고장 또한 예외가 아니어서, 예를 들면 왜 프랑크푸르트 학파가 때마침 역사의 무대에 출현했는지 설명하는 이론들이 등장하고 있다. 사회경제적인 마르크스 혁명의 실패가 분명해지자 그 원인이 서구 기독교의 정신적 토대가 지닌 깊이를 과소평가했기 때문이라는 결론이 도출되었다. 그 결과 전복적인 행위의 중심이 정치적·경제적 투쟁에서 '문화적 혁명'으로, 그리고 국가적 자긍심, 가족, 종교, 정신적 헌신 등을 폄하하는 꾸준한 지적·문화적 작업으로 이동했다. 조국을 위한 희생정신은 '권위주의적 인성'을 수반한다는 이유로 무시되었고, 부부간의 정절은 병리학적인 성적 억압의 표현으로 간주되었다. 문명의 모든 기록은 야만의 기록이라는 벤야민의 테제에 따라 서구 문명의 가장 위대한 업적들이 인종차별과 민족학살의 역사를 은폐한 죄목으로 비난의 대상이 되었다.

학계에서 이러한 신종 야만주의를 옹호한 주요 인물로 케빈 맥도널드Kevin MacDonald를 들 수 있다. 그는 자신의 저서 『비평의 문화』(*The Culture of Critique*)에서 20세기에 유대인들에 의해서 주도된 모종의 지적 운동들이 유럽 사회를 근본적으로 변화시켰으며, 서구인들의 신념을 파괴했다고 주장한다. 이러한 운동들이 비유대인들에게는 보편적이고 심지어는 유토피아적인 것으로 제시되었지만, 실제로는 의식적으로건 무의식적으로건 유대인들의 이익을 증진시키도록 고안되었다는 것이다.[2] 유대인들이 그들 자신의 이익을 증진시켜 온 가장 일관된 방식들 중 하나는 복수성과 다양성을 장려하는 것이었지만, 그들은 이를 오로지 다른 사람들에게만 요구했다. 19세기 이후 유대인들은 이교 사회의 전통적인 토대들, 예를 들어 애국심, 인종에 대한 충절, 도덕성에 대한 기독교적 기반, 사회적 동질성, 성적 억제와 같은 것들을 불신하도록 유도하는 운동들을 주도했다. 맥도널드는 여러 페이지를 할애하여 아도르노Adorno가 공동 기획한 『권위주의적 인성』(*The Authoritarian Personality*, 1950)[3]을 자세하게 다룬다. 그가 보기에 이 책의 목적은 모든 집단적 결속이 마치 정신적 혼란의 징후인 것처럼 들리게 하는 것이었다. 애국심에서부터 종교, 가족, 인종에 대한 충성에 이르기까지 모든 숭고한 감정은 위험하고도 결함을 지닌 '권위주의적 인성'의 징후로 배척당했다. 서로 다른 집단들을 구별하는 것은 불법으로 간주되기 때문에 모든 집단에 대한 충성, 심지어 가까운 가족 간의 유대조차도 '편견'이라 낙인찍혔다. 맥도널드는 『권위주의적 인성』이 "오로지 미국인들을 집단 정신요법에 해당하는 치료 대상으로 삼아 그들을 정신병동의 수용자들로 취급해야만이 편견이 근절될 수 있을 것"이라는 결론에 이른다는 크리스토퍼 래쉬Christopher Lasch의 언급을 자신의 주장을 뒷받침하는 근거로서 인용한다.[4] 그렇지만 호르크하이머Horkheimer와 아도르노가 이방인들의 정신적 질환으로 묘사한 것이야말로 바로 유대적 정체성의 핵심을 이루는 집단에 대한 충성심, 전통에 대한 존중, 차이에 대한 의식과 같은 것들이다. 맥도널드의 주장에 의하면, 이 저자들은 이견을 보이는 사람들을 처리할 때 구 소련에서 가장 선호하던 전술을 받아들였다. 그것은 그들과 정치적 견해가 다른 사람들은 누구나 미쳤다고 간주하는 것이다. 이 유대 지식인들에게는 반유대주의 또한 정신질환의 징후였다. 기독교적 자기 부정, 특히 성적 억압은 유대인들에 대한 증오를 유발했다. 프랑크푸르트 학파는 정신분석에 열성적이었는데, 그에 따르면 "유아기의 아버지에 대한 오이디푸스적 양면성과 가학성 항문기 관계는 반유대주의자들이 지닌 고질적인 유산이다."[5] 애국심과 인종 정체성을 조롱하는 것 외에도 프랑크푸르트 학파는 혼음과 보헤미아적 가난을 칭송한다. "상당히 성공적이었던 1960년대 대항문화 혁명의 핵심적 태도들 중 많은 부분이 확실히 『권위주의적 인성』에서 그 표현을 빌려오고 있다. 여기에는 부모에 대한 반항과 저투자low-investment 성관계를 이상화하고 상향적 사회이동 및 사회적 지위, 가족적 자긍심, 기독교 종교, 애국심을 조롱하는 태도가 포함된다."[6]

비록 '프랑스-유대계 해체주의자 자크 데리다'는 나중에 등장하지만 다음과 같은 구절을 통해 그도 동일한 전통에 속하게 된다. "해체의 이면에 있는 생각은 강경한 이민정책을 지닌 강력한 민족국가의 작동을 해체하고 민족주의의 수사학, 장소의 정치학, 조국과 모국어의 형이상학을 해체하는 것이다. … 이는 한마디로 … 민족국가가 이방인과 유대인, 아랍인, 이민자들에 대항하여 스스로를 방어하기 위해 세운 정체성이라는 … 폭탄을 해체하는 것이다."[7] 맥도널드에 의하면, '가장 추상적인 차원에서 보았을 때 근본적인 어젠다는 유럽 혈통의 미국인들이 자신들의 인구 통계학적·문화적 쇠락을 우려하는 현상을 비합리적이자 정신병리학의 징후로 간주하도록 영향력을 발휘하는 것이다."[8] 이러한 프로젝트는 지금까지 성공적이었다. 백인들이 원래의 자리에서 밀려나는 것에 반대하는 사람들은 누가 되었든지 어김없이 정신질환에 시달리는 선동가로 취급되며, 백인들이 그들의 집단 이익을 방어하려 하면 심리학적으로 미숙한 존재로 낙인찍힌다. 물론 유대인들 자신은 조용히 제외된다. "자민족중심주의가 정신병리학의 한 형태라는 이데올로기는 오랜 역사에 걸쳐 전 세계 모든 문화 중에서 분명 가장 자민족중심주의적인 것으로 인정되어 온 집단에 의해 널리 퍼졌다."[9] 여기서 우리는 정신을 똑바로 차려야 한다. 위대한 계몽주의 전통의 기준에 의거해 볼 때, 지금 우리가 보고 있는 것은 기존에 정통 마르크스주의가 '부르주아 비합리주의자들'을 지칭한 바 있는 용어로 가장 잘 나타낼 수 있다. 그것은 다름 아닌 **이성의 자기 파괴**이다. 명심해야 할 유일한 사항은 이러한 신종 야만주의야말로 정확히 포스트모던적 현상이며, 지극히 반성(反省)적인 자기풍자적 태도의 반면(反面)이라는 것이다. 그러므로 우리가 맥도널드와 같은 저자의 글을 읽으면서 풍자 글을 읽는지, 아니면 '진지한' 논쟁 글을 읽는지 종종 알 수 없다 해도 놀라운 일이 아니다.

그러나 무엇보다도 안타깝고 놀라운 일은 최근의 프랑크푸르트 학파를 대표하는 몇몇 학자들로서, 맥도널드에 의해 데리다와 더불어 유대인들의 음모에 연루된 자들의 이론적 후예들이 동일한 논리의 주장을 내용만 뒤집어서 그대로 보여주는 것을 목격하는 일이다. 그리고 이 역시 그에 못지않은 지독한 중상모략으로 귀결된다. 이제 데리다는 유대인들의 음모의 대행자로서 징계되는 대신에 보드리야르를 비롯한 다른 사람들과 함께 '포스트모던'의 도가니 안으로 던져진다. 이 '포스트모던' 주의자들은 대학살*Holocaust* 부인(否認)에 대한 지적 배경을 직접 제공하지는 않더라도, 결국 원형적 파시스트의 비합리주의로의 길을 연 인물들로 지목된다. 이처럼 고상한 도덕적인 염려의 탈을 쓴 지독한 편협성을 보여주는 가장 최근의 전형적인 인물은 리차드 월린Richard Wolin이다. 그의 『비이성의 유혹』(*The Seduction of Unreason*)은 1950년대 초반에 루카치Lukacs가 쓴 가장 스탈린적인 작품으로 악명 높은 『이성의 파괴』(*Die Zerstoerung der Vernunft*)를 계승하는 작품이라 할 만하다. 월린은 터무니없게도 9·11은 미국이 받아 마땅한 일이었다고 주장한 사람들 안에 보드리야르와 함께 나를 포함시켰다.

> 전통적으로 미국에 대한 디스토피아적 견해는 메스트르Maistre, 아서 드 고비노Arthur de Gobineau, 오스왈드 스펭글러Oswald Spengler와 같은 반혁명론적 작가들의 단골메뉴였다. 더 최근에는 이러한 견해가 장 보드리야르와 슬라보예 지젝과 같은 포스트모던 좌파의 수장격인 사람들에게까지 파고들었다. 그들의 이론에서 미국은 포스트모던적이고 기술만능주의적인 몰록Moloch의 화신으로 등장한다. 즉 미국은 역사와 전통이 부재한 땅으로, 미디어의 지배를 받는 대중문

> 화의 유혹과 환상이 확고한 헤게모니를 장악해 온 곳으로 나타난다. 포스트모더니스트들은 가족, 공동체, 정치학의 전통적 가치관들이 '하이퍼 리얼리티'라는 열병적 망상에 자리를 내어주었다고 주장한다. 오늘날 우리는 '시뮬라크르'의 지배를 경험한다. 그것은 미디어가 생산해낸 복제품들로, 원본을 상실하고 자동적으로 순환된다. 이러한 태도는 보드리야르가 '꿈은 이루어졌다'며 9·11 공격을 열광적으로 환영한 점을 이해하게 해준다.[10]

드 메스트르, 고비노, 스펭글러, 보드리야르, 지젝. 이제 나는 내가 어디 속했는지 알겠다. 원형적 파시스트 비합리주의자들의 대열에 참여한 것이다. 유일한 위안은 최소한 내가 니체나 아도르노와 같은 인물들과 우호관계임을 발견한다는 점이다.[11] 월린이 가장 야비한 때는 내가 9·11에 대해서 쓴 것을 마치 아무런 도덕적 판단도 내리지 않은 채 그저 또 다른 미디어 속 광경을 묘사하고 있는 것처럼 '진술'할 때이다. 그에 대한 '증거'라고 월린은 나의 9·11 관련 서적에서 한 줄을 인용한다. "도저히 상상할 수 없음에도 발생한 사건은 공상 속의 대상이었다. 그러므로 어떤 의미에서 미국은 자신이 공상 속에서 그리던 것을 경험한 셈이었고, 이것이 가장 놀라운 일이었다."[12] 그는 이 구절을 인용하면서 '어떤 의미에서'를 삽입한 것은 내 입장의 모호함을 나타낸다고 주장한다. 즉 내가 과도한 주장을 조심스럽게 유보하면서도 이러한 유보가 정확히 무엇을 의미하는지 구체적으로 밝히지 않음으로써 양손에 떡을 쥐려 한다는 것이다. 즉 내가 미국이 받아 마땅한 일을 겪었다고 주장하는 한편 그 주장의 과도함을 감추어 줄 여지를 남겨둔다는 것이다. 이런 식의 추론은 한마디로 앞뒤 논리가 맞지 않는 거짓말이라 할 수 있다. 일찍이 그러한 것이 있었다면 말이다. 우선 나는 미국이 그들이 '받아 마땅한 것'이 아니라 '공상 속에 그리던 것'을 경험했다고 주장했으며, 누구라도 자신의 공상을 실제로 경험하게 되면 결국 그것은 악몽으로 끝나게 된다는 점을 분명히 밝혔다. 두 번째로, 더욱 더 중요한 것은 내가 조금 뒤에 이 '어떤 의미에서'라는 구절이 무엇을 의미하는지 분명히 밝히고 좌파 특유의 **타인의 불행으로부터 느끼는 행복***Shadenfreude*을 거부한다는 사실이다.

> 미국식 애국 서사인 '포위된 순수, 애국적 자긍심의 발로'는 물론 공허하다. 그러나 좌파 서사(**타인의 불행으로부터 느끼는 행복**을 드러내는 서사로 미국은 그들이 받아 마땅한 것, 수십 년간 그들이 다른 사람들에게 자행한 것을 돌려받았다고 보는 시각)가 그보다 더 낫단 말인가? 유럽뿐 아니라 미국의 좌파 진영이 보여준 주된 반응은 그 못지않게 수치스러운 것이었다. 상상할 수 있는 온갖 어리석은 말들이 내뱉어지고 글로 쓰였다. 심지어 세계무역센터WTC 건물이 파괴('거세')되기를 기다리는 두 개의 남근을 상징했다는 '페미니스트'적 해석까지 나왔다. 대학살 수정주의를 떠올리게 하는 셈법에는 뭔가 쩨쩨하고도 부끄러운 구석마저 있지 않은가(르완다Ruanda, 콩고Congo 등지에서 죽은 수백만 명과 6,000의 사망자 수를 비교하는 것은 뭐란 말인가)? CIA가 탈레반과 빈 라덴을 (함께) 창조하여 아프가니스탄에서 소련군과 싸우도록 재정적 지원 및 도움을 주었다는 사실에 대해서는 어떻게 생각

> 하는가? 어째서 이러한 사실이 그들을 공격하는 것에 **반대하는** 주장으로 인용되었을까? 차라리 그들이 창조한 괴물을 제거하는 것이 바로 그들의 의무라고 주장하는 것이 훨씬 더 논리적이지 않을까? 그 질문에 대해 "그래, WTC 붕괴는 비극이었지, 그러나 그 희생자들과 완전히 연대감을 지니는 것은 곤란하지. 그러면 미국의 제국주의를 지지하는 꼴이 될 테니 말이야"라고 생각하는 순간 이미 윤리적 재난이 도래한 것이다. 유일하게 온당한 입장은 **모든** 희생자들과의 무조건적 연대이다. 그러나 온당한 윤리적 입장은 죄와 공포에 직면하여 도덕적 교훈으로 포장된 셈법에 의해 대체되면서 가장 중요한 사실을 잊어버리게 만든다. 즉 각 개인이 당한 끔찍한 죽음은 절대적이며 비교 불가능하다는 점이다. 잠시 간단한 정신적 실험을 하나 해보자. 만약에 당신이 자신 안에서 WTC 붕괴의 희생자에 대해 충분히 감정이입하지 못하게 만드는 무엇을 감지하고 '그래, 하지만 아프리카에서 고통받는 수백만의 사람들은 어떻게 할 것인가 …"라고 생각하며 감정이입을 제한하려는 충동을 느낀다면 그것은 제3세계에 대한 공감이 아니라, 제3세계 희생자들에 대해 은근히 우월감을 느끼는 인종차별주의 태도를 입증하는 **자기 기만***mauvais fois*을 드러낼 뿐이다.[13]

어쩌면 손쉬운 '이론적' 성과를 올리기 위해서 9·11 희생자들의 기억을 효과적으로 이용하는 도덕가연하는 위선자들에 의해 중상모략을 당하는 데리다 및 다른 사람들과 내가 한 배를 타고 있음을 발견한 지금, 나와 데리다의 관계를 조정하고 때늦은 연대감을 표명할 때가 된 듯하다. 데리다의 작품들과 씨름하는 많은 페이지들을 썼고, 이제 데리다의 인기가 시들해지는 지금이 어쩌면 데리다가 **차연**이라고 부른 것과 내 작품의 친연성을 지적함으로써 그에 대한 기억에 경의를 표할 때인 듯하다. 차연이라는 이 신조어가 초래한 악명은 그것이 함축하고 있는 전례 없는 물질주의적 가능성을 알기 어렵게 만든다.

생애 마지막 20년 동안 데리다는 해체가 과격하면 할수록 어떻게 그것이 해체의 내적 조건, 즉 정의(正義)에 대한 메시아적 약속에 더 의존할 수밖에 없는지 강조했다. 이 약속이야말로 바로 데리다적인 신념의 대상이다. 데리다의 궁극적인 윤리적 원칙은 이 신념만큼은 환원 불가능하며 '해체 불가능하다'는 것이다. 그러므로 데리다는 온갖 종류의 역설을 허용할 수 있다. 그 대표적인 사례가 기도에 대한 성찰에서 발견되는데, 무신론자도 기도할 뿐만 아니라, 오히려 오늘날 진정으로 기도하는 자들은 무신론자들뿐이라는 주장이다. 실증적인 존재로서의 신을 거부함으로써 그들은 순수한 메시아적 타자성을 조용히 간구한다.[14]

데리다와 헤겔 전통이 구별되는 간극을 강조해야 하는 지점이 바로 이곳이다.

> 자유민주주의의 확립 과정에서 발생하는 실패에 비추어 볼 때 사실과 이념적 본질 사이의 간극이 비단 … 신정(神政)이나 군사 독재와 같은 소위 원시적 형태의 정부 … 에서만 드러나는 것이 아님을 너무 쉽게 알 수 있을 것이다 … 이러한 실패와 간극은 **선험적으로**, 그리고 자명하게도 소위 서구 민주주의 중에서 가장 오래되고 안정된 것까지

> 포함하는 **모든** 민주주의의 특징이기도 하다. 여기서 위협에 처하는 것이 바로 그러한 **틈새***diastema*(실패, 부적당, 이접, 부적응, '탈구된' 상태)에서만 발생할 수 있는 약속의 개념으로서의 민주주의라는 개념이다. 그것이 우리가 미래의 현재로서의 **미래의** 민주주의, 심지어는 칸트식 의미에서의 규제적 이념이나 유토피아가 아니라—적어도 도달하기 어렵다는 바로 그 점 때문에 여전히 **미래의 현재**, 즉 **생생한 현재**의 미래 양식이라는 시간적 형식을 보존하고 있는 한—언제나 **도래할** 민주주의에 대해서 이야기할 것을 제안하는 이유이다.[15]

이 점이 가장 순수한 차원에서 헤겔과 데리다의 차이이다. 데리다는 왜곡된 실현에 대항해 순수한 이념을 주장할 수 없다는 헤겔의 근본적인 교훈을 수용한다. 이는 비단 민주주의뿐만 아니라 종교에 대해서도 적용된다. 이념적인 개념과 그 실현을 구분하는 간극은 이념 자체에 이미 내재되어 있다. 순수한 메시아적 약속으로서의 신성함에 대한 모든 실증적인 개념 결정은 "신은 이미 스스로와 모순된다"와 같은 방식으로 이미 스스로를 배반하며, 마찬가지로 우리 또한 "민주주의는 이미 스스로와 모순된다"고 말할 수밖에 없다는 것이 데리다의 주장이다. 데리다는 이를 바탕으로 종교와 근본악의 상호 함축을 상세히 설명한다.[16] 근본악(정치적 용어로는 '전체주의')은 종교적 신념이나 이성(혹은 민주주의 자체)이 미래의 현재라는 양태로 가정될 때 출현한다. 하지만 데리다는 헤겔과는 반대로 이념적인 개념 안에는 이념과 그 실현 사이에 이루어지는 변증법으로 해소될 수 없는 환원 불가능한 잉여가 존재한다고 주장한다. 이것이 '도래할' 메시아적 구조이며, 결코 한정된 내용으로 실현될 수 없는 심연이 함축한 잉여이다.

여기서 헤겔 본인의 입장은 처음보다 훨씬 더 복잡하다. 그는 점진적인 변증법적 과정을 통하여 개념과 실현 사이의 간극을 극복하고, 그 개념의 완전한 자기 투명성('절대 지')을 획득할 수 있다고 주장하는 것이 아니다. 사변적으로 표현하자면 그의 요지는 오히려 '순수한' 모순을 주장하는 것이다. 이는 해체 불가능한 순수한 타자성과 그것을 실현하거나 결정하려는 시도가 실패함으로써 발생하는 모순이 아니라, 모든 타자성에 선행하는 철저하게 내재적인 '모순'이다. 실현 그리고/혹은 개념적 결정은 '해체 불가능한 신성한 타자성의 흔적'이 아니라 그들 간의 사이in-between를 표시하는 흔적일 뿐이다. 다시 말해서 데리다는 일종의 전도된 현상학적 **판단중지***epoche*를 통해 타자성을 순수한 잠재성의 '도래'로 환원하고, 그것의 실증적 내용을 괄호 안에 넣어서 그것을 철저하게 탈존재화한다. 그 결과 남는 것은 약속이라는 유령이다. 만약에 그 다음 단계가 이 타자성 자체라는 최소한의 유령마저 포기하는 것이며, 남는 것은 오직 균열, 즉 실재가 자기 정체성에 도달하는 것을 막는 간극 그 자체뿐이라면 어찌 되는가? 예전에 사르트르의 실존주의에 대해 프랑스 공산주의 철학자들이 던진 비난을 상기해 보라. 사르트르는 부르주아 주체의 내용은 전부 버리고 순수한 형식만을 남겨두었다. 그 다음 단계는 이 형식마저 버리는 것이었다. 여기에 **필요한 변경을 가하여***mutatis mutandis* 우리는 데리다가 메시아주의의 실증적이고 존재론적인 내용은 모두 버리고 그것이 지닌 약속의 순수한 형식만을 남겨두었으며, 다음 단계는 그 형식 자체를 버리는 것이라고 주장할 수도 있다.

동일한 구조가 유대교에서 기독교로의 이행에도 적용된다. 유대교는 미래의 삶에 대한 약속을 순수한 타자성, 즉 결코 온전하게 임하지도, 실현되지도 않을 메시아에 대한 약속으로 환원한다(메시아는 언제나 '도래할' 존재이다). 반면에 기독교는 약속의 온전한 실현을 주장하는 대신에 훨씬 더 불가사의한 무언가를 성취한다. 메시아는 여기 계시다. 그는 임하셨으며, 최후의 사건은 이미 일어났다. 그러나 메시아에 대한 약속을 지탱해 온 간극은 남아 있다. 이는 거의 **차연**을 주장한 초기 데리다로의 복귀를 제안하고 싶어질 지경이다. 누구보다도 에르네스토 라클라우Ernesto Laclau가 제기한 것처럼 [17] '후기 세속주의적인' 메시아주의로의 데리다의 전회가 그가 초기에 보여준 '해체주의적' 열정의 필연적인 결과가 아니라면 어찌하겠는가? 해체의 해체 불가능한 지평으로서 언제나 도래할 막연한 판단중지 안에서 작동하는 무한한 메시아적 정의라는 관념이 '순수한' **차연**, 즉 실재를 그 자체와 구별해 주는 순수한 간극을 이미 알기 어렵게 만들었다면 어찌하겠는가? 이 순수한 사이를 어떠한 메시아적 정의의 개념보다도 앞서 생각하는 것은 불가능한가? 데리다는 이것이 마치 실증적 존재-윤리학, 즉 기존의 질서를 초월하여 또 다른 보다 숭고한 실증적 질서를 향하여 나아가는 몸짓과 유령적 '타자성'에 대한 순수한 약속 사이의 선택인 것처럼 행동한다. 만약에 우리가 '타자성'에 대한 이러한 언급을 모두 포기한다면 어떻게 되겠는가?

아마도 이는 우리를 형이상학에 대한 데리다적 해체의 극한으로 몰고 갈 것이다. 서로 너무나 다른 세 명의 사상가인 니체, 하이데거, 데리다 모두 자신의 시대를 형이상학의 중요한 전환점으로 인식했다. 그들(우리) 시대에 형이상학은 그 잠재성을 모두 소진했으며, 사상가의 의무는 새로운 후기 형이상학적 사상을 위한 초석을 준비하는 것이다. 더 일반적으로 말하자면 현재의 포스트모더니티 시대에 이르기까지 유대-기독교 역사 전체는 아우구스티누스 Augustine의 『신국론』(*City of God*)에서 처음으로 표명된 바 있는 횔덜린식 패러다임이라고 부를 수 있는 것으로 결정된다. 즉 "위험이 있는 곳에 또한 우리를 구원할 수 있는 것이 자라난다"[*Wo aber Gefahr ist wächst das Rettende auch*]. 지금 이 순간은 역사적 데카당스의 오랜 과정 중 최저점으로 보인다(신들의 도주, 소외, 세계화 등). 그러나 인간됨의 본질적 차원마저 상실하게 되는 파국의 위험은 역전(*Kehre*)의 가능성 또한 열어준다. 예를 들어 프롤레타리아의 혁명, 후기 하이데거에 의해 유일한 구원의 수단으로 제시된 바 있는 새로운 신들의 도래 등이 그것이다. 우리는 '이교적인' 선사 시대의 우주, 이러한 패러다임으로부터 완전히 벗어나 있는 우주, (역사적) 시간이 어떠한 목적론적 굴곡도 없이 단지 흘러갈 뿐이고, 과거 자체를 구속(救贖)할 '빛나는 미래'가 출현할 수 있는 위태로운 결정의 순간이라는 생각(벤야민의 **지금 시간***Jetzt-Zeit*)이 전혀 의미 없는 우주를 상상할 수 있는가?

비록 이러한 횔덜린식 패러다임은 보통 기독교와 동일시되기는 하지만 가장 근본적인 차원에서 기독교는 그것을 독특하게 비튼다. 일어나야 할 일들은 이미 모두 일어났다. 기다릴 것은 아무것도 없으며, 사건, 즉 메시아의 강림을 기다릴 필요도 없다. 메시아는 이미 강림하셨고, 사건은 이미 일어났으며, 우리는 그 결과 속에 살고 있다. 역사의 종결이라는 이 기본적인 태도는 헤겔의 메시지이기도 하며, 미네르바의 올빼미는 황혼녘에 날아오른다는 그의 금언이 의미하는 바이다. 어렵지만 반드시 파악해야 할 중요한 점은 이러한 태도가 어떻게 우리에게 수동적 성찰에 머물게 만드는 대신 적극적으로 개입할 수 있는 여지를 열어주는가 하는 것이다. 똑같은 말이 키에르케고르Kierkegaard에게도 적용되는데, 그는 '현재 시대'의 대중사회에 대한 특유의 불평에도 불구하고 역사성에 대한 횔덜린식 패러다임과 그 입장에 수반되기 마련인 **오만한***hubristic* 자아인식에 의존하는 것 같지 않다. 우리 시대라고 특별할 것은 없다. 혹시 있다면 우리는 평범하고 재미없는 시대에 살고 있다는 것뿐이다.

타자성의 심연에 대한 윤리적 몰입에 선행하는 이러한 **차연**은 무엇인가? 한국의 비무장 지대 남쪽 편에는 방문객을 위한 독특한 장소가 마련되어 있다. 전면에 북쪽을 향한 커다란 스크린 모양의 창문이 달린 극장식 건물이 그것이다. 방문객들이 자리에 앉아 창문을 통해 관찰하게 되는 광경은 리얼리티 그 자체, 아니 오히려 일종의 '실재의 사막the desert of the real'이다. 황량한 비무장 지대와 그 너머로 어렴풋이 북측의 모습이 보이는 것이다. 그러한 픽션에 부응하듯 북한은 이 극장 앞에 순전히 가짜인, 즉 아름다운 집들로 이루어진 모델 마을을 지었다. 비록 아무도 그 안에 살지 않지만 저녁이 되면 모든 집에 동시에 불이 켜진다. 이것이야말로 프레임 자체의 상징적 효율성을 보여주는 완벽한 사례가 아닌가? 황량한 지대가 단지 프레임 안에 놓였다는 이유만으로 하나의 스펙터클로 격상되어 판타즈마fantasma로 변모하게 된다. 본질적으로는 아무것도 변하지 않았지만, 프레임을 통해 보인다는 이유만으로 리얼리티는 스스로의 현상이 된다. 그러한 존재론적 코미디의 극단적인 사례가 2001년 12월 부에노스 아이레스에서 일어났다. 그때 아르헨티나 사람들은 현 정부, 특히 재정부 장관인 카발로Cavallo에게 항의하게 위해 거리로 나왔다. 성난 군중들이 카발로가 있던 건물 주위로 몰려들어 밀어닥치려 하자, 그는 신제품 가게에서 자신을 조롱하려는 사람들에게 판매하던 본인의 가면을 쓰고 도망쳤다. 카발로는 최소한 아르헨티나에서 널리 퍼진 라캉적 동향으로부터 무언가를 배운 것 같다. 즉 자신의 최고의 가면은 바로 자기 자신이다. 우리가 동어반복에서 마주치게 되는 것은 순수한 차이로, 하나의 요소와 다른 것들 사이의 차이가 아니라 하나의 요소와 그 자신 사이의 차이이다.

헤겔이 주는 기본적인 교훈은 존재론의 핵심적 문제가 리얼리티가 아닌 현상의 문제라는 것이다. 그가 던지는 핵심적 질문은 '우리는 끝없는 현상의 유희를 겪을 수밖에 없는가, 아니면 그 베일을 뚫고 그 밑에 있는 진정한 리얼리티에 도달할 수 있는가?'가 아니라, '어떻게 저기 있는 무미건조하고 지루한 리얼리티로부터 현상과 같은 것이 출현할 수 있는가?'이다. 이 최소 존재론은 뫼비우스의 띠, 즉 스스로를 향해 구부러진 곡선 모양의 공간에 자리 잡고 있다. 실재 안으로 개입해 들어가기 위해 필요한 것은 단지 텅 빈 프레임이며, 우리가 이전에 '직접' 보았던 것과 똑같은 것을 이제는 프레임을 통해 볼 뿐이다. 그 결과 '탈신비화'를 통해 간단히 삭제될 수 없는 일종의 잉여효과가 창출된다. 프레임 안에서 벌어지는 무대효과는 스스로 자율성을 획득하므로 프레임 이면의 메커니즘을 드러내는 것만으로는 상쇄시킬 수 없다. 어떻게 이것이 가능한가? 오로지 하나의 결론만이 이러한 간극을 설명할 수 있다. 즉 간극이 발생하고 프레임이 현상의 영역들과 분리되는 '중립적' 리얼리티란 없다는 것이다. '리얼리티'의 모든 영역(모든 '세계')은 항상 이미 프레임에 끼워져 있으며, 눈에 보이지 않는 프레임을 통해 보이는 것이다. 그러나 두 프레임의 시차(視差)parallax는 서로 대칭적이지 않으며, 동일한 X에 대한 양립 불가능한 두 개의 시각으로 이루어져 있다. 그 두 개의 시각 사이에는 환원 불가능한 비대칭, 즉 최소한의 반사 굴곡이 존재한다. 우리는 두 개의 시각을 지니는 것이 아니라 하나의 시각과 그것을 비껴가는 시각을 지닌다. 두 번째 시각은 우리가 첫 번째 관점에서 볼 수 없었던 공백을 채운다.

모더니스트 회화에 대한 최소 정의 중 하나가 바로 프레임이 지닌 기능에 관한 것이다. 우리 앞에 있는 그림의 프레임은 진정한 프레임이 아니다. 실제로는 또 다른 보이지 않는 프레임이 있는데, 이는 그림의 구조에 함축된 프레임으로, 그림에 대한 우리의 지각에 틀을 끼우는 프레임이다. 말할 것도 없이 이 두 개의 프레임은 결코 중첩되지 않는다—보이지 않는 간극이 그들을 구별한다. 그림의 중요한 내용은 보이는 부분에 의해 형성되는 것이 아니라 두 개의 프레임 사이에서 발생하는 이러한 탈구, 즉 그들을 분리하는 간격에 놓여 있다. 두 개의 프레임 사이에 형성되는 이러한 차원은 카지미르 말레비치Kazimir Malevich에게서 분명히 나타난다. 그의 「하얀 표면 위의 검은 사각형」(*Black Square on White Surface*)이 두 개의 프레임 사이의 거리를 가리키는 최소 표식이 아니라면 무엇이겠는가? 또 에드워드 호퍼Edward Hoppper의 그림에 등장하는 사무실 건물이나 저녁 시간대 도로변 식당 안의 외로운 인물들을 한번 떠올려 보라. 여기서는 그림의 프레임이 창문의 또 다른 프레임을 다시 한 번 반복하는 것처럼 보인다. 또는 열린 창문 가까이에서 햇빛을 받고 있는 그의 아내의 초상화를 떠올려 보라. 여기서 우리가 실제로 보는 것은 정작 그려진 내용과는 정반대의 잉여로 마치 전체 그림의 파편, 말하자면 대응되는 장면이 빠진 장면만을 보는 것과 같다. 이번에는 에드바르 뭉크Edvard Munch의 「마돈나」(*Madonna*)의 두 개의 프레임에서 쥐어짜낸 「절규」(*The Scream*)의 물방울 같은 정자의 무리와 작은 태아와 같은 형상을 떠올려 보자. 프레임은 항상 이미 다시 한 번 반복된다. '리얼리티' 내부의 프레임은 '리얼리티' 자체에 틀을 끼우는 또 다른 프레임과 항상 연결된다.[18] 그러므로 일단 시작되면 리얼리티와 현상 사이의 간극은 곧바로 복잡해지며, 스스로를 반영한다. 우리가 프레임을 통해서 다른 차원을 얼핏 보는 순간 리얼리티는 스스로 현상이 된다. 다시 말해서 사물들은 그냥 나타나는 것이 아니라 내보이기 위해서 나타나는 것이다. 이것이 부정의 부정이 단순하고 절대적인 긍정으로 이어지지 않는 이유이다. 사물들이 일단 나타나면(나타나기 시작하면) 그것들은 자신이 아닌 모습으로 나타나서 환상을 창출할 뿐만 아니라, 그저 나타나 보이기 위해 나타날 수도 있다. 자신이 겉으로 나타나 보이는 바로 그것이라는 사실을 숨기면서.

이러한 사물과 그 자체의 구성적 불일치, 즉 '최소 차이'의 논리야말로 헤겔의 핵심적 범주인 '구체적 보편성'에 대한 실마리를 제공한다. '무언의' 추상적 보편성을 예로 들어보자. 여기에는 이 보편적 프레임을 어떻게든 전복시키고 불일치를 자아내는 일체의 모든 요소들이 포함된다. 이 경우 '진정한' 구체적 보편은 거리 그 자체, 즉 보편화된 예외이다. 반대로 보편과 정확하게 일치하는 요소는 진정한 예외이다. 보편성이란 특수한 구성물들을 담고 있는 중립적 용기나 공통된 척도, 특수한 것들이 전투를 벌이는 수동적인 (배후의) 기반이 아니라 전투 그 자체로서, 하나의 특수한 구성물에서 다른 것으로 이어지는 투쟁이다. 크지슈토프 키에슬로프스키 Krzysztof Kieslowski가 다큐멘터리에서 픽션 영화로 이행하게 된 과정을 상기해 보자. 우리는 단순히 다큐멘터리와 픽션이라는 두 종류의 영화를 가진 것이 아니다. 픽션은 다큐멘터리의 태생적 한계로부터 생겨난다. 키에슬로프스키의 출발점은 사회주의 국가의 모든 영화인과 같았다. 즉 재미없는 사회현실과 고도의 검열을 받는 국영 매체에 넘쳐나는 낙관적이고 밝은 이미지 사이의 뚜렷한 간극을 직면하는 것이었다. 키에슬로프스키가 표현한 바대로 폴란드에서 사회현실이 '재현되지 않는다'는 사실에 대응하는 첫 번째 방법은 그 모든 단조로움과 모호함을 있는 그대로 보여줄 수 있는 실제 삶을 가능한 충분히 재현하는 방향, 즉 철저한 다큐멘터리적 접근을 선택하는 것이었다. "세상을 묘사할 필요성과 의무가 있었으며, 그것은 우리에게 매우 흥분되는 일이었다. 공산주의 세계는 세상이 실제로 어떠한가가 아니라 어떠해야 하는가를 묘사했었다 … 만약에 어떤 것이 묘사되지 않았다면 그것은 공식적으로는 존재하지 않는 것이다. 그러므로 만약에 우리가 그것을 묘사하기 시작한다면 우리는 그것을 되살리는 것이다."[19]

1976년부터 제작된 키에슬로프스키의 다큐멘터리 「병원」(*Hospital*)을 언급하는 것으로 충분하다. 여기서 카메라는 32시간 교대 근무를 하는 정형외과 의사를 쫓는다. 수술 도구가 사용 중에 망가지고, 전류는 계속해서 끊어지며, 가장 기본적인 물품마저 부족하지만 의사들은 유머를 잃지 않고 부단히 견딘다. 그러나 결국에는 뜻밖의 반응이 일어나는데, 이는 최근에 헐리우드 영화를 선전하기 위해 사용된 슬로건에서 가장 잘 표현된 바 있다. '너무나 리얼하군, 픽션임에 틀림없어!' 가장 근본적인 차원에서 주관적 경험의 실재는 픽션의 가면을 통해서만 전달된다. 결혼하지 않은 젊은 커플을 대상으로 여자의 임신과 결혼, 분만과정을 카메라에 담은 다큐멘터리 영화 「첫사랑」(*First Love*, 1974)의 마지막 부분에는 아빠가 갓 태어난 아기를 품에 안고 우는 모습이 등장한다. 키에슬로프스키는 그처럼 부당하게 타인의 내밀함을 파고드는 외설스러움 앞에서 '진짜 눈물이 주는 공포'를 실감했다. 그러므로 다큐멘터리에서 픽션 영화로 넘어가기로 한 그의 결정의 가장 근본적 동기는 윤리적인 것이었다.

> 모든 것이 다 묘사될 수는 없다. 그것이 다큐멘터리의 중대한 문제점이다. 다큐멘터리는 마치 자기 자신의 덫에 걸린 것처럼 스스로를 함정에 빠뜨린다 … 만약 내가 사랑에 대한 영화를 만들고 있다 해도 사람들이 실제로 사랑을 나누고 있다면 침실에 들어갈 수는 없는 노릇이다 … 다큐멘터리를 만들면서 나는 어느 개인에게 더 가까이 다가가면 갈수록 나의 흥미를 끄는 더 많은 대상들이 숨어버린다는 것을 알게 되었다. 아마도 그것이 내가 픽션 영화로 전향한 이유일 것이다. 거기에는 아무런 제약이 없다. 침실에서 사랑을 나누는 커플이 필요하면 그것은 언제나 가능하다. 물론 기꺼이 브래지어를 벗어던질 여배우를 찾는 것이 어려울지도 모르지만, 어쨌거나 … 그런 여배우를 찾으면 된다. 심지어 글리세린을 사서 그녀의 눈에 몇 방울 떨어뜨리면 그 여배우는 눈물을 흘릴 것이다. 나는 서너 번 진짜 눈물을 찍기도 하였다. 그것은 완전히 다른 것이다. 하지만 이제 나는 글리세린을 가지고 있다. 나는 진짜 눈물에 겁이 난다. 사실 내가 그것을 사진에 담을 권리를 가지고 있는지조차 모르겠다. 그럴 때 나는 문득 출입금지 구역에 들어와 있는 사람처럼 느낀다. 그것이 내가 다큐멘터리에서 도망친 주된 이유이다.[20]

이처럼 다큐멘터리에서 픽션 영화로 이행하던 시기에 만들어진 중요한 작품이 「카메라 광」(*Camera Buff*, 1979)이다. 이 작품은 카메라에 대한 열정 때문에 부인과 아이, 직장을 잃게 되는 남자의 초상으로, 다큐멘터리 영화 제작인을 다룬 장편 영화인 셈이다. '넘어오지 마시오'라는 표시가 되어 있고, 포르노식 외설스러움을 피하고자 한다면 오로지 픽션을 통해서만 접근해야 하는 판타즈마적인 내밀함의 영역이 존재한다. 이것이 『베로니크의 이중 생활』(*The Double Life of Veronique*)에서 프랑스 여인 베로니크가 인형극 연출가를 거부하는 이유이다. 그는 그녀의 삶 속으로 너무 깊숙히 파고들려 하며, 그 때문에 영화 마지막 부분에서 그가 그녀의 두 개의 삶에 대해 이야기하자 그녀는 심한 상처를 받고 자신의 아버지에게 도망가 버리게 된다.[21] '구체적 보편성'이란 이처럼 다큐멘터리 내부에서 픽션이 폭발해 나오는 과정을 가리킨다. 이런 방식으로 픽션 영화의 출현은 다큐멘터리 영화가 태생적으로 봉착하게 되는 교착상태를 해결한다. 철학에서 중요한 점은 영원성을 시간성에 대립되는 것이 아니라 우리의 시간적 경험 내부로부터 출현하는 것으로 보는 것이다. 아니면 보다 더 근본적으로 셸링Schelling이 그러했듯이 시간 자체를 영원성의 아종(亞種), 즉 영원성이 야기하는 교착상태에 대한 해결로 인식하는 것이다.

이제 우리는 구체적 보편성이라는 개념의 핵심에 도달했는데, 이는 단순히 일련의 특수한 현상의 형태들을 활성화시키는 보편적 핵을 가리키는 것이 아니다. 그것은 서로 다른 차원들 사이의 환원 불가능한 긴장 및 불일치 안에 존속한다. 헤겔은 보통 '본질주의적 역사주의자'로서 인식된다. 이는 그가 하나의 보편적 원칙으로서 한 시대의 정신적 '본질'을 상정하고 그것이 사회적 삶의 각 영역 안에서 구체적인 방식으로 스스로를 표현한다고 보기 때문이다. 예를 들어 주관성이라는 현대적 원칙이 종교에서는 프로테스탄티즘으로, 윤리학에서는 주체의 도덕적 자율성으로, 정치학에서는 민주적 평등으로 스스로를 각각 표현한다는 것이다. 이러한 관점은 '시간적 시차'(視差)라고 부를 수 있는 것을 놓치게 된다. 역사적 현상들이 빚어내는 복잡한 변증법 안에서 우리는 비록 서로 다른 차원에서 기저의 동일한 '원칙'을 실현하고는 있지만, 바로 그러한 이유 때문에 동일한 역사적 순간에는 발생할 수 없는 사건들이나 과정들을 만나게 된다.

프로테스탄티즘, 즉 칸트식의 철학적 혁명과 프랑스의 정치적 혁명 사이의 관계에 대한 해묵은 논쟁을 상기해 보자. 최근에 레베카 코메이Rebecca Comay는 프랑스 혁명에 대한 헤겔의 비평이 '독일' 사상의 한 변형으로 취급될 수 있다는 주장을 반박했는데, 그 주장에 의하면 가톨릭계 프랑스인은 종교개혁이라는 역사적 순간을 경험하지 못했기 때문에 폭력으로 물든 '진짜' 정치적 혁명을 수행할 수밖에 없었다는 것이다. 이러한 견해는 정신적 실체와 사회적 현실 속에서 혁명론자들이 추구한 무한한 주관성 사이의 화해가 종교개혁을 통해 이미 이루어졌다고 본다. 이러한 일반적인 견해에 의하면, 독일의 윤리-미학적 태도는 내부의 윤리적 질서를 통해 혁명적 폭력을 지양함으로써 추상적인 '테러리스트'의 혁명적 자유를 미학적·유기적 총체로서의 국가라는 구체적 자유로 대체할 수 있게 해준다. 그러나 프랑스의 정치적 혁명과 독일의 정신적 개혁 사이의 관계가 지닌 시간성은 모호하다. 여기에는 세 가지 가능한 관계들이 모두 중첩되는 듯하다. 첫째, '지양'이라는 관념은 연속성을 함축한다. 프랑스에서 보편과 주체 사이의 '즉각적' 통합이 이루어진 후에 그것의 지양인 독일식 윤리-미학적 중재가 뒤따른다. 두 번째로, 두 나라가 서로 다른 길을 가도록 만든 동시적 선택(혹은 결여)이라는 개념이 가능하다. 독일인들은 종교개혁을 선택한 반면, 프랑스는 가톨릭의 영역 안에 머무르면서 폭력적 혁명이라는 굴곡진 길을 가야만 했다. 그러나 칸트의 철학적 혁명이 프랑스 대혁명을 앞섰다는 경험적 사실은 사소한 우연이 아니다. 칸트의 윤리학은 혁명적 테러의 스펙터클 안에서 자신의 '추상적' 성격의 궁극적 결과물과 만나게 된다. 그러므로 칸트 철학은 그 한계를 인식할 수 있게 해주는 프랑스 대혁명의 프리즘을 통해 소급해서 읽혀져야 한다.

> 만약에 [칸트의 도덕적 견해]가 혁명에 대한 서사적 계승자로 나타난다면 이는 혁명을 논리적으로 완수하거나 대체해서가 아니다. 칸트의 비판적 모험은 **연대기적으로** 예견하는 혁명을 **현상학적으로** 계승한다. 물론 이는 오직 그의 텍스트가 자유와 잔인함의 끊임없는 단락(短絡)을 제도화함으로써 모더니티의 기획을 가장 극단적으로 시험하는 사건을 통해 소급적으로 이해되는 한에서만 가능하다 … 혁명 자체가 칸트 자신의 텍스트에 일종의 소급적인 트라우마를 입힌다.[22]

혁명적 테러는 칸트의 윤리적 사상과 한 쌍을 이루는 일종의 외설적인 분신double이다. 그 파괴적 폭력은 칸트 사상에 내재한 테러리스트적 잠재성이 '외면화'된 것뿐이다. 이 점이 바로 '독일식' 도덕적 견해의 견지에서 프랑스 대혁명의 '과잉'을 거부하는 것이 위선적인 이유이다. 그리고 여기에 헤겔의 핵심적 통찰력이 보인다.

혁명의 모든 무시무시한 특질들은 칸트의 정신적 구조물 안에서 대응물을 발견하며, 그 안에 담겨서 **반복된다**(여기서 '반복'이라는 용어는 프로이트의 **반복강박***Wiederholungszwang*이 지닌 중요성을 전부 지니는 것이다).

> 도덕적 의지의 순수성이 혁명적 미덕의 무시무시한 순수성에 대한 해독제가 될 수는 없을 것이다. 절대자유에 함축된 모든 논리적 문제점들이 칸트 철학의 도덕성에 대한 헤겔의 분석에서 그대로 다루어진다. 그것은 자신이 부인해야 하는 세계 안에서 스스로를 재생산하는 데 열중하는 주관성의 극단적인 과장 안에서 벌어지는 강박관념, 편집병, 의심, 객관성의 증발 등이다.[23]

가톨릭 종교를 고수함으로써 자기파괴적인 혁명적 테러에 빠질 수밖에 없는 '프랑스' 방식과 종교개혁이라는 '독일' 방식 사이의 역사적 선택을 다루는 한, 이는 역시 『정신현상학』(*The Phenomenology of Spirit*)에 등장하는 '정신은 뼈다'라는 구절에 대한 두 가지 독법 사이의 선택과 동일하게 기본적으로 변증법적인 역설을 수반하게 된다. 헤겔은 남근 메타포를 통해서 후자를 설명한다. 즉 배뇨기관으로서의 남근과 생식기관으로서의 남근을 대비시키는 것이다. 헤겔의 요지는 배뇨 기능만을 떠올리는 속된 경험적 정신과 반대로 생식을 선택하는 것이 올바른 사변적 태도라는 것이 아니다. 그는 오히려 곧바로 생식을 선택하는 것이야말로 그것을 놓치는 확실한 길이라는 역설을 강조한다. 곧바로 '진정한 의미'를 선택하는 것은 불가능하다. 우선은 '잘못된' 선택(배뇨)에서 시작해야 한다. 진정한 사변적 의미는 첫 번째 '잘못된' 읽기의 여파(혹은 부산물)인 반복된 읽기를 통해서만 밝혀진다.

사회적 삶에 대해서도 동일한 논리가 적용되는데, 특수한 윤리적 삶-세계가 지닌 '구체적 보편성'을 곧바로 선택하는 것은 모더니티의 기본 특징인 주관성의 무한한 권리를 부정하는 전-근대적인 유기적 사회로의 퇴행을 초래할 뿐이다. 근대국가의 주체-시민은 유기적인 사회적 총체 안에서 그에게 일정한 자리를 부여하는 특수한 사회적 역할에 더 이상 몰입할 수 없기 때문에 근대국가의 합리적 총체성에 이르는 유일한 방법은 혁명적 **테러**를 통하는 길뿐이다. 그러므로 전근대적이고 유기적인 '구체적 보편성'의 구속을 가차 없이 벗어 던지고 그 추상적 부정성 안에서 주관성의 무한한 권리를 마음껏 주장해야 한다. 혁명적 **테러**에 대한 분석에서 헤겔은 혁명적 기획이 어떻게 추상적인 **보편 이성**을 일방적이고 직접적으로 주장했으며, 그로 인해 혁명적 에너지를 구체적이고도 안정적이며 분화된 사회적 질서로 전이되도록 조직화할 수 없었기 때문에, 결국 자기파괴적인 분노 속에서 소멸할 수밖에 없는 운명에 처하게 되었는가에 대해 비교적 명확한 통찰력을 보여준다. 그러나 정작 그가 강조하고자 한 요지는 다르다. 헤겔은 오히려 혁명적 **테러**가 역사적 교착상태였음에도 우리가 근대적 이성국가에 도달하는 과정에서 반드시 그것을 거쳐야만 했던 이유를 묻고 있다. 그러므로 프로테스탄트의 '내적 혁명'과 프랑스의 폭력적 정치혁명 사이의 선택의 문제로 돌아가서, 이는 헤겔이 독일의 자기만족적 우월감(즉 우리는 올바른 선택을 하였으며, 그로 인해 혁명의 광기를 피할 수 있었다)을 지지

하는 결과는 거리가 멀다는 것을 의미한다. 독일인들은 **잘못된 시기에 올바른 선택을 하였다**는 바로 그 이유 때문에—즉 종교개혁의 시대에, 너무 일찍—진정한 정치적 모더니티의 차원에 도달한 합리적 국가를 가질 수 없다. 더 나아가서 보편적 본질은 현상의 특수한 형식들 간의 부조화를 통해 스스로를 분명히 표현할 뿐만 아니라, 이러한 부조화 자체가 바로 보편적 **본질**의 핵심에 내재한 간극에 의해 촉발되는 것이다. 모더니티에 대한 저서에서 프레데릭 제임슨Frederic Jameson은 최근 유행하고 있는 '대체 모더니티들' 이론에 대한 간결한 비평에서 헤겔의 '구체적 보편성'을 언급한다.

> 그렇다면 현재 통용되는 의미의 '모더니티' 이데올로기를 주창한 자들은 어떻게 포스트모더니티 개념에 늘 수반되는 유의 진지한 정치적·경제적·체제적 질문들을 던지지 않고 혐오스러운 옛것과 그들의 생산품—정보혁명, 세계화된 자유시장 모더니티—을 구별해낼 수 있을 까? 대답은 간단하다. '대체' 혹은 '대안' 모더니티들에 대해 이야기하면 된다. 이제는 모두 그 공식을 안다. 그것은 규범적이고 헤게모니적인 앵글로 색슨 모델과 다른 모더니티가 모두에게 있을 수 있다는 것이다. 헤게모니적 모더니티가 당신에게 부여한 하위 주체의 입장을 포함해서, 당신 마음에 안 드는 것은 무엇이든지 당신 스스로 차별화된 고유의 모더니티를 만들어낼 수 있다는 마음 든든하고 '문화적인' 개념을 동원해 없애버릴 수 있다. 그 결과 라틴아메리카, 인디안, 아프리카적인 모더니티 등이 가능해진다 … 그러나 이는 전 세계적인 자본주의 그 자체이기도 한 모더니티의 또 다른 기본적인 의미를 간과

하는 것이다.[24]

이 비평의 중요성은 비단 모더니티의 사례를 뛰어넘어서 명목론적 역사화가 지닌 근본적인 한계를 지적한다. '다수' 개념에 호소하는 것('고정된 본질을 지닌 단 하나의 모더니티만 존재하는 것이 아니라 다수의 모더니티들이 있으며, 그 각각은 다른 것으로 환원될 수 없다')은 허위이다. 그 이유는 그것이 모더니티의 고유하고도 고정된 '본질'을 인정하지 못해서가 아니라, 다양화가 모더니티 개념 자체에 존재하는 대립을 부정하는 기능을 하기 때문이다. 다양화의 기만성은 자본주의를 모더니티의 역사적 아종(亞種) 중 하나에 불과한 것으로 간주해 모더니티의 보편적 개념에 내재한 대립, 즉 그것이 자본주의 시스템 안에 깊이 뿌리박혀 있다는 사실 자체를 망각하게 만든다는 점에 있다. 우리는 20세기 전반이 이러한 '대체 모더니티' 개념에 정확하게 들어맞는 두 가지 대형 프로젝트에 의해 이미 오점을 남겼다는 점을 잊어서는 안 된다. 그것은 파시즘과 공산주의이다. 파시즘의 기본적인 생각이야말로 규범적인 앵글로 색슨 자유주의적 자본주의에 대한 대안을 제공하는 모더니티를 제시하는 것, 즉 '우발적인' 유대-개인주의적-부당이득 행위라는 일그러진 상태를 제거함으로써 자본주의 모더니티의 핵심을 구하겠다는 것이 아니었던가? 또한 1920년대 말과 1930년대 소비에트 사회주의 공화국 연방의 급격한 산업화 또한 서구 자본주의와는 차별화되는 근대화에 대한 시도가 아니었던가? 이러한 내재적 대립을 '거세'의 차원으로 접근하여 프로이트의 방식으로 검토한다면 거세를 부인(否認)하는 것은 남근 재현의 다양화로 나타나며(다수의 남근들은 거세, 즉 남근의 결여를 나타낸다), 모더니티의 다양화는 다름 아닌 물신숭배적인 부인(否認)의 형태임을 쉽게 인식할 수 있다.

대체 모더니티들이라는 개념에 대한 프레데릭 제임슨의 비평은 보편과 특수 사이의 정확히 변증법적인 관계에 대한 모델을 제공한다. 차이는 특수한 내용[전통적인 **종차**(種差) differentia specifica로서의]이 아니라 보편의 측면에 있다. 보편은 특수한 내용을 아우르는 용기, 혹은 특수한 것들 사이의 갈등을 해결하는 평화로운 매개자나 배경이 아니다. 보편 '그 자체'야말로 참기 어려운 대립과 자기모순의 장소로, 그로부터 파생된 (다수의) 특수한 종(種)들은 결국 이러한 대립을 은폐/화해/해결하려는 수많은 시도일 뿐이다. 다시 말해서 보편이란 문제점이나 막다른 상황, 심각한 문제의 지점을 가리키는 명칭이다. 특수한 것들은 이러한 문제를 해결하려고 시도했지만 실패한 대답이다. 예를 들어 국가라는 개념은 한 사회 내에서 계급 간의 반목을 어떻게 통제할 것인가의 문제를 지칭한다. 모든 특수한 형태의 국가들은 이 문제를 해결하기 위해 제시된 매우 다양한(하지만 실패한) 시도들이다.

동일한 논리가 기독교 보편주의에 대한 일반적인 비평에 적용되었다. 기독교의 포괄적인 태도("남자나 여자, 유대인이나 그리스인이나 차별이 없다"는 사도 바울의 유명한 말씀을 상기해 보자)는 기독교의 성찬식을 받아들이지 않는 사람들에 대한 철저한 배제를 수반한다. '은혜 특정설을 지지하는' 다른 종교의 경우(그 전 세계적 확장주의에도 불구하고 이슬람 종교까지도) 다른 사람들을 위한 자리는 있으며, 비록 은혜라도 베푸는 듯이 굴기는 하지만 그들에게 관용을 베푼다. 그러나 '만인은 형제'라는 기독교의 모토는 또한 '나의 형제가 아닌 사람들은 (심지어) 사람도 아니다'라는 의미를 함축한다. 기독교인들은 유대인들의 배타주의적인 선민의식을 극복하고 신의 계획 안에서 모든 인류를 포용하는 것에 대해 스스로 자긍심을 느낀다. 그러나 여기에는 함정이 있다. 유대인들이 자신들이 신과 직접 소통할 수 있는 특권을 지닌 선민이라고 주장하면서도 거짓 신을 섬기는 다른 사람들의 인간성을 인정하는 반면, 기독교 보편주의는 불신자들을 인류의 보편성으로부터 잠재적으로 배제시킨다.

그러나 기독교의 보편성은 모든 사람들에게 각각 자리가 마련된, 모든 것을 포함하는 범세계적인 매개물이 아니다. 그것은 오히려 투쟁 중인 보편성, 끊임없는 전투의 장소이다. 무슨 전투, 무슨 분열인가? 바울의 선례에 따라 우리는 이 전투를 율법과 죄 사이의 분열이 아니라, 한편으로는 죄를 자신의 대리 보충으로 지닌 율법의 총체성과, 또 한편으로는 사랑의 길 사이의 분열로 정의할 수 있다. 기독교의 보편성은 세계 질서 내에서 '몫이 없는 몫'을 지닌 사람들이 나타나는 지점에서 출현하는 보편주의이다. 기독교의 보편성은 특정 주체들을 배제하기보다 배제된 사람들, 즉 기존 질서에 속하기는 하지만 그 안에서는 어떤 특정한 자리도 마련되지 못한 사람들의 입장에서 형성되었기 때문에 배제를 이유로 그것을 비난하는 것은 잘못이다. 보편성은 이처럼 구체적인 장소나 결정의 결여와 엄밀하게 상호 의존한다.

달리 말해서 바울의 보편주의를 비난하는 것은 보편성의 진정한 장소를 놓치는 것이다. 바울이 제시한 보편적 차원은 암묵적으로 비기독교인들을 배제하는 '그리스인도 유대인도 아닌 모든 기독교인들'이 아니다. 오히려 그것은 차이로서는 보편적이라 할 수 있는 기독교인들과 비기독교인들 사이의 차이로, 사회 전반에 걸쳐 모든 실질적인 개체의 내부로부터 분리하고 나누는 것이다. 유대인들뿐 아니라 그리스인들도 기독교인과 비기독교인으로 나뉜다. 그러므로 기독교에 대한 일반적인 비난은 오도된 것이다. 투쟁 중인 보편성이라는 바울의 개념이 함축하는 바는 진정한 보편성과 부분성은 상호 배타적이 아니며, 보편적인 진리는 오로지 특정 부분과 관련된 주관적 입장에서만 접근할 수 있다는 것이다.

전략적 이유 때문에 '최소 차이'를 나타내는 나의 지배기표는 '**차연**'이 아니라 '**시차**(視差)'이다. 시차의 일반적인 정의는 새로운 시선을 제공하는 관찰 지점의 변화에 따라 대상이 자리를 옮긴 것으로 보이는 것(배경에 대비한 위치 이동)이다. 여기에 철학적 비틀기를 추가하면 관찰된 차이는 단순히 '주관적'이라고 할 수 없는데, 이는 '저 밖에' 존재하는 동일한 대상은 서로 다른 두 개의 지점 혹은 관점으로부터 보인다는 사실 때문이다. 오히려 헤겔이라면 이렇게 표현했겠지만 주체와 대상은 내적으로 '매개되어 있으며', 그 결과 주체의 관점에 발생한 '인식론적' 변화는 언제나 대상 그 자체의 '존재론적' 변화를 반영한다. 그 점을 라캉식으로 표현하면 주체의 응시는 '보이지 않는 지점', '대상 안에서 대상 그 자체를 넘어서는 것', 대상 스스로 응시를 되돌려 주는 지점의 모습으로 스스로를 위장한 채 지각된 대상 자체에 항상-이미 기입되어 있다. "확실히 그림은 내 눈 안에 있다. 그러나 나, 다름 아닌 나도 그림 안에 있다."[25] 라캉의 이 진술의 첫 부분은 주체화, 즉 리얼리티가 주관적 구성에 의해 결정되는 것을 나타낸다. 반면에 두 번째 부분은 유물론적 대체보충, 즉 주체를 얼룩(눈 안의 객관화된 파편)의 모습으로 가장해 그 자신의 이미지로 재기입하는 것을 알려준다. 유물론은 객관적 리얼리티 안에 내가 포함되는 것을 곧바로 주장하는 것이 아니다(그러한 주장은 나의 발화 지점이 리얼리티를 온전히 다 파악할 수 있는 외부 관찰자의 것이라고 예단하는 셈이다). 그것은 오히려 나에 의해 구성되는 그림 속에 나 자신이 포함되게 만드는 반사적 비틀기 속에 있다—나의 '물질적 실존'을 증언하는 것은 이러한 반사적 단락(短絡), 나의 그림 안팎에 내가 동시에 서 있게 만드는 필연적인 이중반복이다. 유물론은 내가 보고 있는 리얼리티가 결코 '전체'가 아니라는 것을 의미한다. 그것은 리얼리티의 많은 부분이 나를 벗어나기 때문이 아니라 얼룩 혹은 보이지 않는 지점을 담고 있기 때문인데, 이 점이 바로 리얼리티 안에 내가 포함되어 있다는 것을 알려준다.

이 구조가 욕망의 대상-원인인 라캉의 **오브제 쁘띠 아**_object petit a_의 경우보다 더 분명하게 나타나는 곳은 없다. 동일한 대상이 갑자기 내 욕망의 대상으로 '실체 변화'될 수 있다. 당신에게는 평범한 대상일 뿐인 것이 나에게는 리비도적 투자의 중심이 될 수 있으며, 이러한 변화는 어떤 불가해한 X, 즉 그것이 지닌 특수한 속성들 중 어느 하나로 고정될 수 없는 대상 속의 **알 수 없는 어떤 것**_je ne sais quoi_에 의해 야기된다. 그러므로 **오브제 아**는 칸트의 초월적 대상과 유사하다. 그것은 현상 너머에 존재하는 대상의 본체(本體)적 핵심인 미지의 X, '네 안에 존재하는 네 자신 이상의' 것을 상징하기 때문이다. 그러므로 **오브제 쁘띠 아**는 순수한 시차적 대상으로 정의될 수 있다. 그것의 윤곽은 주체의 이동과 함께 변화할 뿐만 아니라, 특정한 관점으로부터 조망이 이루어질 때만 실존한다. 즉 그 현존이 식별된다. 더 정확히 말하면 대상 *a*는 시차 간극, 즉 상징적 파악을 영원히 벗어남으로써 상징적 관점의 다양성을 초래하는 불가해한 X의 직접적 원인이다. 이 역설은 정확하다. 순수한 차이, 즉 더 이상 실증적으로 존재하는 두 대상들 사이의 차이가 아닌 하나뿐인 동일한 대상을 그 자신과 구별하는 최소 차이가 나타날 때, 이 '그 자체로서의' 차이는 불가해한 대상과 곧바로 일치한다. 대상들 간의 단순한 차이와 대비해 순수한 차이는 그 자체가 대상이다. 그러므로 시차 간극에 대한 다른 이름은 곧 최소 차이, '순수한' 차이이며, 그것은 실증적이고 실체적인 속성에 근거한 것이 아니다. 헨리 제임스Henry James의 「진품」(The Real Thing)에서 화가-나레이터는 **호화** 장정본의 삽화를 그리기 위해 영락한 '진짜' 귀족인 소령Major과 모나크 부인Mrs Monarch을 모델로 고용하기로 한다. 그러나 그들이 '진품'임에도 불구하고 그들을 모델로 삼은 그림은 가짜처럼 보인다. 결국 화가는 점차 싸구려 런던내기 모델인 첨 양Miss Churm과 나긋나긋한 이태리인 오론토Oronto로 구성된 천박한 부부를 모델로 삼게 되며, 상류계급을 모방한 이들의 그림이 훨씬 더 진짜같이 보이게 된다. 이것이야말로 가장 순수한 차원의 불가해한 '최소 차이'가 아니던가?

자크-알랭 밀러Jacque-Alain Miller는 최근에 '구성된' 불안과 '구성하는' 불안을 벤야민식으로 구별할 것을 제안했는데, 이는 욕망 desire에서 욕동drive으로의 이동과 관련된 중요한 구분이다. 욕망이 우리를 그 안으로 끌어들이려고 위협하는 지독한 순환운동으로 우리를 괴롭히는 무시무시하고도 유혹적인 불안의 심연을 나타내는 일반적인 개념을 가리킨다면, 후자는 바로 대상의 상실 속에서 구성된 **오브제 쁘띠 아**와의 '순수한' 대면을 상징한다.[26] 밀러가 두 가지 특징을 강조하는 것은 정당하다. 구성된 불안과 구성하는 불안을 나누는 차이는 환상과 관련된 대상의 상태와 관계가 있다. 구성된 불안의 경우 대상은 환상의 범위 안에 머무르는 반면, 주체가 '환상을 가로질러' 판타즈마적 대상으로 가득 찬 공허, 간극을 대면할 때 우리는 구성하는 불안만 얻게 된다. 말라르메Mallarmé가 「yx 각운의 소네트」(*Sonnet en-yx*)에서 괄호로 묶은 유명한 마지막 두 줄에서 말한 대로 **오브제 아**는 **'이와 관련해서 그 어떠한 것도 존중받지 못하는 유일한 것'** *ce seul objet dont le Neant s'honore*[*this sole object with which Nothing is honoured*]이다.

밀러의 공식은 명확하고 설득력이 있음에도 진정한 역설 혹은 **오브제 아**의 모호성이라 부를 수 있는 것을 놓치고 있다. 그가 **오브제 아**를 대상의 상실과 중첩되거나 대상을 상실하는 순간에 나타나는 것으로[그래서 가슴에서 목소리, 응시에 이르기까지 그것의 모든 판타즈마적 육화는 공허, 즉 무(無)의 환유적 형상화라고] 정의할 때 그는 욕망의 지평 안에 머문다 — 욕망의 진정한 대상-원인은 판타즈마적 육화로 채워진 공허이다. 그러나 라캉이 강조하듯 **오브제 아**는 또한 욕동의 대상이기도 하며, 여기서 둘 사이의 관계는 전혀 다르다.

두 경우 모두 대상과 상실 사이의 연결은 중대하다. 그러나 **욕망**의 대상-원인으로서의 **오브제 아**의 경우 우리는 근원적으로 상실되고, 자기 자신의 상실과 일치함으로써 상실된 것으로 나타나는 대상을 가지는 반면, **욕동**의 대상-원인으로서의 **오브제 아**의 경우에는 '대상'이 곧 상실 그 자체이다. 욕망에서 욕동으로의 전이는 **상실된 대상**으로부터 **대상으로서의 상실 그 자체**로의 이동이다. '욕동'이라고 불리는 기이한 움직임은 상실된 대상을 찾는 '불가능한' 탐색으로 추진되는 것이 아니라 '상실'—간극, 단절, 거리—그 자체가 발생하도록 밀어붙이는 추진력이다. 그러므로 이중의 구분이 이루어져야 한다. 판타즈마적 단계와 후기 판타즈마적 단계에서의 **오브제 아**뿐만 아니라, 이 후기 판타즈마적 영역 안에서도 욕망의 상실된 대상-원인과 욕동의 대상-상실을 구분해야 한다.

이것이 우리가 죽음 욕동을 파괴 혹은 자아 소멸에의 기대인 소위 '**니르바나***nirvana* 원칙'과 혼동하지 말아야 하는 이유이다. 프로이트적 죽음 욕동은 자아 절멸, 즉 아무런 생명의 긴장도 없는 무생물 상태로의 회귀를 갈망하는 것과 아무런 관계가 없다. 오히려 그것은 죽는 것과는 정반대의 것으로, '죽지 않는' 영원한 삶, 죄와 고통 속에서 방황하는 무한반복의 순환을 벗어나지 못하는 끔찍한 운명을 가리킨다. 그러므로 프로이트식 '죽음 욕동'의 역설은 그것이 오히려 정반대의 것, 정신분석학 내에서 불멸성이 나타나는 방식, 삶의 기괴한 과잉, 삶과 죽음, 생성과 소멸이라는 (생물학적) 순환을 넘어 존속하는 '죽지 않는' 충동에 대해 프로이트가 부여한 이름이라는 것이다. 정신분석학의 궁극적 교훈은 인간의 삶이 결코

'삶 자체'에만 그치는 것이 아니라는 것이다. 인간들은 그저 단순히 살아 있는 것이 아니라 삶의 과잉을 즐기려는 알 수 없는 욕동에 사로잡혀 있으며, 사물들의 일상적 흐름에서 벗어나 일탈을 유도하는 잉여에 열정적으로 몰두한다.

그러므로 '순수한' 죽음 욕동을 (자아) 파괴, 즉 주체가 어머니적인 사물의 충만함과 재결합할 수도 있었을 무아지경의 자아 절멸을 향한 불가능한 '총체적' 의지, '부분적 대상'에 고착해 결국 가로막히기 때문에 실현 불가능한 의지였다고 주장하는 것은 잘못이다. 그 개념은 죽음 욕동을 욕망과 그것이 상실한 대상의 관계로 재번역한다. 실증적인 대상이 불가능한 사물의 공허를 환유적으로 대변하는 것은 욕망의 경우이다. 충만함에 대한 열망이 부분적 대상으로 전이되는 것이 욕망의 경우이며, 라캉은 이것을 욕망의 환유라고 불렀다. 우리가 라캉의 요지를 놓치지 않으려면(그래서 욕망과 욕동을 혼동하지 않으려면) 정확해야 한다. 욕동은 부분적 대상에 고착된 사물을 향한 무한한 갈망이 아니다. '욕동'은 고착 그 자체로 그 안에 모든 욕동의 '죽음'의 차원이 자리 잡고 있다. 욕동은 제동이 걸려 해체되는 근친상간적 사물을 향한 보편적 돌진이 아니라 오히려 제동, 본능에 대한 제동, 에릭 샌트너Eric Santner라면 고착됨이라고 표현했을 법한 것이다.[27] 욕동의 기본적인 매트릭스는 모든 특수한 대상들을 초월하여 사물의 공허함을 지향하는 것이 아니라(이는 그것의 환유적 대리물의 경우에만 가능하다), 특수한 대상에 '고착'되어 영원히 그 주변을 맴돌도록 선고받은 리비도의 매트릭스이다.

여기서 기본적인 역설은 원래는 단지 부산물에 지나지 않던 것이 자율적인 목적으로 상향되는 바로 그 순간에 특별히 인간적인 차원—본능과 대비되는 욕동—이 나타난다는 것이다. 인간은 더 이상 '반성적'인 존재가 아니며, 오히려 동물에게는 어떠한 본질적인 가치도 지니지 않은 것을 절대적인 목표로서 인식한다. 다시 말해서 '인간화'의 영도는 동물적 행위를 한 차원 더 '조정'하거나, 더 지고한 전체에 종속된 하나의 순간으로 그것을 재기입하는 것(즉 우리는 더 높은 차원의 정신적 잠재성을 개발하기 위하여 먹고 번식한다)이 아니라, 오히려 초점을 극도로 좁혀서 부차적 행위를 목적 그 자체로 향상시키는 것이다. 우리는 동일한 몸짓을 반복하면서 그 안에서 만족을 찾는 폐쇄된 자력 추진식 고리 안에 갇혔을 때 비로소 '인간'이 된다. 만화에 등장하는 원형적 장면들 중 하나를 떠올려 보자. 고양이 한 마리가 춤을 추다가 공중으로 뛰어올라 자신의 몸을 축으로 삼아 빙글빙글 돈다. 그러나 정상적인 중력의 법칙에 따라 땅바닥으로 다시 떨어지는 대신에 고양이는 마치 시간의 고리에 갇힌 것처럼 허공에 뜬 채로 돌며, 동일한 원형적 움직임을 반복하면서 한동안 공중부양 상태로 머무른다. 저속한 희극의 요소들을 활용하는 뮤지컬 코미디에서도 똑같은 장면을 발견할 수 있다. 무용수가 그 혹은 그녀 자신을 축으로 허공에서 회전할 때, 그/녀는 마치 잠시 동안 중력 법칙을 정지시키는 데 성공한 것처럼 그 위에서 다소 너무 길다 싶을 정도로 오래 머문다. 실제로 그러한 효과야말로 무용 예술의 궁극적인 목표가 아니던가? 그 순간 사물의 '정상적인' 흐름, 물질적 현실의 우둔한 관성에 사로잡혀 있는 '정상적인' 과정이 아주 잠시나마 중지된다. 우리는 멈춰버린 애니메

이션, 즉 자기 자신의 머리카락을 붙잡고 갑자기 멈추게 해서 늪에서 자신을 들어 올린 뮌히하우젠 남작Baron Munchhausen처럼 허공에 매달린 채 스스로를 유지하는 우아한 회전이 보여주는 마법의 영역으로 진입한다. 시간의 선형적 움직임이 반복되는 고리 안에서 멈춰버리는 이러한 회전 움직임은 가장 초보적 단계의 욕동이다. 다시 말하지만 이처럼 선형적인 시간의 속박을 중지시키고/혼란에 빠트리는 자력 추진식 원형운동이야말로 영도의 '인간화'이다.

욕동 개념은 '사물에 의해 데이거나 아니면 거리를 유지하는' 식의 양자택일을 거짓으로 만든다. 욕동 안에서 '사물 자체'는 공허(혹은 공허라기보다는 차라리 구멍) 주변을 맴도는 순환운동이다. 더 적확하게 표현하자면 욕동의 대상은 그것의 공허를 채우는 사물과 관련이 없다. 욕동은 문자 그대로 욕망에 반대되는 움직임으로, 불가능한 충만함을 얻으려고 애쓰지 않으며, 그것을 포기하지 않을 수 없게 되면서 잔여물인 부분적인 대상에 집착한다. 실로 욕동은 문자 그대로 **그 안에 우리가 뿌리내리고 있는 연속성 모두를 부수고**, 그 안으로 철저한 불균형을 도입하려는 **바로 그 '충동'**이다. 욕동과 욕망의 차이를 정확하게 보여주는 점은 욕망 속에서는 이러한 단절, 부분적 대상에 대한 고착이 '관념화', 즉 사물의 공허함을 나타내는 대리물로 전환된다는 것이다.

이는 또한 '욕동이 주는 만족'에 관한 라캉의 논문을 읽는 방법이기도 하다. 욕동은 그 대상이 사물의 대리물이기 때문에 만족을 가져오는 것이 아니라 실패를 승리로 바꿔놓기 때문에, 목표에 도달하지 못하는 실패 그 자체, 이러한 실패의 반복, 대상 주위를 맴도는 끊임없는 순환이 그 자체의 만족을 생산한다. 라캉의 말처럼 욕동의 진짜 목적은 목표에 도달하는 것이 아니라 그 주변을 끊임없이 맴도는 것이다. 처음으로 성관계를 가진 어느 바보에 대한 유명한 음담패설에서 여자는 그에게 무엇을 할지 정확하게 말해준다. "내 다리 사이의 이 구멍이 보이지? 그것을 여기에 넣어, 이제 깊숙이 밀어넣어, 이제 빼, 밀어넣어, 빼, 밀어넣어, 빼…". '잠깐만' 하고 바보가 여자에게 물었다, "결정을 해! 넣어 아니면 빼?" 바보가 미처 알아채지 못한 것이 바로 미결정 그 자체, 반복되는 망설임 속에서 만족을 얻는 욕동의 구조이다. 다시 말해서 바보가 이해하지 못하는 것은 데리다의 **차연**이다.

Notes

1. A. Capuder, "Vino in most," *Demokracija*, No. 50, year Ⅸ, Ljubljana, 9 December 2004, p. 9(필자 번역). "고층 빌딩이 있는 곳에는 빈 라덴과 같은 인물이 나타날 것이다"는 말은 우연하게 프로이트의 "그것[무의식]이 있던 곳에 내[주체]가 있을 것이다*wo es war soll ich werden*"를 정치적으로 새롭게 변형한 것으로 들리지 않는가? S. Freud, "New Introductory Lectures on Psychoanalysis," in J. Strachey et al. trans., *The Standard Edition of the Complete Psychological Works*(London : Hogarth Press, 1953-1974), Vol. ⅩⅩⅡ, p. 80.
2. K. B. MacDonald, *The Culture of Critique : an Evolutionary Analysis of Jewish Involvement in Twentieth-Century Intellectual and Political Movements*(Westport : Praeger, 1998).
3. K. B. MacDonald, *The Authoritarian Personality*(New York : Norton, 1982).
4. *Ibid.*, p. 169.
5. *Ibid.*, p. 145.
6. *Ibid.*, p. 194.
7. *Ibid.*, p. 201.
8. *Ibid.*, p. 195.
9. *Ibid.*, p. 232.

10. R, Wolin, *The Seduction of Unreason : the Intellectual Romance with Fascism from Nietzsche to Postmodernism*(Princeton : Princeton UP, 2004), 23 참조할 것. Geroge Lukacs, *Die Zerstörung der Vernunft*(Berlin, 1953), trans. P. Palmer under the title *The Destruction of Reason*(London : Merlin, 1980) 참조할 것.

11. 같은 식의 공격이 독일의 요르그 라우*Jörg Lau*에 의해 극단적으로 이루어졌다. 그는 내가 9·11 공격을 전형적인 라캉식의 정치적인 행위이자, 자본주의 이데올로기의 망상이 드리운 주문을 깨트리는 실재계의 개입이라고 찬양한다는 기괴한 주장을 펼친 후에, 암암리에 나를 병(리학)적인 인간으로 낙인찍는 것으로—내 안에 '무언가 황폐하고 정신적으로 타락한 것'etwas Verkommenes, geistig Verwahrlostes'이 있다는—결론을 맺는다(Jörg Lau, 'Auf der Suche nach dem guten Terror : Über Slavoj Žižek' in *Merkur* 2/2003, 158-63). 내가 이와 같은 명예훼손에 대해 **어떠한** 독일의 인쇄 매체를 통해서도 대응할 수 없었다는 것을 덧붙일 필요는 없을 것으로 믿는다.

12. Wolin, *The Seduction of Unreason*, p. 307.

13. Slavoj Žižek, *Welcome To the Desert Of the Real*(LondonL Verso Books, 2002), 86.

14. See J. Derrida, *Acts of Religion*(New York : Routeledge, 2002).

15. J, Derrida, *Spectres of Marx*(London : Routeledge, 1994), 64-5.

16. See Jacques Derrida, 'Faith and Knowledge', in J, Derrida and G. Vattimo(eds) *Religion*(Stanford : Stanford University Press, 1998).

17. See Ernesto Laclau, *Emancipation(s)*(London : Verso Books, 1995).

18. 데리다는 물론 이 모티브를 그의 책 『그림 안의 진실』(*La verité dans la peinture*, Paris : Flammarion, 1988)[trans. G. Bennington and I McLeod, *The Truth in Painting*(Chicago : University of Chicago Press,

1987)]에서 상세하게 전개시킨다.

19. *Kieslowski on Kieslowski*, D. Stok(ed) (London : Faber and Faber, 1993), 54-5.

20. *Ibid*., p. 86.

21. 이 구절에 대한 보다 상세한 설명을 위해서는, Chapter 1 of S. Žižek, *The Fright of Real Tears*(London : BFI, 2001) 참조할 것.

22. R. Comay, 'Dead Right : Hegel and the Terror', 103 : 2/3 *South Atlantic Quarterly*, Spring/Summer 2004, 393.

23. *Ibid*., p. 392.

24. F. Jameson, *A Singular Modernity*(London : Verso Books, 2002), 12.

25. J, Lacan, *The Four Fundamental Concepts of Psycho-Analysis*(New York : Norton, 1979), 63.

26. www.lacan.com에서 제공되는 J-A. Miller, 'Le nom-du-père, s'en passer, s'en servir' 참조할 것.

27. E. Santner, *On the Psychotheology of Everyday Life*(Chicago : University of Chicago Press, 2001) 참조할 것.

Ignim quis es sequossin nonecto toriore con cum, con rempos si des es as ma porro totam num sus, con nosamet quianditate invelique mos minullat.

Ita volorum qui cumquist, undeliquo berumquatur? Simaximetus modit quatqui cori doluptatem expliqui rem dessi audandi odist is aut aces sustio expernatem velibus anisci idignimagnat estium, odit as sint.

At od es quidus que nis doloribus.

Ipsum nus volupieni consenem num harumet fugitiae voluptiisqui aut ius qui aliquam sunt, sunduciam quam, verum qui doles delit, eatiunt pererit ilit expelignist, quuntotatint et reiur aut ullit laboribearum disciur rerae eatem vent,

Hendi aut quati voloreprem dolorro officiam fuga. Dae ex ese porem-perum ipiciistora voloriti nisita dolecea aut adi re lit aut omnis rehent omnis cones eum qui ut lam sum qui ab ipsandus que sintempediti sunt re invenim agnihil lignimint hicidene explandemque nonsectamet fugia et, quodic to tem ditis dolut iur, il eius, officiis eos endiossite ea di diti optatinus essi quo magnima iorerumquae nobist aciatur eratiur ad quaer-aeserum ent hit, que corem fugiatium et eatat magnis et maximusam et occuptaerum ea delique distis erum harcipis am volupturem non ressimo lescia quia deniscidero quatecabo. Ure re expe excercius.

Tam, uta dundeliquia quam, vellabore et odiaesed maxima nonetur?

At et harumqui beatum cum restem alitiuscitin rerendi tenitas mol-orempero que nonsecatur alicit eatius eossus simo ommoluptur sitint et ulluptat am nulpa ipsande ligendi ssimustotate necae. Ga. Nam consequ atibusandae eati beatemo llupidesse expliquame nimo verio eos rescia duntur?

Ucitius, sus aut laboratur rernate ndaniatus, cum atur? Aborionseque sit este prectin cus mollendi anist quam eum etur? Quiam et voluptas do-lori veribusto quae. Pudita quatur atem et autas ute volorum ilia perepre cus maion resserro velenda ectatus, aut que volupid quis que verupta tquam, quis rerferum vendiamet ex et officius, corempore core re volore laborpor alicid maximint est, is sus nis velloratur a seque plabore volor sectaep ellesecus, cus cusam, cum, aut aborum apelenia qui as eaque pore reictaquis et faces et am quisque et excessit voloris modis quidest, tem quia dolorum dollace atectiumqui quia comnim velis autas imi, se-quate qui as ilitibus aut ped ullatio. Hene aut ra quiducium ipsapit atiur, to conse quod ut delitas dipiciae quate suntota vel into optur a sit quis quat estoribus, occus, vendi que sequia venti re magniene cusam fuga. Xim hil ex et, seriaep ellandi culparc hilique sundae coreriaes nat veliquodi cullendit

9
고(故) 데리다

J. 힐리스 밀러
(J. Hillis Miller)

데리다는 언제나 늦다, **늦은***en retard*, 고(故) 데리다. 이는 그가 약속이나 점심 식사, 혹은 세미나 등에 습관적으로 늦었다는 뜻이 아니다. 오히려 그 반대이다. 그는 오히려 강박적으로 항상 몇 분 일찍, 제시간보다 앞서 왔다. 그럼에도 불구하고 데리다는 항상 늦었다. 마지막까지 항상 제시간보다 늦었다. 이는 또한 좋은 일이다. 나는 이제 곧 그 이유를 보여주려고 한다.

"나는 결코 이야기할 수 없었다"

데리다는 자신이 결코 이야기를 할 수 없다고 여러 차례 말했다. 이는 그의 안에서 무언가가 아리스토텔레스가 좋은 플롯[*muthoi*]이라면 마땅히 갖추어야 한다고 말한 바 있는 시작, 중간, 끝을 지닌 하나의 깔끔한 내러티브를 구성하는 것에 저항하게 했다는 것으로 생각된다. 그러나 데리다의 『우편엽서』(*La Carte Postale*)는 한 편의 소설, 심지어 어떤 정의에 의하면 탁월하게 혁신적인 '포스트모던' 소설, 아니면 최소한 '모더니스트' 소설이라 할 만하다.[1] 그 책은 과도한 간접화법을 사용하여 사랑 이야기를 하거나 혹은 하는 것처럼 보인다. 그러나 일직선상의 연대기적 순서로 이야기를 하는 것에 대한 저항은 콘래드Conrad에서 포크너Faulkner에 이르는 20세기 서구 소설의 특징이다. 이러한 저항은 시대의 경계를 넘어 모더니스트에서 포스트모더니스트로 이어졌을 뿐만 아니라 초창기 소설에서도 나타난다. 심지어는 세르반테스Cervantes의 소설, 예를 들어 『모범 소설들』(*Exemplary Stories*) 중 하나인 「개들이 본 세상」("The Dog's Colloquy") 등에서 이미 발견된다.[2] 또한 스턴Sterne의 『트리스트람 샌디』(*Tristram Shandy*)에서 동시다발적으로 일어나는 지엽적 이야기와 더불어 작품을 구성(또는 해체)하는 일차적인 원칙이기도 하다.[3]

그의 마지막 세미나 시리즈(2002-3) 중 「야수와 군주」("The Beast and the Sovereign")에 대한 두 번째 세트에서 데리다는 다시 한 번 이야기를 한다. 그것은 죽음이 나를 향해 달려오고 있는데 죽음을 향해 달려가는 나의 이야기이다. 이는 또한 다른 유명한 이야기, 즉 모래사장에서 맨발 자국과 마주쳤을 때의 로빈슨 크루소의 반응에 대한 이야기이다. 이 에피소드, 그리고 발자국을 본 후 크루소의 마음속에서 벌어지는 일에 대해 독자에게 전해주는 데포Defoe의 이야기를 읽고 데리다가 써나가는 즉흥 작품은 어떤 의미에서는 '고 데리다'의 특징을 보여준다고 할 만큼 거침없고 풍부하다. 데리다가 쓰고 있는 것은 이야기에 관한 이야기에 관한 이야기로, 차례로 포개어 넣은 세 개의 이야기이다. 데리다의 담화는 발자국에 대한 크루소의 두려움을 읽고 촉발된 자신의 즉흥 작품에서 갑자기 벗어나 다른 이야기로 넘어간다. 그것은 존 던John Donne의 구절에 영감받은 이야기로, 데리다는 이것이 맨발 자국에 대한 크루소의 두려움과 관련해 그의 마음속에 갑자기 떠오른 것이라고 말한다. 그뿐 아니라 데리다는 분명히 자기 자신의 이야기를 간접적으로 이야기하면서 죽음에 대한 스스로의 두려움을 나타내고 있다. 심지어 그는 그 이후의 세미나 시리즈에서 『로빈슨 크루소』의 몇몇 구절과 관련하여 자신이 생매장당하거나 산 채로 잡아먹히는 것에 대한 두려움을 주제로 무시무시한 이야기를 만들고 있다. 소설에서는 크루소가 '해안가에 찍힌 사람의 맨발 자국'[4]을 발견하고 실제로 프라이데이Friday와 만나기까지의 전 과정이 상당히 여러 페이지에 걸쳐 이어진다. 하지만 데리다는 크루소의 최초의 반응인 비참할 정도의 공포, 그리고 그 와중에 자신이 보았던 발자국이 자기 자신의 것일지도 모르며, 그렇다면 자기는 스스로를 쫓는 동시에 스스로에게 쫓기고 있는 것인지도 모른다고 상상하는 순간에 유독 관심을 보인다.

> 이러한 온갖 생각과 불안, 반성의 와중에 하루는 이 모든 것들이 혹시 나 자신의 망상에 불과한 것일지도 모르며, 이 발자국은 내가 보트에서 내려 해안으로 올라올 때 생긴 나 자신의 발자국일 수도 있겠다는 생각이 들었다. 이런 생각에 나는 다소 기운을 차리고, 그 모두가 미망(迷妄)에 불과하다며 나 자신을 설득하기 시작했다. 그것은 다름 아닌 내 발자국이며, 그 길로 보트를 향해 가듯이 보트에서 그 길을 따라 오지 않았으리라는 법이 어디 있는가, 나는 또한 내가 어디를 밟았으며, 어디를 밟지 않았는지 결코 확실하게 말할 수 없다는 점을 생각했다. 그리고 이것이 결국 나 자신의 발자국일 뿐이라면 나는 유령과 허깨비의 이야기를 열심히 만들고는, 다른 누구보다도 그 이야기에 겁을 먹는 바보짓을 한 셈이다.[5]

데포는 여기서 유령 이야기란 단지 그것이 묘사하는 것에 불과해 보이는 무시무시한 유령들을 실제로 불러낸다는 것을 말하고 있다. 바로 이 지점에서 데리다는 데포가 그 가능성을 던져본 주제, 즉 크루소는 단지 자신의 발자국을 보았을 뿐이며, 자기 자신의 기이한 분신double이나 **망령***revenant*의 흔적에 놀라는 것일 수 있다는 점을 정교한 아라베스크식 구성을 통해 즉흥적으로 전개시킨다. 데리다는 훌륭한 이야기꾼이나 내레이터가 그러하듯이 주인공의 마음과 감정 속에 온전히 들어감으로써 실로 멋진 이야기를 하나 만들어낸다. 데리다는 처음에는 자유로운 간접적 담론으로, 다음에는 내적 독백이 허용하는 내밀함을 통해서 겁에 질린 가공의 주관성을 유창하게 대변해낸다. 여기서 상당히 긴 인용이 이루어져야 하는 이유는 위대한 찰리 파커Charlie Parker의 재즈 반복 악절이나 바하Bach의 푸가처럼 단어 유희, 엄청난 과장, 끊임없이 스스로를 뛰어넘는 창의력이야말로 여기서 데리다의 언어가 보여주는 기본적인 특징들이기 때문이다. 재즈/바하와의 유비 및 그것이 함축하는 바에 대해서는 뒤에서 다시 이야기하겠다.

> *Enfin*, alors qu'il vient de poser sa Bible et de se réconforter par la prière, voilà qu'il se demande où il est, en quel lieu, quel aura été son chemin. Il se demande avec encore plus d'anxiété si cette empreinte de pied nu n'est pas celle de son propre pied? De son propre pied sur un chemin qu'il aurait déjà parcouru. Au fond, il n'arrive pas à décider si cette trace est ou non la sienne, une trace laissée sur un chemin don't il ne sait pas trop s'il l'a déjà foulé, frayé our passé—ou non. Il n'en sait trop rien. Est-ce moi? Est-ce ma trace? Est-ce mon chemin? Est-ce le spectre do mon empreinte, l'empreinte de mon spectre? Suis-je en train de revenir? Suis-je ou ne suis-je pas revenant? Un revenant de moi-même que je croise sur mon shemin comme la trace de l'autre, sur un chemin qui est déjà un chemin de retour et de revenance, etc.? J'en sais trop rien, ou he n'en sais trop rien de la possibilité de ce double *uncanny, unheimlich* …
>
> Il se fait peur. Il devient la peur qu'il est et qu'il se fait. Et routes ces pages, parmi les plus extraordinaires du livre, celles qui le montrent, où il se

montre en train de méditer, dans la terreur, sur cette trace de pied nu, ces pages devraient être lues pas à pas, et par exemple en parallèle ave la *Gradiva* de Freud, avec tous les *fantasmata*, à savoir les fantasmes et les fantômes qui reviennent sur l'empreinte d'un pied nu, *the print of a naked Foot*.[6]

마침내 성경을 내려놓고 기도를 통해 마음을 가라앉힌 후에 이제 그는 자신이 어디에 있으며, 어디에 있었고, 어느 길을 따라 왔는지 묻는다. 그리고 한층 더 불안한 마음으로 그 맨발 자국이 혹시 자기 자신의 발자국은 아닐까 자문해 본다. 그가 이미 지나온 길에 난 자기 발자국 말이다. 실제로 그는 그 흔적이 자신의 것인지 아닌지 전혀 확신하지 못한다. 이는 자신이 이미 표식을 남겨두었는지, 아니면 그곳을 지나쳐 왔는지 아닌지조차도 확실히 알지 못하는 길 위에 난 흔적이다. 그는 그것에 대해 어떤 것도 알지 못하며, 자신이 그것에 대해 아무것도 모른다는 사실만을 안다. 그것이 나인가?[*Est-ce moi*?] 그것이 내가 지나간 길인가? 그것은 내가 남긴 자국의 유령, 내 유령의 자국인가? 나는 지금 돌아가는 과정 중에 있는가? 나는 유령, 즉 **망령**인가 아닌가? 타자의 흔적으로서의 나의 길, 이미 귀환의 길이자 돌아오는 길이라고 할 수 있는 그 길에서 내가 엇갈리게 되는 나 자신의 **망령**인가? 나는 그것에 대해서 어떤 것도 알지 못하거나, 아니면 내가 이 **기이한***unheimlich* 더블의 가능성에 대해 아무것도 모른다는 사실을 너무나 잘 알고 있다(*J'en sais trop rien, ou je n'en sais trop rien*).

그는 스스로를 두려움 속으로 몰아넣는다. 그는 스스로를 그 안으로 몰아넣은 두려움 그 자체가 된다. 그리고 이 책에서 가장 탁월한 부분에 속하는 이 페이지들, 다름 아닌 그를 보여주는 곳, 두려움에 떨면서 맨발 자국의 흔적에 대해서 숙고하고 있는 자기 자신을 보여주는 이 페이지들은 차근차근[pas à pas] 읽혀져야 한다. 예를 들어 이 대목은 그 모든 **판타즈마***fantasmata*, 즉 한 걸음, 혹은 맨발이 낸 자국, 즉 **맨발 자국의 흔적**으로 돌아오는 환영 및 유령들과 더불어 프로이트가 분석한 『그라디바』(*Gradiva*)와 나란히 읽혀져야 한다.(J. 힐리스 밀러 번역)

독자는 데리다가 한편으로는 데포의 이야기를 최대한 존중하면서도 그것을 넘어 얼마나 멀리 나아갔는지 알 것이다. 데포가 상상한 크루소의 두려움은 18세기 초반의 합리주의자 및 경험주의자의 반응이다. 여기에 미신적인 색채와 더불어 데포 특유의 약간은 아이러니컬한 영국식 프로테스탄트 감수성이 가미되었는데, 이는 그가 어디선가 말했듯이 자신이 유령을 믿는지 아닌지 확신하지 못한다는 것을 보여준다. 내가 아이러니컬한 영국식 프로테스탄트 감수성이라고 말하는 것은 데포가 곧 크루소는 아니기 때문이다. 비록 『로빈슨 크루소』에서 이야기하는 인물은 오직 크루소뿐이지만, 그럼에도 '단지' 모래 위의 발자국에 불과한 것을 보고 크루소가 보여주는 공포 뒤에는 우월한 위치에서 내려다 보면서 살짝 재미있어 하는 데포의 모습이 흘깃 보이기도 한다. 그러나 데포의 이야기에 대한 데리다의 이야기는 데리다에 의해서만 쓰일 수만 있었을 것이며, 『로빈슨 크루소』를 자신의 목적을 위해 전용할뿐만 아니라, 하이데거를 읽기 위한 방편으로 삼은 데리다와 같은 독자에 의해서만 쓰일 수 있었을 것이다. 어쩌면 데리다가 『로빈슨 크루소』를 포스트모던 내러티브로 만들고 있다고까지 말할 수 있을지 모르겠다. 비록 그것이 무엇을 의미하는가를 명확히 하기 그리 쉽지 않지만 말이다.

데리다의 크루소는 마치 잠에서 막 깨어났거나 아니면 『인간의 시간』(*étude sur le temps humain*)[7]에서 조르주 풀레Geroges Poulet를 그토록 매료시켰던 데카르트 및 포스트 데카르트적 각성자들처럼 갑자기 실존에 눈을 뜬 것처럼 자신이 어디에 있으며, 어느 장소, 어느 경로를 통해서 그곳에 도달했는지 자문하는 것으로 그려진다. 데리다의 독법에 의하면 크루소가 자신의 길, 혹은 **여정***chemin*에 대해서 묻는 것은, 다시금 데카르트나 그 후의 하이데거처럼 하나의 방법, 즉 앞으로 나아갈 길을 찾는 일이다. 어원적으로 *Method*는 그리스어의 *meta*(이후)와 *hodus*(길 혹은 여행)의 합성어이다. 좋은 방법이란 당신이 가고자 하는 곳으로 확실히 데려다 주도록 이미 암묵적으로 약속된 길, 즉 당신이 그곳에 오기를 기다리고 있는 이미 정해진 길이다. 그러나 데리다의 크루소는 앞으로 나아갈 길, 심지어는 그를 그곳으로 인도한 여정에 대해서 걱정하기보다 그가 이전에 그곳에 있었는지 아닌지를 걱정한다. 어쩌면 그는 무심코 자신이 갔던 길을 다시 되밟아 온 것에 불과한지도 모른다. 그는 자신이 의도하지는 않았지만 원을 그리며 나아갔는지도 모른다. 그렇게 되돌아와서 결국 그는 모래사장에 난 자기 자신의 발자국과 마주친 것일 수도 있다. 그렇다면 그것은 참으로 **기이한** 일이다. 그것은 프로이트가 유령 같은 자기 자신의 분신과 연관시킨 기이함이 지닌 그 특유의 형태를 지니게 될 것이다. 예를 들어 셸리Shelley의 조로아스터Zoroaster는 "정원을 거닐고 있는 자신의 이미지를 만났다."[8] 자기 자신을 만난다는 것은 다른 사람의 유령을 만나는 것보다 훨씬 더 무시무시할 것이다. "우리는 적을 만났는데, 그것은 바로 우리"라고 월트 켈리Walt Kelly의 포고Pogo는 말한다.[9]

망령 : 이 단어는 되돌아온 어떤 것을 의미한다. 그것은 억압되었거나 잊혀졌던 트라우마가 되살아나는 것일 수도 있다. 나의 정신적 건강을 위해서라면 그러한 트라우마는 무사히 억압하거나 잊어버리는 편이 더 나을 수도 있다. 토니 모리슨Tony Morrison이 『애인』(*Beloved*)[10]에서 미국 노예제도 역사와 관련해 암시하는 바가 바로 이것이다. 데리다는 만약에 크루소가 이전에 이 길을 간 적이 있다면 그것은 자신도 모르고 한 일이라고 말하는 것이다. 이는 데리다 특유의 단어 유희에 나타난다. 크루소는 자기도 모르게 하나의 경로를 '그려본' 것일 수도 있다. 그러나 그린다는 것은 또한 'parcourir', 즉 주파하는 것이라고 데리다는 말한다. 어떤 여정을 그린다는 것은 실제로 그 여정을 밟는 것이다. 크루소는 자신이 예전에 한 번 이 길을 가기로 결심했었는지 아닌지 알지 못하며, 그래서 지금 말하자면 자기 자신에 의해 사로잡혀 있거나 스스로 다른 자아를 사로잡고 있는 셈이다. 그는 이것이 자기 자신의 발자국인지 아닌지 결론을 내릴 수가 없다. 데리다는 이 절대적인 비-지식과 결코 결론을 내리지 못하는 절대적 무능력을 강조한다. 반면 『로빈슨 크루소』의 크루소는 얼마 후 되돌아와서 꼼꼼하게 크기를 재봄으로써 그 발자국의 임자가 자신보다 훨씬 더 큰 발을 가졌다는 것을

알게 된다. 그것은 결코 자신의 발자국일 리가 없다.

이와 정반대로 데리다의 크루소는 그가 삼인칭에서 일인칭으로 이동하는 바로 그 순간에, 다소 번역 불가능한 불어 표현을 사용하여 과장된 비-지식을 나타낸다. "*J'en sais trop rien*" 혹은 "Je n'en sais trop rien." 이것을 문자 그대로 옮긴다면, 전자는 'I know too much nothing of it'이며, 후자는 'I don't know too much nothing of it'이 될 것이다. 두 표현 모두 '나는 그것에 대해서 전혀 아는 바가 없다', 혹은 '나는 내가 그것에 대해 아무것도 모른다는 점을 너무나도 잘 안다' 정도로 해석될 수 있을 것이다. '그것이 나인가? 그것이 나의 흔적인가? 그것은 나의 발자취인가? 그것은 유령이 아니면 내 발자국, 내 유령의 자국 … 나는 망령인가 아닌가? … 나는 그것에 대해 아무것도 알지 못한다 … 누가 무슨 결론을 내렸나? 그리고 어디에 가기로 했나?' 등등 같은 단어 혹은 거의 같은 단어가 놀랍도록 무한 순환 반복한다.

나는 이렇게 수많은 변주를 수반하는 반복을 바흐의 음악이나 재즈에 비교했다. 그러한 반복은 후기 데리다 스타일의 본질적 특징이다. 이와 같은 스타일의 반복은 자신에 의해 사로잡히는 존재의 경험, 이미 건너간 길을 되밟고, 끊임없이 되돌아와서 사로잡는 자 혹은 사로잡힌 자, 아니면 양쪽 모두인 자기 자신과 마주치는 경험을 무언의 몸짓으로 보여준다.

이처럼 고독한 자아가 자기 자신 안에서 겹치는doubling 것은 자아를 비우거나 아니면 가득 넘치게 함으로써 자아가 더 이상 통합되고 고정적이거나 자기충족적일 수 없게 만든다. 이러한 단일한 자아의 파괴야말로 모든 구절들이 지향하는 목적이다. 나는 혼자이며, 완벽하게 혼자이다. 동시에 나는 또 다른 나, 내 안의 타자와 함께 있다. 거울 같은 나의 환영, 혹은 기이한 분신은 내가 정말 나 자신인지, 내가 만약에 거울을 들여다 보면 그 안에서 내 자신의 이미지를 볼지, 아니면 낯선 사람을 보게 될지 모르는 상황에 처하게 만든다. "나이면서 다른 사람, 또 다른 사람으로서의 나, 또 다른 사람인 나"(아르튀르 랭보Arthur Rambaud의 구절 '나는 타자다*je est un autre*'의 메아리)[11] *J'en sais trop rien*. 나는 그것에 대해 아무것도 알지 못한다.

결과는 절망적인 공포이다. 이러한 공포는 오로지 해안가에 난 '맨발 자국'을 보고 생겨난 것이다. 데리다는 주변을 빙 둘러서 길이 나 있는 원형의 섬을 크루소의 자아복제적 고독에 대한 비유로 삼는다. 이어지는 이야기의 절정에서 데리다는 맨발 자국을 보고 크루소가 보여주는 반응의 주된 특징을 **두려움**으로 파악한다. 그것은 가장 나쁜 종류인 일반화된 공포인 동시에 자기 자신에 대한 두려움이다. 그는 결국 자기 자신이자 자기 스스로를 그 안으로 몰아넣은 두려움 그 자체가 된다 : *"Il se fait peur. Il devient la peur qu'il et qu'il se fait."*

데리나의 이야기는 데포의 이야기를 상당히 멀리 벗어나서 그것이 지닌 함축에 대한 놀라운 주석을 보여준다. 그러나 그는 데포가 쓴 이야기를 '차근차근' 다시 읽으면서 프로이트의 『그라디바』 에세이 [「옌젠의 『그라디바』에 나타난 망상과 꿈」(Delusions and Dreams in Jensen's *Gradiva*)][12]과 병행해서 읽을 것을 권고하는 것으로 결론을 맺는다. 그렇게 하는 것은 정도에서 다시 한 번 벗어나거나 일탈하는 것이 될 것이다. 그러나 여기서 앞으로 나아갈 수 있게 해주는 적절한 방법론은 아마도 이러한 비스듬한 병치나 우회로뿐일 것으로 보인다.

독자는 『로빈슨 크루소』에 대한 데리다의 독법이 한 가지 중요한 특색을 지니고 있음을 발견하게 될 것이다. 이것은 데리다와 대부분의 최근 학계의 동향을 구별하는 특징이다. 데리다는 일차적으로 크루소의 고독한 경험, 다시 말해 자기 자신과의 관계에 초점을 맞추는 반면, 대다수 '문화 연구' 주류의 최근 학풍은 크루소가 프라이데이를 노예로 삼은 것, 브라질의 플랜테이션에서 노예를 소유한 것, 혹은 유럽의 인종주의적 식민지배의 한 사례를 보여주는 섬에 대한 그의 제국주의적인 지배권이나 모범적인 프로테스탄트 자본주의자이자 **경제적 인간***homo economicus*으로서의 크루소의 역할 등에 더 관심을 보여왔다. 그러나 데리다에게는 그 모든 것들이 세계에 내던져진 현존재의 고독을 예증하는 크루소의 모습에 비해 덜 흥미롭다. 사실 '고독'(*Einsamkeit*)은 데리다가 『크루소』와 함께 읽는 작품인 하이데거의 『형이상학의 근본 개념들』(*Die Grundbegriffe der Metaphysik*)[13]의 기본적인 주제들 중 하나이다. 데리다는 열 번의 세미나 전 과정을 통해서 하이데거에서 데포로, 다시 하이데거로 돌아오면서 이야기를 엮거나 하나의 길에서 다른 길로 되돌아갔다가 다시 나오기를 반복한다.

이 후기의 세미나에서 데리다의 반복적인 스타일을 유발하는 것은 정확히 무엇인가? 그저 두 시간짜리 세미나를 진행하는 데 필요한 페이지를 채우기 위한 방편에 불과한가? 아니면 모든 것을 여러 차례 이야기해서 청중이 확실히 '이해하게' 만들려는 교육학적 장치인가? 아니면 데리다의 고갈되지 않고 환상적인 언어학적 창의력의 산물인가? 그는 언제나 거의 똑같은 것을 다르게 이야기할 수 있는 수천 가지 방법을 생각해낼 수 있는 인물이니 말이다. 그것도 아니라면 한없이 구문을 변형시킴으로써 결국에는 '전적인 타자'와의 직접적인 대면으로 인도하는 '열려라 참깨', 즉 정확한 주문을 얻기 위한 시도인가? 아니면 그보다도 더 심원한 동기가 있는 것일까? 내가 두 번째 세미나에서 인용한 페이지에 이어지는 부분들이 힌트를 줄 수 있을지 모르겠다. 데리다는 자신이 본 것이 자기 자신의 발자국일지도 모른다는 크루소의 두려움을 이야기했지만 아직 이야기를 다 끝낸 것이 아니다. 그는 숨을 들이쉬고, 어쩌면 데포에 의해서, 아니면 자신이 인용하는 데포의 이야기에 의해 촉발된 본인의 생각에 영감을 받아, 그에 대한 응답으로 갑자기 존 던의 시에서 두 행을 기억해 낸다. 그것은 어딘지 알 수 없는 그의 마음 속 깊은 곳에서 나온 것이다. 그것은 데리다에게 또 다시 특이한 순환적 즉흥을 시작하게 한다.

죽음이 나를 향해 달려오는데, 죽음을 향해 달려가기

그 즉흥은 처음에 인용한 바 있는 데포의 구절들을 크게 읽다가 영감받은(어원적 의미로는 '숨을 들이쉰') 것이다. 나는 그 대목을 먼저 인용했지만 데리다의 세미나에서는 주석 다음에 인용이 나오기 때문에 혹자는 터무니없거나 아니면 전치(轉置)되었다고, 즉 주객이 전도되었다고 말할지도 모르겠다. 데포를 인용하면서 데리다는 크루소가 두려움 때문에 자신의 '성'(城) 안으로 물러나 절망적 공포 때문에 스스로를 감금했던 것을 기억한다. 앞에서 살펴본 대로 데리다의 크루소는 마치 망령이 되어 돌아온 자기 자신에 의해 쫓기고 있는 것처럼 느끼지만 실제로 그 다른 자아는 곧 죽음이다. 크루소가 그것을 향해 달려간 죽음, 즉 미래에 놓여 있던 죽음이 실은 과거로부터, 혹은 전미래로부터 그를 쫓아오게 되는 기막히게 간결한 이야기 형식을 통해 시간이 역전된다. 이는 마치 그가 이미 죽은 것과 같으며, 그에게 일어나는 모든 것이 처음이 아니라 반복, 즉 **되돌아옴***revenance*인 것처럼 보인다. 내일이 실은 어제이며, 영원한 데자뷰 속에 있는 것이다. 미래는 이미 지나간 어떤 것이다. 어쩌면 말이다. 그는 그것에 대해 실로 아무것도 알지 못한다. 그것은 인식의 대상이 아니다.

> Il se sent suivi par une trace, en somme, chassé ou traqué par une trace. Voire par sa propre trace. Peut-être persécuté par lui-même et par sa propre revenence. Comme s'il vivait tout au passé de son propre passé comme avenir terrifiant. Il croit qu'il va bientôt mourir, qu'il court après sa mort ou que la mort lui court après, que la vie aura été si courte, et donc, comme s'il était déjà mort, à cause de cette course de vitesse avec sa revenance, tout ce qui lui arrive lui arrive non comme nouveau, neuf ou à ve-

nir mais comme(peut-être il n'en sait trop rien) déjà passé, déjà vu, a venir comme hier et non comme demain.[14]

그는 자신이 흔적[*une trace*]에 의해 쫓긴다고 느낀다. 한마디로 흔적에 의해 추적당하고 뒤쫓기는 것이다. 자기 자신의 흔적 말이다. 어쩌면 자신과 자신의 귀환에 의해서 괴롭힘을 당하는 것이다. 이는 마치 무시무시한 미래인 자기 자신의 죽음으로 구성된 과거 속에서만 사는 것과 같다. 그는 자신이 곧 죽을 것이며, 자신의 죽음을 향해 달려가고 있다고 믿는다. 삶은 곧 끝나게 될 것이므로 자신은 이미 죽은 것처럼 생각되며, 자신의 유령과도 같은 귀환[*sa revenance*]과 벌이는 이 속도 경쟁 때문에 그에게 일어나는 모든 것이 신기하고, 새롭거나 앞으로 일어날 것이 아니라(아마도 그는 그것에 대해 어떤 것도 알지 못하기 때문에) 이미 지나간 것, 이미 본 것[déjà vu], 내일이 아니라 어제로서 다가온다고 느낀다.(J. 힐리스 밀러, 번역)

이 무서운 성찰은 데리다의 머릿속에 갑자기 던의 시 두 편이 떠오르게 만든다. 인용 : "*revient de je ne sais plus où à ma mémoire* (*tableau*)" [어딘지 나도 모르는 곳에서 와서 내 기억 속에 떠오른다(칠판*tableau*). 처음에 나는 이것이 '내 기억의 서판'이라는 햄릿Hamlet의 말을 가리키는 것으로 생각했다. 그러나 곧 그것이 자신의 청중들이 볼 수 있도록, 즉 자기가 이야기를 계속하는 동안 그들의 눈앞에 보여주기 위해서 칠판에 시 구절을 쓰라고 스스로에게 상기시키기 위한 메모였음을 알게 되었다.

나는 죽음을 향해 달려가고 죽음은 순식간에 나를 맞이하네

그리고 나의 모든 즐거움은 어제와 같네

I run to Death and Death meets me as fast

And all my Pleasures are like Yesterday[15]

앞서 내가 인용한 데리다의 구절은 그가 던의 시 두 줄에서 읽어내는 핵심적 요지들을 예고한다. 그러나 그는 거기서 멈추지 않고 여섯 페이지에 달하는 비범한 글을 더해 던의 시에 대한 놀라운 주석을 썼는데, 여기서 **전부** 인용하기에는 너무 길다. 나는 다만 열 번에 걸쳐 진행된 이 마지막 세미나들이 곧 출판되거나 온라인이나 데리다 아카이브를 통해 공개되기를 희망할 뿐이다. 그것은 위대한 천재의 작품이며, 반복적인 추상과 이 세상 것이 아닌 듯한 섬뜩한 열정이 기묘하게 결합되어 있다는 점에서 월러스 스티븐스Wallace Stevens의 후기 시나 베토벤의 후기 사중주에 비교할 만하다. 일례로 던의 시 두 줄에 대한 즉흥이 담긴 처음 두 문단만 살펴보고자 한다. 그 구절은 'hier', 즉 어제라는 단어를 음악의 전개에 있어서의 주조(主調)처럼 반복적으로 되풀이한다. Hier, hier, hier ; 어제, 어제, 어제, 그 단어가 거의 제 의미를 잃어버리고 단지 소리에 불과해질 때까지.

Je cours vers la mort. je me précipite vers la mort et la mort vient à ma rencontre tout aussivite.(Je cours sus à la mort, je cours à mort(*I run to Death*) et mort me vient dessus, mort de rencontre me sait m' attrape ou me rattrappe aussi vite, me rattrappe à la même vitesse, aussi tôt.)

Et tous mes plaisirs sont comme hier, *like Yesterday*, comme l'hier, comme venus d'hier, mes plaisirs sont déjà d'hier, mes plaisirs sont l' hier même, d'avance ils sont datés—et d'hier. D'avance ils ont passés, déjà passés dépassé, déjà des mémoires de jouissance révolue ou des revenances de plaisir. Mes plaisir présents sont au présent (*are*) des présents d'hier, ils sont hier. Non pas : ils ont été ou ils furent hier, mais ils sont présentement hier. Leur être présent est hier, l'hier.[16]

나는 죽음을 향해 달려간다. 나는 죽음을 향해 나를 재촉하고 죽음 또한 순식간에 달려와 나를 맞는다. [나는 죽음을 향해 곧장 달린다. 나는 죽음에게로 달린다(**나는 죽음에게로 달린다**). 그리고 죽음은 **나를 향해 온다**. 죽음과의 대면은 나를 붙잡고, 나를 사로잡으며, 혹 순식간에 동일한 속도로, 곧바로 나를 다시 사로잡는다.]

그리고 나의 모든 즐거움은 어제와 같다, **어제와 같다**, 그 어제와 같다, 마치 어제 일어난 것처럼, 나의 즐거움은 이미 어제 일어났으며, 나의 즐거움은 어제 그 자체이다. 그것은 미리 시작된 것이다—어제로부터. 그것은 미리 지나갔으며, 그것은 지나갔고, 이미 지나가 버렸으며, 저 너머로 지나갔다[*dépassé*] 이미 상실된 즐거움의 기억들 혹은 즐거움의 귀환, 유령[*revenances*]이다. 나의 현재의 즐거움은 지금 현재(사실은) 어제의 현재이며, 그것들은 어제이다. 아니다 : 그것들은 내내

> 어제였으며, 혹은 어제였다. 그러나 그것들은 지금 현재 어제이다. 그것들의 현재는 어제, 어제이다.(J. 힐리스 밀러 번역)

등등이다. *Und so weiter.* 누구라도 여섯 페이지를 전부 인용하면서 계속 읽고 싶은 마음이 생기게 만든다. 도대체 어디서 멈추어야 할지 모를 지경이다. 데리다의 글은 너무나도 설득력이 있고, 열정적이며, 오직 위대한 연설가나 작가만이 소유하는 지극히 탁월한 웅변적 영감에 의해 고취되었음이 분명하기 때문에 누구라도 계속 읽고 싶어진다. 또한 데리다는 자신이 했던 말을 단순히 반복하기만 하는 것이 아니다. 그는 7페이지에 걸쳐 이런저런 방식으로 눈부시게 절묘한 기술을 부려 던의 시 두 줄이 지닌 함의를, 결코 완벽하지는 않지만 거의 남김 없이 이야기한다. 일곱 페이지 후에 이 연속된 전개는 다음 문장들로 끝을 맺는다. 이것들은 다시 한 번 겹쳐짐의 주제, 여기서는 여덟 개의 줄에서 여덟 번이나 되풀이되는 'hier'(어제), 마치 그 피할 수 없는 'hier'를 계속해서 만나는 것처럼 자기 자신에 의해서 사로잡히거나, 혹은 완전한 타자로서의 자신을 대면하는 두려움으로 되돌아온다.

> Non seulement ce dont je jouis est hier mais peut-être, c'est peut-être mon hier ou peut-être l'hier, déjà, aujourd'hui, d'un autre, et de toute façon d'un autre, même se ce fut déjà un autre moi-même. Mon plaisir est dès hier. par hier altéré, venu de l'autre.
>
> Et l'autre me dirait, ou je me dirait à l'autre : comme je cours à

mort toujours après hier, hier sera toujours à venir : non pas demain, au futur, mais à venir, au-devant, avant hier.[17]

내가 누리는 것은 어제일 뿐만 아니라 아마도, 아마도 그것은 나의 어제, 아니면 아마도 **다른 사람,** 비록 그것이 이미, 또 다른 나, 나 자신이고, 나 자신이었다 하더라도 모든 면에서 다른 사람의 어제, 이미, 오늘인지도 모른다. 나의 즐거움은 어제로부터 오고, 어제에 의해 변경되며, 타자로부터 오는, 타자의 도래이다[*venu de l'autre, la venue de l'autre*].

타자가 나에게 말하거나 아니면 내가 타자에게 말할 것이다. 왜냐하면 나는 어제 이후로 항상 목숨 걸고 [죽을만큼*à mort*] 달리고 있으며, 어제는 항상 올 것이기 때문이다. 미래의 내일이 아니라 앞으로부터, 그 앞, 어제 이전에 올 것이다[*au-devant, là devant, avant hier*].(J. 힐리스 밀러 번역)

이 모든 연속, '맨발 자국'에 대한 구절에 의해 시작된 데리다의 눈부신 언어적 발명에 대해 무슨 말을 할 수 있을까? 열 차례에 걸친 그 모든 세미나를 통해 계속되는 데리다의 죽음에 대한 성찰은 위장된 자서전이라고까지는 못한다 해도 자기 자신의 죽음에 대한 예감, 혹은 죽음에 대한 본인의 두려움에 의해 비롯된 것으로 보지 않을 수 없다. 우연히도 그 글은 그가 치명적 병에 걸린 것으로 진단을 받기 몇 개월 전에, 그리고 그의 죽음이 두 해도 채 남지 않았던 시점에 쓰였다. 그는 자신의 말대로 '인생은 너무도 짧다'는 것,

그리고 자신이 죽음을 향해 점점 더 빠른 속도로 달려가고 있다는 것, 아니면 죽음이 자신을 향해 돌진하고 있다는 것을 알고 있었던 것 같다. 그가 죽기 몇 해 전에 한번은 내가 이따금 죽음에 대해 생각하기 시작했다고 말한 적이 있다. 그러나 그는 너무나 진지하게 대답했다. "**나는 매일 죽음에 대해 생각합니다**." 니체가 단언한 대로 모든 철학은 위장된 자서전이다. 어느 경우라도 나는 이 세미나들이 '죽음을 향해 가는 존재' [*Sein zum Tode*]로서의 인간(혹은 **현존재**)에 대한 하이데거의 정의를 데리다식으로 독특하게 변형하여 표현한 것이라고 주저 없이 주장할 수 있다.

데리다는 어쩌면 하이데거보다도 더 죽음과 대면한 인간의 무시무시한 고독을 강조한다. 하이데거와 데리다 모두 나의 죽음은 오직 나만이 감당할 일임을 인정한다. 그러나 하이데거는 이를 모든 **현존재**의 보편적 특질로서 비교적 담담하게 주장하는 반면에 데리다는 크루소에 대한 이야기를 통해 죽음에 의해 포위되고, 죽음에 의해 쫓기며, 죽음을 쫓아가는 존재, 영원한 어제인 임박한 내일로서의 죽음을 기다리고 있기 때문에 죽어가면서도 마치 항상 이미 죽은 것 같으며, '살아있는 주검' (*mort vivant*)의 전형이라고도 할 수 있는 존재의 고독을 감동적인 열정을 가지고 독자에게 전달한다. 죽음과의 대면에 대한 긴 성찰이라고 할 수 있는 세미나 5와 6에서 그는 그 구절을 반복적으로 사용한다. 하이데거와 데리다 모두에게 죽음은 **현존재** 안에 항상 이미 내재해 있다. 죽음을 향한 존재는 인간으로서의 나의 실존을 구성하는 본질적인 요소이다. 그럼에도 불구하고 데리다에게 죽음은 최소한 부분적이나마 나의 내면이 아닌 외부로부터, 나를 한입에 삼켜버리거나 산 채로 묻어버리려고 나를 향해 돌진하는 다소 의인화된 존재로서 경험된다. 하이데거의 구절 **죽음을 향한 존재***Sein zum Tode*가 죽음이란 언제나 미래이며, 마치 하나의 목표인 것처럼 그것을 향해 내가 움직여 가는 어떤 것을 암시한다면 데리다에게 죽음은 앞, 뒤, 아래, 위, 내 외부와 내면에 있으며, 어떤 시간이든 내가 보는 방향의 안팎 어디에나 있다. 결국 데리다는 동물은 죽을 수 없으며, 오로지 인간 존재(현존재)만이 죽을 수 있다는 하이데거의 주장에 정중하게 회의를 표한다. 하이데거는 **단지 인간만이 죽는다***Nur der Mensh stirbt*라고 말한다. 동물은 죽음을 알지 못한다*Das Tier verendet*. 데리다는 그 점에 대해 동의하지 않는다.

왜 그토록 반복하는가?

나는 이제까지 죽음에 대한 크루소의 공포에 대한 데리다의 성찰이 순전히 술정적(述定的)이고, 전적으로 묘사적이며, 데포의 글이 함축한 바를 사실적으로 보고하는 것에 지나지 않는 것처럼 이야기했다. 그러나 이는 사실이 아니다. 이제부터 나는 어째서 데리다의 이야기가 독특한 종류의 담화행위이며 수행문(遂行文)에 해당되는지 보여주겠다. 나는 데리다의 세미나에서 차이를 수반하는 끊임없는 반복의 수사학이 어떤 기능을 지니는지 물어본 바 있다. 그리고 이러한 언어학적 특징을 재즈나 바흐와 비교했다. 데리다의 강의는 한마디로 청중들이 지불한 강의료의 값을 철저하게 치르는 것으로 유명했다. **열흘 간의 스리지 학회***Cerisy Décades* 동안 자신의 작품을 대상으로 행한 그의 강의는 세 시간 강의 후 저녁을 먹기 위한 휴식을 제외하고는 여섯 시간 동안 줄곧 계속되었다. 시애틀Seattle의 첼란Paul Celan 심포지움과 프랑크푸르트Frankfort의 조이스Joyce 심포지움에서 행해진 그의 기조 강연들은 두 시간 이상 계속되었으며, 결국에는 짧은 책들로 출판되었다. 『숫양들』(*Béliers*)은 데포와 하이데거에 대한 세미나와 같은 해에 쓰였다.[18] 그 책은 기본적으로 파울 첼란의 시에 나오는 단 한 줄을 읽는 데 책 전체를 바치고 있다. **세계는 사라졌다, 나는 너를 짊어져야 한다***Die welt is fort, ich muss dich tragen*. 이 작은 책은 고(故) 데리다 말기의 반복적인 스타일을 보여주는 훌륭한 사례이다. 첼란의 시행은 마치 그가 자기 마음속에서 지워버릴 수 없는 것처럼 데포/하이데거 세미나에서도 한 번 이상 인용되고 논의된다.

그는 어떻게 그리 오래 계속할 수 있을까? 또 왜 그러는 것일까? 나는 데리다가 끝나는 것, 즉 죽음에 이르는 것을 피하기 위해서 이런 식으로 한가지 이상의 방법을 동원하여 글을 쓰는 것이 아닐까 생각한다.

음악에서의 사례와 비교해 보는 것이 이해에 도움이 될지 모르겠다. 데리다가 보여주는 차이를 수반하는 반복의 수사법은 바하의 **크리스마스 오라토리오**에서 오케스트라의 반주에 맞춰 부르는 아리아와 같다고 할 수 있다. 예를 들어서 시작 부분에 등장하는 가슴이 터질만큼 아름다운 알토 아리아 '준비하라, 시온'(*Bereite dich,*

Zion)에서는 동일한 멜로디가 결코 끝나지 않을 듯 계속 반복되다가 결국에는 합창곡 '제가 주님을 어떻게 맞이해야 할까요?'(*Wie soll ich dich emphangen?*)로 이어진다. 또한 재즈 광이었던 데리다 답게 그의 수사법은 찰리 파커의 솔로 연주처럼 모티브가 반복되고, 다른 악기가 첨가되거나 점점 더 대담한 변주를 더해가면서 진행되는 재즈의 구성을 닮았다. 그런 음악은 이제 끝났구나 싶은 바로 그 순간 다시 시작해서, 끝나는 것에 저항하는 것이라고밖에 정의할 수 없는 인내심을 가지고 끈기 있게 계속된다. 만약에 내가 조금이라도 다른 즉흥 연주를 할 수 있다면 이보다도 더 오래 계속할 수 있다! 바하의 경우 그 지칠 줄 모르는 반복은 일종의 기도라고 할 수 있다. 조만간 신이 나의 기도를 들어주시고 답을 주실 것이며, 그때를 위하여 스스로를 준비해 그분을 받아들이기에 부족함이 없도록 끊임없이 기도해야 하는 것이다.

찰리 파커의 솔로 연주나 데리다의 즉흥적 글쓰기 모두 정확하게 기도라고 할 수는 없다. 물론 기도가 아니라고 확신할 수도 없지만 말이다. 기도의 문제는 나중에 데리다의 세미나 8에서 분명하게 언급되고 충분히 논의된다. 기도에 대한 성찰은 이 일련의 세미나들을 시작할 때 흔히 던지는 특유의 반복적 질문으로 시작된다. 예를 들어 초기 첫 번째 세미나에서 데리다는 이렇게 질문하다. 'Qu'est-ce qu'une île? Qu'est une île?' 즉 섬이란 정확히 무엇인가? 섬이란 무엇인가? 분명 이것은 'île'와 'il', 즉 '섬'과 '그'를 이용한 말장난이다. 이제 여덟 번째 세미나에서 그는 다음과 같이 질문하면서 시작한다. "Qu'est-ce que prier? Comment prier? Comment ne pas prier? Plus précisément, si prier consiste à faire quelque chose, en un geste du corps ou un mouvement de l'âme, que fait-on quand on prie?" Fait-on quelque chose? (se laisser et se faire prier, développer)?"[19] [기도란 무엇인가? 어떻게 기도하는가? 어떻게 기도하지 않는가? 좀 더 정확하게 말해, 만약에 기도가 몸짓이나 영혼의 움직임을 통해서 무엇인가 하는 것이라면 기도를 할 때 우리는 무엇을 하는가? 우리는 무언가를 하는가?(스스로에게 기도하도록 허락하거나, 기도를 하도록 만들고, 또 계속하도록 하기 위해서?) (J. 힐리스 밀러 번역).]

청중들은 구두 강연 세미나에서 조금이라도 더 진행할 수 있도록 데리다가 끝에 해둔 표시를 보게 될 것이다. 이는 기도하도록 내버려두는 것과 기도하도록 만드는 것 사이의 차이에 대한 토론이 되었을 것이다. 독자는 질문을 던지면서 시작하는 데리다의 스타일이 그냥 이전처럼 계속하는 것을 피하는 또 다른 방법이며, 어쩌면 이전처럼 계속하면서 스스로를 타자에게 열어 보이고 끝나는 것을 피하기 위한 유일한 방법일지도 모른다는 점을 알게 된다. 바하, 파커, 데리다는 모두 그것, 즉 끝을 피하기 위해 말 그대로 열망한다.

데리다가 그토록 자주 인용하는 첼란의 문장 첫 부분, 'Die Welt ist fort'[세계는 사라졌다]는 이 세미나에서 데리다가 제시하는 기본적인 가정들 중 하나이다. 그것은 장 뤽 낭시나 에드먼드 후설 Edmund Husserl, 하이데거의 가정과는 사뭇 다르다. 이 세 사람은 각자 서로 다른 방식으로 타인들과 함께하는 존재, 함께 있음, **공동존재***Mitsen*를 **현존재**의 근본적인 특징으로 본다. 그것은 우리 모두가 여러 방식으로 하나의 세상을 공유하고 있음을 의미한다. **현존재**란 독자적으로 자기 자신의 세계를 형성하고, 또한 세계를 형성함으로써 그 자체가 *Weltbilden*, 즉 세계를 만들어내는 방식이라고 찬양할 때의 하이데거는 이러한 본인의 주장과 모순되는 것처럼 보일수도 있다. 그러나 하이데거에게 그 세계, 나를 위한 내 세계는 근본적으로 항상 타인들과 함께하는 나 자신의 독특한 존재방식인 **공동존재**를 수반한다. 각각의 **현존재**는 하나의 고유한 **공동존재**나 **공동 현존재***Mitdasein*, 또는 **상호 존재***Miteinandersin*이다. 반면에 데리다가 보기에 우리 모두에게는 저마다 근본적이고 영원히 세계가 부재한다. 각각의 '나'는 자신의 고립된 자아 안에서 원을 그리며 선회한다. 이는 죽음을 쫓아가고, 죽음에 의해 쫓기는 선회이다. 여기 데리다가 첼란의 '세계는 사라졌다'Die Welt ist fort에 대해 이야기하지 않을 수 없었던 대목의 일부를 인용해보자.

> … le monde s'en est allé, déjà, le monde nous a quittés, le monde n'est plus, le monde est au loin, le monde est perdu, le monde est perdu de vue, le monde est hors de vue, le monde est parti. adieu au monde, le monde est décédé, etc.
>
> Mais quel monde? Qu'est-ce que *le* monde? Et, plus tôt ou plus tard : Qu'est-ce que *ce* monde-*ci*? Autant de questions inévitables dans toute leur ampleur.[20]

> … 세계는 사라졌다, 이미, 세계는 우리를 떠났다, 세계는 더 이상 존재하지 않는다, 세계는 저 멀리 있다, 상실한 세계, 세계는 볼 수 없

> 다, 세계는 보이지 않는다, 세계는 떠나버렸다, 세계에게 작별인사를, 세계는 죽었다 등등.
>
> 그러나 어떤 세계인가? **그** 세계는 무엇인가? 그리고, 조만간, **여기** 이 세계는 무엇인가? 그 모든 진폭 속에 그토록 많은 필연적인 질문들이 들어있다. (JD가 제공한 파일에서, J. 힐리스 밀러 번역)

내가 보기에 이미 앞에서 논의한 바 있는 자신과 죽음의 관계를 노래한 던의 시 두 줄에 대해 데리다가 언급하는 구절은 단순히 시를 자신의 말로 해설하는 것에 그치지 않는다. 그것은 자신이 말하는 것을 실제로 수행한다. 즉 죽음을 쫓아가면서 동시에 죽음으로부터 달아나는 것을 몸소 구현한다. 그는 이야기를 함으로써 이를 수행한다. 데리다의 암묵적인 가정은 말하기를 계속하는 한 자신은 아직 죽지 않았다는 것이다.

데리다는 할 말이 너무 많고, 또한 너무 늦기 전에 그것을 모두 말하려고 한다. 그는 시간을 맞추면서 제때에, '시간과 경쟁하며' 계속해서 말한다. 말하고, 철학서를 쓰고, 비평을 쓰고, 시를 쓰는 것은 모두 각각 다른 형식으로 죽음을 미루는 행위이다. 물론 동시에 그러한 말하기는 자신 안에 죽음을 통합하는 행위이기도 하다. 죽음에 대한 극심한 두려움 때문에 죽음에 대항해 말해진 이야기는 죽음에 대해서, 그리고 죽음을 말한다. 그 이야기들은 이미 온 죽음, 이미 때 늦은 죽음, 즉 과거의 어떤 것을 기다린다. 나는 이미 사후의 삶/죽음을 살고 있는 것이다. 데리다는 항상 이미 고(故) 데리다로서 말한다. 그는 죽음을 따라잡고 죽음을 피하기 위해서 목숨 걸고(죽을만큼à mort) 달리면서 평생을 보낸다.

이 마지막 세미나에서 고(故) 데리다는 자신이 밝힌 주제인 데포와 하이데거로부터 끊임없이 벗어난다. 그는 요점에 도달하는 것을 끊임없이 회피하거나 지연하려는 듯 던, 루소, 블랑쇼, 프로이트, 첼란 등을 소개한다. **주제를 벗어난다는 것**은 길을 벗어나는 것, 우회로를 선택하는 것, **돌아가는 것***Umweg*, 혹은 **잘못된 길** *Holzweg*을 의미한다. 올바른 길을 찾고 올바른 길을 선택하는 문제가 세미나의 본질적인 주제이다. 그 주제는 1929-30 하이데거 세미나의 초반부에 등장하는 구절, 즉 『근본 개념들』에서 이끌어낸 것이지만, 또한 자신의 섬에서 어느 길을 선택해야 할지 고민하는 크루소의 성찰에서 얻은 것이기도 하다.

한편으로 데리다는 자신이 인용하는 이런저런 구절에 대해 일 년 내내 세미나를 진행할 수도 있으며, 회피, 시간 끌기, 지연 등으로 점철된 복합적 수사법을 동원하여 그것에 대해 나중에 이야기하겠다거나, 혹은 지금은 이야기할 수 없다거나, 다른 곳에서 이미 이야기했다고 분명 진심으로 주장한다. 그러나 다른 한편으로는 자신이 선택했다고 말하면서 시작한 길을 나아가는 것을 방해하는 작가들, 각 컴퓨터 화일에 붙인 명칭대로, '안녕 적군(Hei-Foe)'이라고 부르는 다른 작가들의 구절들을 계속해서 새로 삽입한다. 그가 자신의 기억에서 갑자기 떠올랐다고 말하는 던의 시 두 줄을 갑자기 삽입하는 것이 그처럼 주제를 벗어나는 사례이다.

이처럼 주제를 벗어나는 데리다의 담론은 종종 동일한 문장 안에서 같은 말을 약간씩 다른 방식으로 되풀이하면서 끊임없는 수사학적 반복 안에서 순환한다. 그것은 일련의 병치 구절들을 통해서 나아가기도 나아가지 않기도 하기 때문에 끊임없는 병치의 수사학이라고 부를 수도 있겠다. 일례로 여기 죽음의 상태를 가리키는 어마어마한 구절들을 들어볼 수 있다. "quand je serai passé, quand j'aurai passé, quand je serai parti, décédé, éloigné, disparu, absolument sans défense, désarmé, entre leurs mains, c'est-à-dire, comme on dit, pour ainsi dire, mort"[21] [내가 이미 생을 마감하게 되었을 때, 내가 생을 마감했을 때, 내가 이미 떠나고 없으며, 사망했고, 가버렸고, 사라졌으며, 전혀 아무런 보호를 받지 못하고, 무장해제 되었으며, 그들의 손아귀 안에 있게 되었을 때, 즉 다시 말해서 죽었을 때(J. 힐러스 밀러, 번역)]. 또 다른 구절을 병치시키지 못할 이유란 없기 때문에 이것은 끝없이 이어질 수 있다. 비록 보는 바와 같이 그 구절은 그가 결국에는 어쩔 수 없이 완곡어법을 그만둘 수밖에 없었던 것처럼 *mort*, 즉 죽음이라는 단어가 철커덩 하고 내리치는 둔탁한 소리로 끝나고 있지만 말이다. "누구를 위하여 종이 울리는지 묻지 마라"고 던이 말했다. "그것은 당신을 위해서 울린다."

위에 인용한 첼란의 **세계는 사라졌다***Die Welt ist fort*에 대한 구절은 데리다의 병치 수사법의 좋은 사례이다. 데리다는 자신이 방금 이야기한 것에 한층 더 심오한 통찰력을 끊임없이 더해 나아가지 않으면서 나아간다. 그는 마치 이렇게 이야기하는 것 같다. "여러분들은 그것이 이 구절에 대해서 내가 이야기할 수 있는 전부라고 생각하겠지만 여러분은 아직 아무것도 보지 못했다." 그리고는 그는 마치 찰리 파커가 하나의 멜로디를 한층 더 높은 배음(倍音)으로 변주하듯이 더욱 고도의, 그러나 훨씬 더 모호하고 예측하기 어려운 통찰력을 선보인다.

나는 이것이 전혀 지루하지 않으며, 오히려 그와 정반대이다. 그럼에도 데리다의 언어학적 전략은 하이데거나 시골 기차역에서 네 시간 동안이나 다음 기차를 기다렸던 자신의 경험을 예로 들면서 설명한 바 있으며, 혹은 우리가 '지루해 죽겠다'고 말할 때의 깊은 권태가 지닌 시간의 구조와 같은 어떤 것이라 할 수 있다. 데리다는 하이데거 세미나에서 권태[*Langweile*]라는 주제에 대해 거의 말하지 않지만, 『형이상학의 근본 개념들』에서는 100페이지 넘게 논의한다. 하이데거의 주장에 의하면 깊은 권태는 죽음의 공포, 아니면 애도나 멜랑콜리처럼 우리를 존재의 가장 심층적 차원인 우리 본연의 현존재와 어울리게(*Stimmung*) 하므로 우리는 기차가 오기를 바라면서도 기차가 오기를 바라지 않는다. 깊은 권태에 대한 분석은 하이데거 세미나의 부제로 명명된 '세계, 유한성, 고독'(Welt—Endlichkeit—Einsemkeit)을 이해하는 올바른 길로 우리를 이끌어 줄 것이다. 내가 말한 대로 데리다의 마지막 세미나 열편은 모두 죽음을 향해서 달려가는 것인 죽음으로부터 달아나기로 이루어지고 있다. 그것이 보여주는 움직임은 하이데거가 설명하는 깊은 권태와 다르지 않은 시간구조를 지니고 있다.

데리다의 가장 최근의 세미나들은 고(故) 데리다가 되는 것에 대한 강력한 저항으로 이루어진다. 이것은 그를 어느 때보다도 더 늦게 만들며, 자신이 공언한 목표에서 점점 더 멀어지게 만든다. 이는 마치 『이상한 나라의 앨리스』(*Alice in the Wonderland*)에 등장하는 토끼와 같다. 토끼는 자신의 조끼 주머니에서 시계를 꺼낸 후에 "오 이런! 오 이런! 늦겠는데!"라고 말한다. 그 흰 토끼는 같은 장소에 머물기 위해 매우 빠르게 뛰어야 한다. 우리 모두는 결국 늦을 것이다. 진짜 늦을 것이다. 목표에 도달하는 것, 제시간에 도착하는 것은 죽는 것이리라. 그래서 데리다는 계속 이야기하는 것이다. 목표에 도달하기 위해서가 아니라 도달을 피하기 위해서. 고(故) 데리다가 되는 것을 피하기 위해서 그는 계속해서 늦어야만 한다.[22] 늦으면 늦을수록 그는 더 좋다. 그러나 아, 마침내 그는 제시간에 도착하고 만다. 기차는 오고, 그는 고(故) 데리다가 된다.

Notes

1. J. Derrida, *La Carte postale. De Socrate à Freud et au-delà*(Paris : Flammarion, 1980) [translated A. Bass, *The Post Card : From Socrates to Freud and Beyond*(Chicago : Chicago University Press, 1987).
2. M. Cervantes, *Exemplary Stories*, trans. L. Lipson(Oxford : OUP, 1998).
3. L. Sterne, *The Life and Opinions of Tristram Shandy, Gentleman*(London : Folio Society, 1970).
4. D. Defoe, *Robinson Crusoe*, introduction by V. Woolf(New York : The Modern Library, 2001), 142.
5. Ibid., 145-6.
6. J. Derrida, "La bête et le souverain(deuxième année)," Seminars of 2002-3. Personal computer files.
7. G. Poulet, *Études sur le temps humain*, Vols. Ⅰ-Ⅳ(Paris : Plon, 1949-68).
8. P. B. Shelley, *Poetical Works*, ed. T. Hunchinson(Oxford : OUP, 1987).
9. W. Kelly, Pogo : *We Have Met the Enemy and He is Us*(New York : Simon & Schuster, 1972).
10. T. Morrison, *Beloved*(New York : Alfred A. Knopf, 1988).
11. A. Rimbaud, *Oeuvres Complètes*(Paris : Gallimard, 1972), 249-50.
12. S. Freud, "Delusion and Dreams" in Jesnsen's *Gradiva*, in J. Strachey et

al., trans., *The Standard Edition of the Complete Psychological Works*(London Hogarth Press, 1953-74), Vol. Ⅸ, pp. 7-93.

13. M. Heidegger, *Die Grundbegriffe der Metaphysik : Welt—Endlichkeit—Einsamkeit*, Gesamtausgabe bd. 29-30(Frankfurt a.m. : Vittorio Klostermann, 1983) [trans. W. McNeill and N. Walker, *The Fundamental Concepts of Metaphysics : World, Finitude, Solitude*(Indianapolis : Indiana University Press, 1995)].
14. Derrida, "La bête et le souverain(deuxième année)".
15. J. Donne, *The Divine Poems*, ed. H. Gardner(Oxford : Clarendon Press, 1987), 12.
16. Derrida, "La bête et le souverain(deuxième année)."
17. Derrida, "La bête et le souverain(deuxième année)."
18. J, Derrida, *Béliers. Le dialogue ininterrompu : Entre deux infinis, le poème*(Paris :Galilée, 2003) [trans. T. Dutoit and P. Romanski under the title, "Rams. Uninterrupted Dialogue—Between Two Infinities, the Poem," in J. Derrida, *Sovereignties in Question—The Poetics of Paul Celan*(New York : Fordham University Press, 2005), 135-63.
19. Derrida, "La bête et le souverain(deuxième année)."
20. Derrida, *Béliers*, pp. 46-7.
21. Derrida, "La bête et le souverain(deuxième année)."
22. 해석학을 '**무한한 과정**'(*Béliers*, p. 38)으로 설명하는 가다머Gadamer에 대한 찬성과 동시에 반대로 해석의 무한성과 불확실성을 명확하게 밝히는 데리다의 논의는 이것을 책임있는 독서의 원칙, 즉 텍스트의 타자성에 대한 반응으로서의 독서로 이론적으로 표현하는 것이다.

Cette analyse formelle [that Gadamer exemplifies] peut aller très loin. Elle le doit. Mais elle paraît peu risquée. Elle appartient à l'ordre de l'assurance calculable et des évidences décidables. Il n'en va pas même pour la réponse herméneutique à l'*Anspruch* du poème ou dans le dialogue intérrieur du lecteur ou de contre-signataire. Cette réponse, cette reponsabilité, peut se poursuivre à l'infini, de façon ininterrompue, elle va du sense au sens, de vérité, sans autre loi calculable que celle que lui assignent la letter et le dispositif formel du poème. Mais quoique surveillée par la même loi, à jamais assujettie à elle, tout aussi responsible, l'expérience que j'appelle disséminale fait et assume, à travers le moment herméneutique même, à meme l'herméneutique, l'épreuve d'une interruption, d'une césure ou d'une ellipse, d'une entame. Telle béance n'appartient ni au sens, ni au phénomène, ni à la vérité mais, les rendant possible en leur restance, elle marque dans le poème le hiatus d'une blessure dont les lèvres ne se ferment ou ne se rassemblant jamais.(*Béliers*, p. 54)

이 형식적 분석[가다머가 예시하는]은 매우 멀리까지 진행될 수 있다. 분명하다. 그럼에도 불구하고 위험성은 거의 없어 보인다. 그것은 예측 가능한 일이나 확정적인 증거와 같은 종류에 속한다. 그것은 시의 **요구** *Anspruch*에 대한 해석학적 반응을 도모하지도 않고, 독자나 반-서명인의 내적 대화 속에서 작동하지도 않는다. 이 더한 반응, 이 더한 책임은 시의 문자나 형식적 장치가 부여하는 법칙 이외의 어떠한 예측 가능한 법칙도 없이 의미에서 의미로, 진실에서 진실로, 중단되는 법 없이 무한대로 추구될 수 있다. 그러나 동일한 법칙에 의해 감독되고, 영원히 그것에 종속되며, 모든 면에서 책임이 있음에도 내가 산종적이라고 부르는 경험은 해석학적 순간 그 자체를 넘어서 해석학과 같은 수준으로 중단이나 휴지 또는 생략, 시작 시점에서의 단절과 같은 시험을 겪고 짊어진다. 그와 같은 벌어짐은 의미나 현상, 진실에 속하는 것이 아니라 오히려 그것들의 잉여분을 처리하는 과정에서 발생함으로써 닫히지 않고, 하나로 합해지지 않을 상처의 틈을 시에 남긴다.[JD가 제공한 번역 파일에서 약간 수정하여.] [Derrida, "Rams," op. cit., 152-3]

역자 후기

2004년 프랑스의 저명한 철학자 자크 데리다가 췌장암으로 세상을 떠났다. 그의 독보적인 이론과 현란한 언어 구사는 살아생전에도 많은 사람들에게 경탄과 존경을 불러일으킨 동시에, 질서를 파괴하고 무책임한 혼란과 허무주의만을 야기한다는 의혹과 경계의 대상이 되기도 했다. 이러한 논란은 그의 죽음 앞에서조차 사라지지 않아서 슬픔에 잠긴 추모의 글 못지않게 다수의 비판적 반응을 불러일으키는 놀라운 사태를 보여주었다. 그 대표적인 사례가 "뉴욕 타임즈"에 실린 캔델의 부음기사로, 이는 그 부당함에 항의하는 4000여명 이상의 서명자들의 항의로 이어지게 된다.

이 책 역시 데리다에 대한 일부 지식인들의 무지와 편견에 대한 항의이자, 그가 남긴 유산에 대한 정당한 평가에 다가가려는 노력의 산물이다. 지젝, 랑시에르, 바디우를 비롯해 현재 활발하게 활동하고 있는 비평가들은 각자 자신들의 입장과 핵심어에 '이미 항상' 깃들어있는 데리다의 흔적을 더듬으며 저마다의 방식으로 그의 죽음을 '애도'한다. 그의 이름을 불러주고 그 유령의 귀환을 기다리는 이들의 노래는 개인적으로는 친구이자 동료에게 사후에 부치는 편지이자, 때로는 다시 만나지 못할 애인을 그리워하는 연서로 읽힌다. 그러나 이는 동시에 데리다가 평생 헌신하였던 '도래할 정의'에 대한 책임감을 환기시키며 데리다가 아닌 다른 이들의 화답과 연대를 촉구하는 공적 차원의 수행적 행위이기도 하다. 그런 의미에서 이 책 안에서 데리다의 죽음은 실로 우리에게 공동체의 일원으로서의 책임감과 더불어 희망을 기약하게 만드는 하나의 '사건'으로 다가온다.

이론의 난해성을 핑계로 늘 그 언저리만을 배회했던 데리다를 각자의 개성으로 무장한 또 다른 비평가들의 언어를 통해 만나야한다는 점이 이 책의 번역을 이중, 삼중으로 어렵게 만들었다. 아직도 남아있을 오역에 대한 두려움과 막중한 책임감에도 불구하고 이 책의 출간이 누군가의 삶에 조금이라도 도움이 되기를 빌 뿐이다. 부족한 제자를 늘 생각해주시고 이 책의 번역을 권유하신 김준환 선생님과 항상 용기의 말을 아끼지 않은 여러 선후배들, 한없이 더딘 과정을 부단히 참아낸 가족들에게 깊은 감사를 드린다.

찾아보기

ㄹ

ㅁ

ㅂ

ㅅ

ㅇ

ㅈ

ㅎ

저자 소개

코스타 두지나

버벡 인문학연구소의 법학과 교수이자 연구소장이며, 저서로는 『인권과 제국』(*Human Rights and Empire*, 2007), 『비판적 법리학』(*Critical Jurisprudence*, 2005), 『인권의 종말』(*The End of Human Rights*, 2000) 등이 있다.

장 뤽 낭시

스트라스부르 마크 블로흐 대학 철학과의 특훈 교수이며, 저서로는 『이미지의 토대』(*The Ground of Image*, 2005), 『유한한 사고』(*A Finite Thinking*, 2003), 『유일한 복수성 되기』(*Being Singular Plural*, 2001) 등이 있다.

알랭 바디우

파리의 국제철학대학교(Collège Internationale de Philosophie)에서 가르치고 있으며, 영문 저서로는 『존재와 사건』(*Being and Event*, 2006), 『메타 정치학』(*Metapolitics*, 2005), 『윤리학』(*Ethics*, 2002) 등이 있다.

가야트리 차크라보르티 스피박

컬럼비아 대학교의 인문학 교수로, 저서로는 『다른 세상에서』(*In Other World*, 2006), 『원칙의 죽음』(*Death of a Discipline*, 2005), 『포스트식민 이성 비판』(*A Critique of Post-Colonial Reason*, 1999) 등이 있다.

에티엔 발리바르

파리 10대학의 명예교수이며, 영문 저서로는 『우리, 유럽 시민들』(*We, the People of Europe*, 2003), 『정치학과 그 밖의 장면』(*Politics and the Other Scene*, 2002), 『대중, 계급, 사상』(*Masses, Classes, Ideas*, 1994) 등이 있다.

자크 랑시에르

파리 8대학에서 가르쳤으며, 영어로 읽을 수 있는 저서로는 『감성의 분할 : 미학의 정치』(*The Politics of Aesthetics*, 2006), 『철학자와 그의 빈민』(*The Philosopher and his Poor*, 2004), 『말의 몸』(*The Flesh of Words*, 2004) 등이 있다.

드루실라 코넬

럿거스(Rutgers) 대학교의 법학, 정치학 및 여성학과 교수이며, 저서로는 『윤리적 페미니즘』(*Ethical Feminism*, 2006), 『자유의 심장부에서』(At the Heart of Freedom, 1998), 『가상의 영역』(*The Imaginary Domain*, 1995) 등이 있다.

슬라보예 지젝

버벡 인문학연구소의 국제 디렉터이며, 저서로는 『시차적 관점』(*The Parallax View*, 2006), 『이라크, 빌려온 주전자』(*Iraq : The Borrowed Kettle*, 2004), 『꼭두각시와 난장이』(*The Puppet and the Dwarf*, 2003) 등이 있다.

J. 힐리스 밀러

캘리포니아 대학교 어바인(UC, Irvine)의 영문학 교수이며, 저서로는 『행동으로서의 문학』(*Literature as Conduct*, 2005), 『타자들』(*Others*, 2001), 『지형학』(*Topographies*, 1998) 등이 있다.

아듀 데리다

발행일 1쇄 2013년 7월 30일
지은이 슬라보예 지젝 · 자크 랑시에르 · 알랭 바디우 외
옮긴이 최용미
펴낸이 여국동

펴낸곳 도서출판 인간사랑
출판등록 1983. 1. 26. 제일-3호
주소 경기도 고양시 일산동구 백석동 1178-1번지 2층
전화 031)901-8144(대표) | 977-3073(영업부) | 031)907-2003(편집부)
팩스 031)905-5815
전자우편 igsr@naver.com
페이스북 http://www.facebook.com/igsrpub
블로그 http://blog.naver.com/igsr
인쇄 인성인쇄 **출력** 현대미디어 **종이** 세원지업사

값 17,000원
ISBN 978-89-7418-575-6 93160

이 도서의 국립중앙도서관 출판시도서목록(CIP)은 서지정보유통지원시스템 홈페이지(http://seoji.nl.go.kr)와 국가자료공동목록시스템(http://www.nl.go.kr/kolisnet)에서 이용하실 수 있습니다.
(CIP제어번호: CIP2013009910)